教|育|知|库|

# 灵动的风景

代泽斌———

主编

光明日报出版社

图书在版编目（CIP）数据

灵动的风景 / 代泽斌主编． -- 北京：光明日报出版社，2021.9

ISBN 978 - 7 - 5194 - 6285 - 7

Ⅰ.①灵… Ⅱ.①代… Ⅲ.①中学语文课—教学研究—高中 Ⅳ.①G633.302

中国版本图书馆 CIP 数据核字（2021）第 182002 号

## 灵动的风景

**LINGDONG DE FENGJING**

主　　编：代泽斌

责任编辑：曹美娜　　　　　　　　　　责任校对：李小蒙

封面设计：中联华文　　　　　　　　　责任印制：曹　净

出版发行：光明日报出版社

地　　址：北京市西城区永安路 106 号，100050

电　　话：010 - 63169890（咨询），010 - 63131930（邮购）

传　　真：010 - 63131930

网　　址：http：// book. gmw. cn

E - mail：gmrbcbs@ gmw. cn

法律顾问：北京市兰台律师事务所龚柳方律师

印　　刷：三河市华东印刷有限公司

装　　订：三河市华东印刷有限公司

本书如有破损、缺页、装订错误，请与本社联系调换，电话：010 - 63131930

开　　本：170mm × 240mm

字　　数：370 千字　　　　　　　　　印　　张：22

版　　次：2022 年 1 月第 1 版　　　　印　　次：2022 年 1 月第 1 次印刷

书　　号：ISBN 978 - 7 - 5194 - 6285 - 7

定　　价：99.00 元

# 编委会

# 序 言

## 示范带动见成效　风景灵动显真功

代泽斌老师是贵州省铜仁第一中学教师发展中心主任，语文正高级教师，特级教师，中组部、人社部国家特殊支持计划领军人才、教学名师，省管专家，贵州省首批名师工作室主持人。

《灵动的风景》这本书是继代泽斌老师的专著《我的风景》《我们的风景》《我们走过的风景》《风景中的我们》《回眸风景》《流动的风景》之后的又一新作，这本书是风景系列论著的再次升华。全书分为三个部分，上编为对于"少教多学薄积厚发"的探索与研究，中编为对于"少教多学薄积厚发"的运用与实践，下编为对于"少教多学薄积厚发"的思考与建言。三个部分脉络清晰，内容充实，将"少教多学薄积厚发"这一教学范式呈现得淋漓尽致，我读完后，感受颇深。

"少教多学薄积厚发"教学范式是代泽斌名师工作室的一项科研成果，是新课改理念的很好体现。"少教"就是启发性地教、针对性地教、创造性地教和发展性地教；而"多学"，指学生在教师的引导下积极学习、深度学习、独立学习、反思、批判学习。"薄积厚发"是指教师和学生都需要点点滴滴的积累，每天进步一点点，最终将雄厚的实力爆发出来。教师在教学实践中秉持"少教多学薄积厚发"的教学范式，激发学生的学习兴趣，培养学生的自主学习能力。学生在学习过程中，对自己的学习状态进行定位，学会自主提出问题、思考问题、解决问题，学会自我反思，挖掘自身的潜能。这将从根本上减轻学生负担，提高教学质量。

同时，代泽斌老师将苏联心理学家维果茨基的"最近发展区"理论吸收到自己的课题中来。教师可以利用"最近发展区"理论来有效激发学生学习的潜在动力，激活学生学习的满腔热情，激起学生学习的最大自信力，达到事半功倍的教学效果，从而取得最佳的成绩。换言之，教师合理利用好"最近发展区"理论，完全可以让学生学习的潜在能力转化为现实实力。教师可以通过学生的几次考试成绩，找出学生大致的"最近发展区"，这为学生学习的薄积厚发、后发赶超提供了科学的理论依据。

教师的专业化发展不是个人的发展，而是像代泽斌老师这样，以团队的形式带动老师们一起发展、共同成长。代泽斌老师"少教多学薄积厚发"教学范式起初是在名师工作室内部推行，随后推广到其他学科，全市全省乃至省外的学校都有受益。这本《灵动的风景》已经打破了学科界限，将这一范式广泛应用于各个学科的不同领域，可谓将研究落在实地。其研究大大改变了现有教学研究中闭门造车、仅仅停留在书本层面的弊病，为全市的科研做了一个很好的示范。

德国哲学家雅思贝尔斯说：教育就是一棵树摇动另一棵树，一朵云推动另一朵云，一个灵魂唤醒另一个灵魂。代泽斌老师用他的实际行动，默默耕耘，潜心付出，将成功的经验积极推广，"立己达人和谐共生"。这是铜仁一中之福，也是全市教育之福。真心期望代泽斌老师不忘初心，继续前进，为黔东教育做出更大的贡献，也期望他有更多新作出版，真正实现"铜中永响，福润天下"！

是为序。

冉俊华

（贵州省铜仁市教育局局长）

2021 年 6 月

# 目　录
## CONTENTS

下编 "少教多学薄积厚发"的思考与建言

## 学校推广和媒体报道

# 上编 01

**"少教多学薄积厚发"的探索与研究**

# "少教多学薄积厚发"教学范式构建的研究与实践

贵州省铜仁第一中学　代泽斌

**【摘要】**笔者自 2013 年任贵州省高中语文名师工作室主持人以来，于 2014 年通过实践提炼出"少教多学薄积厚发"教学范式，2015 年起该范式得到实践并推广。该范式即教师根据学情对教学内容进行取舍，学生在教师的主导下多学多思多行动，教与学和谐共生，教学相长，从而使学生学习习惯和效果正向发展。学生与老师每一天都有一点进步、收获，慢慢积累，越积越多，便可绵绵发力、久久为功，形成良性循环。该教学范式包括"有效记忆—有效理解—有效思考—有效运用—有效创新"五个环节，记忆是所有环节的根本，创新是发展的最高境界。

**【关键词】**少教多学　薄积厚发　教学范式　成果推广

2013 年笔者成为贵州省名师工作室主持人，按照"工作室建设标准"必须凝练出工作室的思想和教学范式的要求，通过一年多的实践和总结，凝练出工作室的思想"立己达人和谐共生"、教学范式"少教多学薄积厚发"，2014 年得到了贵州省名管办和教育部校长培训中心的领导和专家的肯定。此后便开展实践和推广活动。

## 一、"少教多学薄积厚发"教学范式的提出

根据《贵州省中小学（幼儿园）名师工作室建设标准》，研修团队集思广益，提炼出"立己达人和谐共生"思想和"少教多学薄积厚发"教学范式，只有教师自己稳健持续发展，才可能成就学生、发展学校。

主持人与成员、学员都是学校的中坚力量，教学任务繁重，有的还承担

学校管理任务。研修团队建议学校按照部颁标准排课，高一高二周六周日不上课。这样总课时数减下来了，老师的备课任务增加了，老师的课堂教学却越来越有效，学生的学习主动性调动起来了。同时研修团队"利用'最近发展区'理论使师生的潜力变成实力"，找出学生和老师的最近发展区、最可能实现的目标，优化过程，解决了老师的工学矛盾，使用下来效果明显，在2014年底，研修团队凝练出"少教多学薄积厚发"教学范式。

"少教多学薄积厚发"即教师对教学内容根据学情取舍、学生在教师的主导下多学多思多行动，教与学和谐共生，教学相长，从而使学生学习习惯和学习效果正向发展。学生与老师每一天都有一点进步、收获，慢慢地积累，越积越多，最后形成良性循环。

"少教"，唤醒"教"，教师必须唤醒学生的主观能动性，激发学生的潜能，使学生自主学习，自主探究问题解决问题；有目的性地"教"，教师要基于学生的发展目的，因材施教，进行差异化教育；创新性地"教"，教师的教学方法与内容要与时俱进甚至要超时俱进，激励学生创新学习，具备创新素养和能力；顺势而"教"，教师根据学生的"最近发展区"，使学生的"潜力变成实力"，从而达到学生的愿景。

"多学"，教师通过改进自己的教学思想和优化自己的教学设计，让学生乐学善思，使学生达到主动积极地学习、有深度厚度地学习、自力更生创新地学习、反思批判地学习的最佳境界。

"薄积厚发"，"薄积"是根据庄子"吾生也有涯，而知也无涯。以有涯随无涯，殆已"的提炼，人生对知识积累没有止境；"厚发"是运用智慧，大量地去实践，从创意走向创新和创造。"薄积厚发"的提出一是依据人的认知规律，由浅入深，由具体到抽象，由知识到智慧，由运用到创新；二是依据"遵循教育规律和教师成长发展规律，全面提升教师素质能力"和"教师主动适应信息化、人工智能等新技术变革，积极有效开展教育教学"等文件精神。

"多学"与"薄积"辩证统一，"少教"与"厚发"相辅相成。"少教多学"与"薄积厚发"体现了不同学习视角，重在运用，教学相长。

**二、"少教多学薄积厚发"教学范式的内容**

（一）理论方面

"少教多学薄积厚发"教学范式，其路径是"有效记忆—有效理解—有效思考—有效运用—有效创新","前四者是低阶思维低阶能力,而'创新'是高阶思维高阶能力"。

"记忆"是所有环节的根本,创新是发展的最高境界。在五个环节中,记忆是最基本的层级,它的主体内容是小学、初中、高中学习中的那些需要记忆的根本性知识。

"理解"是基于记忆的高一级的能力要求,指的是学生领会所学内容并能用自己的话来解释,或者在交流时能领会讲话者的意图。

"思考"是基于记忆和理解两个层级的高一级的能力要求,指在学习中能够分解、剖析、归纳、概括学习内容,或者对生活、社会中的现象能进行分析并有自己的看法。

"运用"是基于前面三个层级的高一级的能力要求,指的是学生运用所学内容发现问题、解决问题的能力,运用所学内容对社会现实生活进行研判、预判的能力。

"创新"是基于前四者发展而来的最高层级的能力要求,是学生学习的意义和终极目标,使学生达到了"青出于蓝甚于蓝更别于蓝"的境界。学生利用所学内容适应社会生活、改变社会生活,体现在发明创造等方面。

这五个层级的每一层级呈螺旋式上升,有时甚至是交错进行的。

"有效记忆—有效理解—有效思考—有效运用—有效创新"五个环节的关系:

"有效记忆"是小学、初中、高中学科素养养成的根本。记忆是人类智慧的根源,是学生学科素养形成的奠基石。记忆是一个复杂的心理过程,包括"识记""保持""回忆"三个基本环节。识记是学习与获取知识的过程,读书、听讲、经历某个事件等都属于识记。保持是知识和经验在大脑中储存和巩固的过程。回忆是指从大脑中提取知识和经验的过程。识记是记忆的开始,是保持和回忆的前提,保持是关键,这三个环节互相联系、不可分割。要记住这些知识点:一是大量阅读,二是摘抄,三是理解思考,运用创新。

"有效理解"是小学、初中、高中学生学科素养养成的第二步。在记忆的基础上要"理解"记住的知识。理解就是每个人的大脑对事物进行分析而得出的一种对事物本质的认识,就是我们通常说的知其然又知其所以然,一般也称为了解或领会。我们要引导学生理解记住的知识,只有理解了才能记住,才能会运用。如果不求甚解甚至是囫囵吞枣,则该记住的知识就记不住,即便死记硬背下来了也会遗忘。

"有效思考"是小学、初中、高中学生学科素养养成的第三步。在前两者的基础上还要对记住的、理解的知识进行"思考"。思考是指针对某一个或多个对象进行分析、综合、推理、判断等思维的活动。思考方法有形象法、归纳法、逆向法、移植法、发散法、演绎法等。思考要有自己的个性，要按自己的心思去思考，甚至是奇思异想，这样也许会产生自己独到的见解、独树一帜的思想。

"有效运用"是小学、初中、高中学生学科素养养成的第四步。在前三者的基础上要学会"运用"，"运用"指的是把某种东西用于预期适合的某一目的或某人或某事。把记住、理解、思考的知识运用到解决问题中去，运用到生活中去。培养小学、初中、高中学生具备自主运用意识，知识只有在具有自主意识、运用意识的人那里，才具有力量，才能真正发挥知识就是生产力的作用。

"有效创新"是小学、初中、高中学生学科素养和学科能力养成的最高境界。在前四者的基础上，要达到质的飞跃——"创新"。创新是在现有的知识内容上，提出新的见解、新的思路、新的路径，并将这些新的见解、新的思路、新的路径付诸研究或实践，进而改善生活、学习、工作，产生更先进的生产力，它包含更新、创造新的东西。

总之，小学、初中、高中学生学科素养的养成离不开这五个步骤，这五个步骤是交叉进行的，记忆是根本，创新是最高境界。如果在学科教学中，能够真正在这五个步骤下功夫，综合提升学生的学科素养，就一定能实现"少教多学薄积厚发"。

（二）方法方面

"利用'最近发展区'理论使师生的潜力变成实力"，可以使"少教多学薄积厚发"教学范式有效地实施。

苏联心理学家维果茨基把人的现有水平和可能实现的发展水平之间的空间叫作"最近发展区"。"最近发展区"理论可以对提升学生成绩起到有效的促进作用，教师可以通过学生的几次考试成绩，找出学生的"最近发展区"，这为学生学习的薄积厚发、后发赶超提供了科学的理论依据。

如对贵州省铜仁一中2015届（24）班某学生在高二时的四次阶段考成绩进行分析，该学生各科最好成绩，语文125、数学140、英语140、文综275，总分 680 分，但可以肯定的是这名学生以后每次考试的实际总分并不都能达到 680 分，在以后的考试中该学生最好的一次考试成绩为 645 分。老师用"最近发展区"理论激励这名学生，只要科科都正常发挥便是超常发挥，他的学习成绩完全可以达到预期的 680 分。通过分析，该学生明白了自己的潜力，他在学习中有了强烈的目标意识和得分意识。2015 年高考，该学生以 697 分（全省第 3 名）考上了北大。

运用"最近发展区"理论，同样可以估算出每一个学生的单科和所有学科的"最近发展区"，一个班级、一个年级、一所学校的"最近发展区"潜质拓展范围。

（三）效果方面

教学业绩优秀：主持人与大部分实验教师及学校教学成绩优秀。铜仁一中自 2015 年以来，年年获铜仁市教学质量和目标考核一等奖。2016 年以来铜仁二中年年获铜仁市二类校教学质量一等奖。黄平民族中学 2019 年荣获黔东南州委、州政府表彰的先进集体，2019 年 600 分以上 36 人，上北大清华线的 5 人，被北大清华录取 2 人，2020 年，600 分以上 71 人，被北大清华录取 2 人。毕节民族中学近年获毕节市高考质量一等奖。德江中学践行"少教多学薄积厚发"教学范式一年来，2020 届应届生 600 分以上 56 人，文科最高分 680 分，理科最高分 663 分，被北大清华录取 2 人。铜仁市三类薄弱学校松桃六中，2020 年高考，毕业学生 712 人，一本上线 39 人，二本人数 233 人，600 分以上 5 人。工作室学员思南八中曹志坚老师从 2015 年践行"少教多学薄积厚发"教学范式以来，成效明显，他所带 2020 届毕业班 600 分以上 6 人，最高分 697 分（加分 10 分）。

沿河四中、石阡文博中学、印江二中近五年多次获得铜仁市中考质量一等奖。

印江二中践行"少教多学薄积厚发"教学范式近两年来，成效明显，2020 年中考，印江二中全县前 10 名二中有 8 人，600 分以上全县 89 人，其中二中 55 人，人均总分第一名。

教师专业成长明显。工作室的成员与学员共 431 人，其中培养了正高 11 人，省名师工作室主持人 3 人，省乡村名师工作室主持人 12 人，乡村教育家培养对象 1 人。特级教师 6 人，省级名师 10 人，省级骨干 15 人，获省级优质课一等奖 1 人。主持人参与培育西藏教学名师，其中 1 人获正高。

"少教多学薄积厚发"教学范式获得贵州省 2020 年教学成果二等奖。

### 三、成果反思

《普通高中课程方案和语文等学科课程标准（2017 年版）》对我们的教学要求更高，如果我们教师不终身学习，不改进我们的教育思想和教学方式，是很难胜任新时代的高中教学的。"少教多学薄积厚发"是有效实施课堂教学的策略之一，有助于严格执行部颁标准的课时量，实现课堂效益的最大化。"少教多学薄积厚发"教学范式可以解决目前教学中的部分问题，但其推广还面临一些实际的困境。

（一）教师囿于传统的教学理念和教学方式

部分教师忠实于自己固有的教学方式，不愿意改变自己的教学方式，"少教多学"的实施对教师的要求更高，备课任务更重了。部分教师热衷于自己主宰课堂，其表现为佩戴扩音器满堂灌、加班加点多要课时辅导学生。部分教师认为如果自己"少教"，就会淹没了教师的自我价值和存在感，就会弱化教师的地位和作用。部分教师认为自我价值的实现主要是以学生考试成绩的高低来衡量的，不管用什么方式只要我的教学成绩好就行。

（二）对"少教多学薄积厚发"教学范式的质疑

部分老师认为"少教多学薄积厚发"这一教学范式是一个不切实际的口号，科学性不严谨，没有很好的操作性。在实际教学中，很多学校的管理者常常利用监控设备去管理课堂，只要发现课堂没有声音，没有老师的讲解，就会认为教师没有尽力教学，因此部分教师不愿意实践这一教学范式。"少教多学薄积厚发"教学范式对教师的要求更高，又加上教学质量和各种考核的压力，因此部分教师不愿意改变，不敢有效践行"少教多学薄积厚发"这一教学范式。

（三）教师备课的不充分

以学定教是有效课堂的重要理念，依据学情设置目标，研究学生如何学至关重要。教案向学案转变，课堂教学从教师主体转向为教师主导，教师主演转向教师导演，学校转向"学生中心、产出导向、持续改进"。部颁课时量每周 35 节课，每节课 45 分钟。在这样的背景下，很多老师备课依然是按照过去的执行，没有按照新时代的新要求来进行学习设计。部分老师虽然按照新要求进行教学设计，但质量不是很高，实施效果不理想。

（四）课后缺少反思

教学反思是有效实施"少教多学薄积厚发"教学范式最好的路径之一。但在实际教学中，很多教师将教学反思视为一个可有可无的教学环节。

此外，还存在"少教多学薄积厚发"实施效果的定性与定量分析难以评价、理论支撑不足、方法指导不具体等问题。

# "少教多学"理论指导下的
# 高中语文情感阅读教学方法探究

贵州省铜仁第一中学　杨榕

【摘要】目前高中阶段学生仍然要面对竞争激烈的高考，时间短、任务重的高考竞争压力使得掌握高考应试技巧显得尤为重要，以至于语文教学中的情感教育时常处于尴尬的境地。代泽斌老师提出的"少教多学"教学理论对情感阅读教学有指导意义，教师对教学内容根据学情取舍、学生在老师的指导下多学多思多行动，教与学和谐共生，教学相长，学生学习习惯和学习效果正向发展。"少教"，启发性地"教"，针对性地"教"，创造性地"教"，发展性地"教"，教师按"最近发展区"的要求，为学生的学习搭建"支架"，通过支架的支撑作用把学生的智力状态、情感水平、创新能力提高到一个新的发展水平。"多学"，教师要通过"少教"将学生的学习变成发自内心的活动，将学生引向积极学习、深度学习、独立学习、批判学习的境界。学生在情感阅读中形成正确的价值判断，对人生、对人性产生自己的思考。

【关键词】少教多学　情感教学　方法探究

在高中语文日常教学中教师可利用情感阅读教学立老师的德，树学生的人，将素质教育的理念贯穿在日常的语文教学当中，为祖国的未来培养真正的有德有才之人。然而现实是目前高中阶段学生仍然要面对竞争激烈的高考，时间短、任务重的高考竞争压力使得掌握高考应试技巧显得尤为重要，以至于语文教学中的情感教育时常处于尴尬的境地。代泽斌老师提出的"少教多学薄积厚发"教学理论对情感阅读教学有指导意义，教师对教学内容根据学情取舍、学生在老师的指导下多学多思多行动，教与学和谐共生，教学相长，学生学习习惯和学习效果正向发展。"少教"，启发性地"教"，针对性地"教"，创造性地"教"，发展性地"教"，教师按"最近发展区"的要求，为学生的学习搭建"支架"，通过支架的支撑作用把学生的智力状态、情感水平、创新能力提高到另一个新的发展水平。"多学"，教师要通过"少教"将学生的学习变成发自内心的活动，将学生引向积极学习、深度学习、独立学习、批判学习的境界。学生在情感阅读中形成正确的价值判断，对人生、对人性产生自己的思考。文章将在"少教多学"理论的指导下，从人教版教材入手探索情感阅读教学方法。

### 一、教材分析

高中语文情感阅读教学需要充分利用教材。高中语文教材中选入的文学作品，语言优美，情感真挚，富含哲理，教材涉及各方面的情感，有对美、对自由、对爱的追求；有对过去的反思、对生命的思索、对信念的坚守；有对未来的探索、对创新能力的提倡，利用好教材能够启发学生的创新思维，培养学生积极乐观的情感，提高学生的审美能力，激发学生的想象力和创造力，是实施情感教育最好的素材。

人教版语文课本必修中关于中国优秀传统文化的课文有：《烛之武退秦师》《荆轲刺秦王》《鸿门宴》《〈诗经〉两首》《离骚》《孔雀东南飞》《诗三首》《兰亭集序》《赤壁赋》《林黛玉进贾府》《蜀道难》《杜甫诗三首》《琵琶行并序》《寡人之于国也》《劝学》《过秦论》《师说》《窦娥冤》《柳永词两首》《苏轼词两首》《辛弃疾词两首》《李清照词两首》《廉颇蔺相如列传》《苏武传》《张衡传》《林教头风雪山神庙》《归去来兮辞并序》《滕王阁序》《逍遥游》《陈情表》共30篇。语文必修共五册65篇课文，关于中国优秀传统文化的课文占到46%，接近一半。选修有《中国古代诗歌散文欣赏》《先秦诸子散文选读》全本。

中华优秀传统文化是中华民族的根和魂，师生必须加强中华优秀传统文化教育。新课标的语文教材中传统文化的内容呈现出分量更多、内容更全、要求更高的特点。中华优秀传统文化方面的内容贯穿必修、选择性必修和选修各个部分。一是内容更全。在"课内外读物建议"部分，除保留原有《论语》《孟子》《庄子》外，还增加了《老子》《史记》等文化经典著作，要求学生广泛阅读各类古诗文，覆盖先秦到清末各个时期。二是分量更多。明确规定"课内阅读篇目中，中国古代优秀作品应占1/2"。三是要求更高。在全面加强的同时，还设置中华优秀传统文化学习专题，进行中华传统文化经典作品深入学习研讨。将原标准"诵读篇目的建议"改为"古诗文背诵推荐篇目"，推荐篇目数量也从64篇增加到72篇，提高了学习要求。

人教版语文课本必修关于革命传统教育的课文有：《沁园春·长沙》《大堰河——我的保姆》《记念刘和珍君》《记梁任公先生的一次演讲》《囚绿记》《拿来主义》共6篇，语文必修共五册65篇课文，关于革命传统教育的课文占到9%，目前所占比例较少。

人教版语文课本必修关于其他情感的课文有：《雨巷》《再别康桥》《小狗包弟》《荷塘月色》《故都的秋》《我有一个梦想》《祝福》《老人与海》《动物游戏之谜》《宇宙的边疆》《一名物理学家的教育历程》《雷雨》《哈姆雷特》《父母与孩子之间的爱》《热爱生命》《人是一根能思想的苇草》《信条》《装在套子里的人》《边城》《宇宙的未来》等。

然而，在实际的高中阅读教学过程中，依然存在着许多问题。教学过程中的封闭教学、面面俱到、教材不被重视、多媒体滥用、照搬优秀教案、课堂无限开放、压缩阅读时间、以教师为中心等使情感教育在高中阅读教学中的实施陷入了窘境。"少教多学"积极探索有效的情感阅读教学方法显得尤为重要。

**二、"少教多学"教学方法在高中语文情感阅读教学中的实际操作运用**

（一）反复朗读，感悟丰富多彩的情趣意趣

"语言符号连接的不是事物和名称，而是概念和音响形象"，在心为志，发言为声，学生通过朗读可以直观地感受作品蕴含的强烈情感，反复朗读，通过声音感受作品情感的暗流。

1. 通过朗读创设一定抒情情境。老师鼓励学生朗读深入揣摩人物心理。小说和一些叙事类散文有大量的人物对话，学生分角度进行朗读表演，揣摩人物内心，根据故事的语言环境，用声音来塑造人物性格，刻画人物形象。在《林黛玉进贾府》教学中，分角色朗读可以更鲜明地体现人物个性，王熙凤出场时独具特色的"笑"；阿谀奉承的语言可以通过拖长音、较为兴奋的语音语调进行朗读，林黛玉的人物个性应该抓住小心翼翼的说话语气，贾宝玉从笑到哭的转变应该从平和到激动的语气展示贾宝玉"痴"的独特个性。

2. 通过朗读获得美的体验。诗歌和抒情性散文有着优美的意境，而优美的意境有时"只可意会不可言传"，抑扬顿挫、轻重缓急、交织着强烈情感变化的朗读可借助声音激发听者的想象联想，让听者进入朗读者营造的广阔意境中。很多美文、诗歌要美读，在浅吟低唱、反复吟诵中"顿悟"，"少教多学"，教师不需要进行过多解读和支离破碎的讲解。在《定风波》诗歌教学中，教师带领学生用吟唱的方式一句一句读诗句，无须讲解，无须讨论，学生读得很投入，从开始读得松松散散到后来读得豪放乐观。"谁怕""微冷""归去"句，先由男生朗读，后由女生朗读，体会苏轼的"以诗入词"的手法，体会此诗旷达超逸的胸襟。从朗读声中可以判断学生已进入诗歌意境，获得情感体验。因此反复朗读可以体会作者的思想感情，读出语言文字的韵律美，读出诗歌结构的平仄美，读出艺术形象和独特意境。

（二）还原语境，体味悲喜人生的无穷魅力

1. 联系上下文，探究语境，解读言外之意。在文学作品中，有时会出现与主题看似毫无关联的情节和人物。这需要联系上下文进行语境探究，探究作者的写作意图。"作者正是通过这种手段，或烘托人物，或渲染气氛，让学生在付出了一定的认知努力后找出话语的关联，推导出语境隐含，从而获得对作品深层含意理解所带来的愉悦。"

2. 关注细节，探究语境，揣摩人物形象。小说和传记类文本中富含大量生动而富有深意的细节描写，这些细节描写甚至为下文埋下伏笔，在阅读教学中应该引导学生联系上下文，细读细节，仔细推敲，于细微处发现无限玄机。在《廉颇蔺相如列传》一文中，很多老师都会带领学生通过"完璧归赵""渑池相会""负荆请罪"三个故事来分析廉颇和蔺相如的性格特征。在真正的教学实践中我们会发现，其实这是远远不够的，学生会把人物的性格说得很笼统，人物形象显得扁平，其实在教学中我们可以引导学生通过细节描写来突破人物性格，那么我们又如何引导学生分析细节呢？答案是抓住细节中的实词和虚词。"少教多学"鼓励学生成为学习的主导者和发现者。

（三）想象联想，丰富深化学生的情感体验

让学生通过想象，结合自己的生活经验，进入文本，与作者展开深层的对话，独立思索，形成深层感悟。文学作品，特别是古典诗歌营造的意境需要读者想象联想，在头脑中构建出文本以外的审美世界。中国很多古典文学作品讲究"留白"，留白处需要读者去想象联想。从作者角度进行联想，探究情感奥秘。从读者角度进行想象，体味优美意境。

如李白的《送孟浩然之广陵》，诗中并没有抒情的句子，如何能看出并体会诗人的送别之情呢？有些老师在课堂上强调"一切景语皆情语"，然后生搬硬套地将"孤帆远影碧空尽，唯见长江天际流"的景和送别难舍的情扣在一起，这样的讲析并没有说出诗作的妙处。用"少教多学"还原情景的方法，李白在黄鹤楼下送别孟浩然，浩荡的长江上肯定不止朋友的那一条船，但李白的眼里为什么只有这一条船和流向天际的长江？这样一还原，就有了分析的抓手。这首诗的奥妙之处就在于情与景的关系处理得非常独特，"孤帆远影碧空尽"是景，但这显性的景观背后还隐藏了一双眼睛，这是被作者省略了的隐性的视觉。我们的分析不能停留在显性的字面上，而要通过想象将文字背后的隐性视野还原出来。这个例子表明要引导学生站在作者的角度展开情境联想，从作者视角还原情感，从而加深对诗文情感的理解和体会。

（四）问题探究，架起情感体验的思想通道

学生获得知识的途径大概有两种，一种是通过教师讲，学生听（接受式学习），另一种是通过"少教多学"，学生主动探究，通过问题导向，自主展开学习（探究式学习）。学生在阅读中充分获得情感体验，产生主体意识，就会去积极地、主动地构建认知结构，去探究、去合作、去交流，课堂学习效率就会大为提高。在语文课堂阅读教学中，要经常运用问题探究、小组合作讨论等方式充分调动学生学习积极性，自主构建知识体系，获得独特的情感体验，并将这种情感体验与小组内同学分享，推动体验式学习不断深入进行。

如果以"问题探讨"为主要学习方式，那么教师就要做到"少教多学""收放自如"。"少教"就是"放"，就是指在教师的指导下，放手让学生独立自主地思考问题、放手让学生小组合作探究问题；"多学"就是"收"，就是指在学生自主、合作、探究的基础上，教师对学生的课堂活动信息进行必要的归纳和再生成，从而使学生自觉拓展知识体系。在教师引导学生解读文本的过程中，教师要力求做到收放自如，实现"放"与"收"的高度和谐与统一。课堂上既有师生问答也有学生自主探讨活动，同时也有教师的引导，引导学生对人性的认识不断地自觉深化，实现教学的"少教多学"。

**参考文献:**

[1] 吴珂. 情感教育［M］. 北京: 中国社会科学出版社, 2012.

[2] 刘晓伟. 情感教育［M］. 上海: 华东师范大学出版社, 2007.

[3] 代泽斌. 风景中的我们［M］. 北京: 中国书籍出版社, 2017.

[4] 代泽斌. 流动的风景［M］. 北京: 航空工业出版社, 2019.

# "少教多学"范式下的文言文教学探究

## ——以人教版选修"古代诗歌散文欣赏"为例

贵州省铜仁第一中学　龙玮

**【摘要】** "少教多学"理论在文言文教学的运用上，必须重视"创设讨论情境""组织主题教学""形成文本拓展"三大模块，以确保教学的实效性。本文以"少教多学"的理论为基础，结合人教版选修"古代诗歌散文欣赏"教学情况进行实际教学措施的探索。

**【关键词】** 少教多学　文言文教学　措施

"少教多学"旨在以"学习者为中心，学会学习为关键"。执教者在教学实践中如能秉持"少教多学"的理念，不仅可以培养学生的学习独立性和自主性，引导学生质疑、调查、探究，在实践中主动地、富有个性地学习。同时，也可以让教育部《普通高中语文课程标准》中对教师提出的职业要求得到真正的落实，从根本上提高教学效益。

《中国古代诗歌散文欣赏》的教学大致呈现如下现状：①与必修课的教学内容差距不大，失去了独立成册的意义；②教师文本解读知识陈旧、理论缺失；③教师过分依赖教学参考资料，缺乏对文本的个性化解读；④功利化教学导致采用单一的结果性评价方式。因此，笔者在反思教学、查阅资料的基础上提出了"创设讨论情境""组织主题教学""形成文本拓展"三大模块的设想。以"少教多学"的理论为基础，结合人教版选修"古代诗歌散文欣赏"教学情况进行实际教学措施的探索。

## 一、创设讨论情境

以人教版选修"古代诗歌散文欣赏"第六单元为例，其主题为"文无定格，贵在鲜活"。《种树郭橐驼传》《子路、曾皙、冉有、公西华侍坐》《项脊轩志》都不失为经典。为了形成"少教多学"的全新教学格局，可以由教师引导阅读。在引导阅读的过程中，教师可以创设讨论环境引导学生走近文本。

利用活动打开多维视角。屈原、陶渊明、李白、苏轼等均为经典文学家，但作家及其作品的价值与学生的期待实际上是有出入的，因此教师设置的探讨问题应具有差异性，便于学生走近文本，在讨论探究的课堂上重新形成对作家作品的期待。如《长恨歌》中，可组织学生进行讨论：假设你是处在兵变旋涡中的唐玄宗，你会如何避免重现"君王掩面救不得"的局面？通过创设讨论探究的活动，让学生能够感知社会历史难以逆转，体会个人选择与时代命运的关联。

设计与文本连接。当教师课堂教学设置的问题能够与文本高度衔接，学生走近文本，精读课文的可能性就会大大提高。例如：在《子路、曾晳、冉有、公西华侍坐》的讲授中，学生普遍反映最难理解的是孔子说"吾与点也"的原因。一是因为在长期的语文教学中，中学教师对于孔子的扁平化解读直接强化了学生对其标签化的印象；二是由于文章言语形式的陌生化。如果教师能够设置出关键问题便可以帮助学生打开阅读的新视域：①曾晳之志与其他弟子之志存在怎样的逻辑联系？②《兰亭集序》中的"暮春之初，会于会稽山阴之兰亭，修禊事也。群贤毕至，少长咸集"，与曾晳的"暮春者，春服既成，冠者五六人，童子六七人，浴乎沂，风乎舞雩，咏而归"，有哪几个关键词是重合的？③这些重合的部分与孔子的"礼乐"思想有何联系？通过这些关键问题的设置就可以更深入地理解这篇文章了。

### 二、组织主题教学

"主题"是各个单元的核心要素和分类依据，分为基本主题和延伸主题两大类。在"少教多学"的教学背景下，可将基本主题作为教学侧重点，继而根据不同班级的实际学情确定是否讲解延展主题。教师可以组织单元核心内容进行整体化教学。

具体来讲：第一，教师根据单元主题设计出单元学习需要解决的基础问题。如在讲授了"创造形象"的典范之作——《项羽之死》后，可将同样在塑造人物上传神的《方山子传》《种树郭橐驼传》作为有力的补充，以形成人物传记欣赏专题。第二，教师在"基本问题"的基础上设计小板块的问题。例如：《书愤》中表露出的是陆游想要国家收复山河而不得的愤懑，而同时期有同等情感的诗有人很多，如辛弃疾、李清照等，他们分别从不同的角度表达了重整破碎山河的愿望。教师可以将这些诗歌放入同一个专题中，引导学生了解诗歌的意象特点和手法运用，让学生以思维导图的方式展示自己独特的理解和分析。最后，再让学生侧重运用某一种写作手法仿写或者扩写一段文字。该设计不仅提高了学生的语文阅读能力，还提升了学生的语言表达能力，并且让学生对诗歌有了进一步的认识，从而形成自己的阅读体验。第三，在设计这些主题问题之后，实时检验教学效果，如：《阿房宫赋》（杜牧）与《过秦论》（贾谊）、《六国论》（苏洵）可归入一个主题，辅以《论秦的宗法制——兼谈胡亥篡位与秦朝灭亡的根本原因》。让学生采用小组合作的方式完成各项题目，依照从这些文章中学到的分析方法，分析其论证的严密性，选取自己认为严密的或者不严密的两到三处语段，在下节课与同学交流。

### 三、形成文本拓展

"少教多学"背景下的教学应充分考虑到对文本范例的有效拓展，针对学有余力的学生，教师可以为学生的课外阅读提供指导方向，帮助学生进行全面融合性的学习。

首先，文本拓展应该抓住教学重点进行拓展。例如：在《归去来兮辞》的学习过程中，教师可以进行适当地拓展陶渊明的《杂诗》《自祭文》等，以及历代文人对陶渊明的评价性文章如《论鸟意象的变化与陶渊明思想的转变》《从陶渊明的辞赋观其思想转变过程》等。学生多维度地观察陶渊明内心的矛盾性，从而真正做到知人论世，通过对他人观点的对比分析，进而对自己的观点进行补充。

其次，文本拓展可以从文本内容、形式方面进行延伸，使学生更好地把握古人的写作风格。文本拓展要结合实际情况进行对比分析，例如：江苏考生的《绿色生命》，幻想着回归农耕社会寻求绿色生命，从历史发展的角度来揭示现在环境被破坏殆尽的局面。全文通篇由文言文写成，运用诸多的冷僻字，许多古文专家都惊叹小作者是"古字奇才"。福建考生的《士运论》通过列举古代有志者怀才不遇但坚持不懈的事例，来表达自己的宏图之志、好学上进之心。作者在文中所用字句并不冷僻，所列举的文人才子事例也大多来自平常学习的点滴积累。由此可见，只要做古文学习的有心人，善于学习、积累和运用，用文言文写文章并非难事。

综上所述，"少教多学"理论在古代诗歌散文教学的运用上，必须重视"创设讨论环境""组织主题教学""形成文本拓展"三大模块，以确保教学的实效性。

**参考文献：**

［1］中华人民共和国教育部. 普通高中语文课程标准2017年版［S］. 北京：人民教育出版社，2017.

［2］叶圣陶. 叶圣陶语文教育论集［M］. 北京：教育科学出版社，1980.

［3］王宁. 巢宗祺. 普通高中语文课程标准（2017年版）解读［M］. 北京：高等教育出版社，2018.

［4］代泽斌. 风景中的我们［M］. 北京：中国书籍出版社，2017.

# "少教多学"范式下以深度学习为导向的
# 高中语文教学路径探索

贵州省铜仁第一中学　潘静

**【摘要】**"少教多学"注重的是学生的学习行为,让具有个性差异的学生完成知识性、理解性甚至是创造性的学习。深度学习简单地说,就是相对浅层学习而言的一种高阶思维发展的理解性学习。过去,高中语文是浅层学习,只是对学习内容进行机械的记忆与简单的理解。而当下许多教师开始将目光放在深度学习上,它是以浅层学习为基础,通过适宜的学习方式来系统梳理、批判性理解学习内容,以不同情境培养学生语言、文字运用能力的一个过程。本文基于此,先概述深度学习,再提出"少教多学"范式下以深度学习为导向的高中语文教学路径。

**【关键词】**少教多学　深度学习　高中语文　教学路径

## 一、引言

在新课改背景下,教师需要转变以往浅层学习导向的教学模式,以"少教多学"提高教学的实效性,立足语文核心素养要求,创新教学手段,来实现深度学习导向的高中语文教学模式。学生在深度学习的过程中,能充分参与到与教师的互动中,更好地理解语文知识,形成良好的语言素养、思维能力和品质。由此本文特分析探索"少教多学"范式下以深度学习为导向的高中语文教学路径。

## 二、深度学习概述

"少教多学"范式下高中语文教学中的深度学习重视立足语文经验来进行深度学习内容的提取,强调学生通过主动参与来进行语文学习,并因此来改变学生的言语行为及行为潜能。由此，对"深度"的把握变成了深度学习下语文教学的重要内容，如果"过深"，则会超出学生潜能的最近发展区，使学生产生对语文的无力感；如果"不够深"又会让语文学习成为浅层学习的重复，使学生兴趣受到打击。[1]

对此，"少教多学"范式下高中语文教学就是基于语文学科特点，运用"深度学习"理念策略，在教师深度教学的基础上，促进学生深度学习的一系列教与学的方式。也就是依靠积极学习共同创建，来营造和谐互动的课堂气氛，激发学生表达的欲望，以丰富结构化的语文学习活动，来引导学生参与到教学学习中，自觉拓展思维范畴，锻炼思维、理解、迁移能力，提高语文素养。

### 三、深度学习导向下的高中语文教学路径

（一）重视学生初读感受，设计深度思考问题

在"少教多学"理念和深度学习导向下，高中语文教学对教师提出了更高的要求，需要教师及时发现学生的困惑所在，并结合学生提出的问题，来设计深度思考的问题，让学生沉浸在教学学习状态中，推进语文学习向纵深处迈进。[2]例如，教师在教学生人教版高中语文《小狗包弟》一课的时候，先在课前让学生进行预习，然后收集学生的初读感受，整合学生提出的问题。许多学生读完后提出疑问，《小狗包弟》为什么说有着深刻的思想性。据此，我便将"《小狗包弟》一课之所以有深刻的思想性，是因为它反映了哪些内容"作为深度思考问题。为了让学生深入思考，我便让学生分小组就自己的观点进行辩论。有的学生认为文章反映了当时十年动乱的社会现实，揭露了"文化大革命"的罪恶，就连一只小狗都无安宁之日；有的学生认为，"文化大革命"动乱的局面可以成为现代发展的对比明镜，给人以警示；有的学生则认为作者是在反省自我，自我拷问，作者具有敢于剖析自己，敢于说真话的勇气，能和读者产生共鸣，并帮助我们形成高尚的人格、道德情操；等等。可以说学生初读的感受是教学起点，而预习时提出的问题则是教师设计问题的重要宝藏，能成为课堂互动的推动力。这样就让具有个性差异的学生完成了知识性、理解性甚至是创造性的学习。这样的"少教多学"，注重的恰恰是学生的学习行为。实现了让学生更深层次地领会文章情感、思想内涵的目的。

（二）教给学生文本解读方法，加深学生学习深度

文本解读的质量会直接影响高中语文课堂教学的高度、厚度。文本解读

如果趋于平面化、浅层化，那么课堂就会显得单薄、无厚度，教学自然也无法达到更高的高度，还会影响学生深度的学习。在深度学习导向下，教师要引导学生立体解读文本，其一要有宽度，多角度、多视面地解读；其二要有高度，从低到高递进式理解，尤其重视高层面认知；其三要有厚度，既要关注文本表面（浅显的人事、结果），又要关注文本内涵（蕴含的思想感情）。一方面，教师可以从文章的情感变化入手，来引导学生解读文本。[3]例如《兰亭集序》，其中作者有着多元立体的情感，先欣赏美景，再流觞畅饮，接着抒发人生苦短的感慨，最后流露感伤之情。在解读文本中，会发现其中既有珍惜时间，做实事的意思，也有对生死问题的思考，还有个体生命意识的觉醒。这样的立体文本解读，能够让学生最深刻地理解作品想表达的价值观与情感态度。另一方面，教师也可采取由实到虚的方式。像是《囚绿记》中，如果学生只关注作者"寻绿""观绿""囚绿"未免流于表面。而教师引导学生联系时代背景，能够使学生更好地理解其中的追求、向往精神、情感，从而更好地把握文章主旨。"少教"指的是教师精讲，但也不是简单地灌输，而是以学生为中心，启发性、针对性、创造性、发展性地教。"多学"指学生独立自主地学，但也不是简单地练习和知识数量的增加，而是在语文教师的引导下积极地、理解地、深度地学。那么教给学生文本解读的方法，是增加学生学习深度的有效途径。

（三）精选适应与拓展性材料，避免"教学教材化"问题

深度学习下高中语文教学要注重挑战性和迁移性。为此，教师应当精选适应与拓展性兼顾的教学材料，避免以往的"教学教材化"问题。要立足学情，以文本为依据，实现拓展提升。例如，教师在教学生鲁迅的《祝福》这一课的时候，可以选择鲁迅的其他文章，如出自同一小说集的《幸福的家庭》《伤逝》《长明灯》等文章进行对照学习阅读。如此能更深入地探究鲁迅笔下作为外国归来者的"我"的彷徨内心和落后中国故乡间的格格不入，能更好地把握文章内涵。再学习《祝福》的时候，对祥林嫂的形象特征，造成其悲剧的社会根源，封建礼教的罪恶本质也能理解得更深入。在语文课堂中教师秉持"少教多学"的理念，就能使教与学都达到一种轻松愉悦、质优高效的最佳教学状态。从根本上减轻教学负担，提高语文学习效益。

**四、结语**

总的来说，深度学习不同于过去的浅层学习，能让学生更有获得感，不

只是思想情感的获得，更是所学知识相关拓展的获得。深度学习能开阔学生眼界，锻炼学生思维。教师以深度学习为导向来开展高中语文教学，应当重视学生初读感受，设计深度思考问题；教给学生文本解读方法，加深学生学习深度；精选适合与拓展性材料，避免"教学教材化"问题。"少教多学"范式的实施和探索让具有个性差异的学生完成知识性、理解性甚至是创造性的学习。如此，方能促进学生语文综合素养的提升。

**参考文献：**

[1] 王璐，肖培东. 深度学习导向下的高中语文教学策略 [J]. 语文建设，2020（09）：41-45.

[2] 单海. 深度学习在高中语文课堂中的有效应用 [J]. 求知导刊，2019（49）：47-48.

[3] 魏明明. 深度学习在高中语文有效课堂中的应用 [J]. 中学语文，2019（03）：91-92.

[4] 代泽斌. 流动的风景 [M]. 北京：航空工业出版社，2019.

# "少教多学薄积厚发"教学范式
# 在高中语文教学中的尝试

贵州省铜仁第一中学　陈丽娇

【摘要】贵州省高中语文代泽斌名师工作室通过实践，提炼出了一套能够使教师可以少教但是学生可以多学的高效教学范式，即"少教多学薄积厚发"教学范式。该教学范式包括"有效记忆—有效理解—有效思考—有效运用—有效创新"五个环节。"少教多学"充分体现学生的主体作用，强调教师必须唤醒学生的主观能动性，激发学生的潜能，使学生自主学习，自主探究问题、解决问题。本人尝试将此教学范式运用于高中语文古代诗歌鉴赏教学。

【关键词】少教多学　薄积厚发　教学范式　高中语文　古代诗歌鉴赏

夸美纽斯在他的《大教学论》中谈到自己的教学理想时说："找出一种教育方法，使教师因此可以少教，但是学生多学，使学校因此可以少些喧嚣、厌恶和无益的劳动，独具闲暇、快乐及坚实的进步。"如何实现课堂教学高效的目标，一直是一线教师苦苦探索、孜孜以求的。

贵州省高中语文代泽斌名师工作室通过实践，提炼出了一套能够使教师可以少教但是学生可以多学的高效的教学范式，即"'少教多学薄积厚发'教学范式"。该教学范式包括"有效记忆—有效理解—有效思考—有效运用—有效创新"五个环节。

自加入贵州省高中语文代泽斌名师工作室以来，我接触到了该教学范式，经过不断的理论学习，我对这一教学模式有了更深入的认识。

"少教多学"充分体现学生的主体作用，让学生自主思考、自主学习，强调教师必须唤醒学生的主观能动性，激发学生的潜能，使学生自主学习，自主探究问题、解决问题。教师是课堂的引导者而非主宰者。正如我国著名教育家叶圣陶先生所说:"所谓教师之主导作用,盖在善于引导启迪,使学生自奋其力,自致其知,非谓教师滔滔讲说,学生默默聆受。""薄积厚发"是说人生对知识积累没有止境,要运用智慧,大量地去实践,从创意走向创新和创造。

看到工作室"少教多学薄积厚发"这一教学范式在实践运用中取得的成绩,我逐渐感受到这一教学范式强大的生命力。于是决定在自己的语文课堂教学中进行推广。

**一、推广过程**

(一)改变观念

思想观念是行动的指导。想要比较好地实施"少教多学薄积厚发"教学范式首先要改变观念。

一方面,改变教师的观念。德国著名教育家第斯多惠在他的《德国教师培养指南》中说:"教育的艺术不在于传授的本领,而在于激励、唤醒和鼓舞。"由于深受传统教育观念的影响,本人一直以来也遵循旧制,充当知识的传授者和灌输者,课堂教学以讲授为主。对各个板块的知识都想要一把抓,这也舍不得、那也不敢丢,总以为教学生越多他们就能学到越多,整个课堂教学就成了"满堂灌"。殊不知这样的做法得到的却是事倍功半的效果,老师累,学生乏。久而久之,学生失去了学习语文的兴趣。求知和思辨是人的天性,人是能动的高级生命体。我们应坚持以人为本,充分发挥学生在课堂上的主体性,赋予学生学习的权利和责任,让学生成为学习活动真正的主人,改变以往被动依赖的学习状态,引导学生养成自主学习的习惯,让"学"成为一种自觉、主动以及独立的行为。

另一方面,改变学生的观念。学生总是习惯于跟着老师走,模仿老师的学习方法、老师的思考方式,老师说什么就是什么,老师安排什么就做什么,缺少自己的思考与探索。久而久之,就会逐渐失去探索创新的能力。在语文课堂教学中,我们要让学生具备这样的意识:学习的过程是自己发现问题、提出问题、分析问题、解决问题的过程,自己就是学习的主人,模仿得不到自己的东西,一味地接受别人给的永远不可能有突破和创新。

语文课堂要实现以人为本,让学生成为课堂的主人,就要先改变观念,让语文课堂教学成为师生共享的过程,让语文课堂实现少教多学的双赢。

（二）教学尝试

以古代诗歌鉴赏教学为例。

古诗文阅读一直是高中语文教学的难点之一。古诗词的美学意蕴，很大程度上是来自古代生活的基本范式。而现代中学生的生活同古人的生活已大相径庭，想要现在的学生进入古代的语言系统，将个人体验与古人的生活体验合而为一，这并非易事。另外，古诗的语言凝练，多省略与倒装。它往往是通过撷取一些拥有特殊情感或特殊含义的"意象"，在较少的字数或特定的规范里表达既定的某种情感。所以，需要通过挖掘"意象"的含义来体味意境美，从而把握文章的主旨。可是多数学生对诗词意境美的意识还处于一种朦胧状态，由于古今差异及诗歌语言特征，学生读不懂古代诗歌，感受不到古诗文的魅力。

那么，在古代诗歌鉴赏教学中如何进行"少教多学"呢？《普通高中语文课程标准（2017年版）》要求："诵读古代诗词，有意识地在积累、感悟和运用中，提高自己的欣赏品位和审美情趣。"结合"少教多学薄积厚发"教学范式，我做了如下尝试。

首先，诵读记忆激发兴趣。

记忆是人类智慧的根源，是学生学科素养形成的奠基石。高中语文课程中所选的古代诗歌都是经典名篇，基本上都是要求熟读背诵的。理解诗歌的前提是要记住其内容，通过诵读来帮助学生更好地记忆。古诗词的语言特点是高度凝练、定格定韵，讲究声韵和谐，言有尽而意无穷。在反复诵读的过程中，学生能感受到诗歌的节奏美、音韵美，提升对古代诗歌的兴趣。爱因斯坦有句名言："兴趣是最好的老师。"心理学家研究也表明：人们对自己感兴趣的事物总是力求探索它，认识它。兴趣是一个人力求认识并趋向某种事物特有的意向，是个体主观能动性的一种体现。有了兴趣学生才会有进一步探索的欲望，这样，学生就开始踏入诗境。在古代诗歌教学中，我会让学生利用早读时间或课前几分钟反复诵读，在准确的反复诵读的过程中，学生对古诗的音韵、节奏、停顿以及文意的感悟逐渐加深。

其次，理解内容，把握诗境。

都说鱼的记忆只有7秒，相比鱼来说，人的记忆停留的时间要长得多，但是，记忆的东西同样也容易忘记。"理解"可以加深我们的记忆，鉴赏诗歌也是一样，只有理解了诗的内容才能把握诗境，才能强化我们的记忆。人们常说："知其然知其所以然。"我们要引导学生对记住的诗歌进行理解，只有理解了才能更好地记住，才会运用。不求甚解、囫囵吞枣，没有真正地体悟诗境，即便死记硬背下来了也会遗忘。

所以，在古代诗歌的教学中，我会把理解诗歌作为一个非常重要的环节。比如在赏析辛弃疾的《永遇乐·京口北固亭怀古》时，先布置课前预习，利用课本中的注释和工具书以及网络资源，让学生弄清楚词中所涉及的所有典故，并且能够独立翻译全文。课堂上，用一节课的时间来与同学一起探讨所有的典故，弄懂典故内容及内涵。让学生先展示自己预习的成果，然后全班一起探讨。这样，整首词的内容就已经把握得差不多了。

然后，联想思考体悟情感。

子曰："学而不思则罔。"人的伟大在于人具有独立思考的能力。学生在学习中，要能够分解、剖析、归纳、概括学习内容，能对各种现象进行分析并有自己的看法。

诗是情感的自然流露。鉴赏古诗词，最终还是要落在情感体悟上。古诗词语言精练，情感高度融聚，融成古诗的不仅是文字，更多的是由文字衍生出的画面和意境。要想真正理解其中的情感内涵，必须运用联想和想象，再现或者充实诗词画面。比如在赏析周邦彦《苏幕遮》中的"叶上初阳干宿雨，水面清圆，一一风荷举"时，我要求学生找出诗句中所写的景物以及圈出表现景物特点的词，然后进行想象，在纸上画出或者用极具表现力的现代汉语描绘出脑海中的景象。这样，学生真正走进了诗境，能够深切地感受到王国维的那句"真能得荷之神理者"的评价的意义所在。也能从这联想的画面中体会词人的情感，让学生深层次地理解诗歌，并且爱上诗歌。

最后，运用创新提升能力。

知识就是生产力。在那些具有自主意识、运用意识的人那里，知识极具力量，发挥重要作用。创新则是发展之魂，有创新才会有发展。学习中，在已有知识内容上，提出新的见解、新的思路、新的路径，并将之付诸研究或者实践，才能产生更先进的生产力。在鉴赏诗歌的过程中，学生要掌握知识，掌握鉴赏诗歌的方法，然后将之运用到以后的诗歌鉴赏中去；学会鉴赏，才能提升鉴赏阅读能力和审美能力。在古代诗歌鉴赏教学中，每分析一首诗歌，我都会落实一种具体的鉴赏方法，让学生在鉴赏这首诗歌的过程中，学会一种方法。每一次古代诗歌教学，我都会在课后附一首与课堂所学内容相类似的诗歌，让学生运用所掌握的方法进行某个方面的赏析。久而久之，学生鉴赏诗歌的能力大大提升，语文学科素养大大提升。

## 二、效果与反思

经过一段时间的推广与实践，我发现，效果确实比较明显。一方面，学生考试成绩明显提高。在高中语文新课标全国卷中，古诗鉴赏包括一道选择题和一道主观题，满分为9分。一般情况下，我所带的两个班平均分均在4.5分至5.5分之间，在尝试运用"少教多学薄积厚发"教学范式进行古代诗歌课堂教学之后，两个班平均分能在原基础上提高1至2分。另一方面，学生鉴赏古代诗歌的能力明显提升。之前的古代诗歌课堂教学，需要推着学生走，学生读不懂诗歌，更不知如何赏析，老师给一个方向，学生就机械地往那个方向走，没有自己的鉴赏思路，没有方向。现在，他们不再那样茫然无措，给学生一首古诗，他们能够很快地明确鉴赏的方向和角度，依循着自己的思路逐渐深入，理解诗歌、体悟诗歌、把握诗歌。

"少教多学薄积厚发"教学范式给我的课堂教学带来了希望和信心。即使这样，我深知，要更好地践行这一教学范式仍然存在很大的困难，对于我来说，还有一个漫长而艰难的过程。其原因有二：其一，面对高考的压力，繁重的教学任务，我无法真正做到"少教"，很多知识性的东西不敢放下，不敢不讲，不敢冒"可能因为少教而导致考试成绩不够理想"的风险，多讲点东西总觉得更加心安。其二，"少教多学薄积厚发"教学范式对教师的要求更高，课堂教学由教师主体转为教师主导，教案变为学案，课堂要求以学定教，要依据学情来设置目标，研究学生如何学至关重要。基于这些新的要求，我自认为短时间内还难以达到。

"少教多学薄积厚发"教学范式给我们指出了一条光明之路，能很好地帮助我们实现这样的目标。道路漫漫，吾将奋力前行。用之！悟之！

**参考文献：**

[1] 代泽斌. 流动的风景 [M]. 北京：航空工业出版社，2019.

[2] 兰军. "少教多学"在高中古诗词中的运用 [J]. 课程教育研究，2017（49）：66-67.

[3] 刘志才. "少教多学，精讲多练"的高效课堂 [J]. 新课程·中学，2013（03）：109.

# 基于"少教多学"教学理念的高中语文课堂教学有效性提问方法研究

贵州省铜仁第一中学 陈晓薇

**【摘要】**"少教多学"作为一种教学理念，蕴含着很多符合时代教育发展的先进的精神理念。长期以来，"多教"的教学方法存在学校课堂上，高中语文课程目标想要得到较好的实现，仍然存在一定的难度，教师经常会将一节课的知识点以问题的形式呈现给学生，并让学生在教师的引导下进行思考。因此，在高中语文课堂上，基于"少教多学"教学理念进行有效的提问显得十分关键，有效的提问能够让学生在掌握知识的前提下，培养解决问题的能力，进而提高学生的语文成绩，最终使学生的综合素养得到全面提高。

**【关键词】**"少教多学" 高中语文 提问 有效性 方法

高中语文是一门十分重要的课程，一般情况下，高中语文课堂教学工作需要借助一定的提问来引发思考，进而有效地实现教学目标。在语文课堂教学过程中，教师需要提出明确的问题，来帮助学生更好地理解文本，进而促进语文教学活动的有效开展。

"少教多学"即教师对教学内容根据学情进行取舍、学生在老师的主导下多学多思多行动，教与学和谐共生，教学相长，学生学习习惯和学习效果正向发展。学生与老师每一天都有进步，慢慢地积累，越积越多，最后形成良性循环。有效提问需要正确的理论指导，然后在正确的理论指导下，再思考提问的"度"，一切将显得游刃有余。提问的目标一定要明确，尽量涉及教学内容的重点，且难度适中。与此同时，提问还需具有一定的启发性，这样才能够促进学生更好地提高。

### 一、"少教多学"教学模式的特点

"少教多学薄积厚发"的教学范式，其路径是"有效记忆—有效理解—有效思考—有效运用—有效创新。"其中，"前四者是低阶思维，低阶能力，而'创新'是高阶思维高阶能力"。其实，在高中语文课堂教学中，长期以来，教师"多教"的教学方法在学校课堂中占据着相当地位。如今，要落实高中语文课堂教学的"少教多学"，首先，需要教师摒弃"以教为主"的传统教学方法，改变教师总是将提前设计好的、现成的知识点和盘托出"教"给学生的教学方式。教师必须放开手，指导学生"先学后教"，把教学的重点落在学生的"学"上：只要学生可以自行学会的，就放开手让学生去学；只要学生可以动手的，就让学生动手去做；只要学生经过思考能解决的知识点，就让学生自己去完成等。教师不要总是不放心，牢牢地将学生禁锢在自己的思想里，作为教师应该放手让学生自主学习，自主领悟。

### 二、"少教多学"教学理念下的课堂提问要着眼于文本关键处

在高中语文教学过程中，部分教师忠实于自己固有的习以为常的教学方式，不愿意改变自己的教学方式，"少教多学"的实施对教师的要求更高。在教材中，课文都存在非常关键的内容，关键内容能够体现出作者布局谋篇的高明之处，同时也是一篇文章的中心内容，在学生理解文章的过程中起到了非常重要的作用。因此，语文教师可以从课文的关键处出发，在关键处进行适时提问，针对文章的"文眼"来设计问题，这样就能够更好地取得语文教学效果。

例如：在《林黛玉进贾府》的学习过程中，笔者利用多媒体课件播放电视剧《红楼梦》中林黛玉进贾府的片段，让学生迅速进入学习情境当中，紧接着笔者趁势针对贾府的环境描写进行有效提问：林黛玉在贾府外面看到了什么？在西边角门又看到了什么？这样学生就会根据问题在文章中找出对应的描写，帮助学生更好地理解文章内容，切实有效地实现教师的"少教"和学生的"多学"。

### 三、"少教多学"教学理念下的课堂提问要从文本内容的矛盾处出发

高中语文教学过程中，有的文章上下文内容之间看似存在矛盾，但实质

上前后文之间存在一定的联系。因此，教师在教学过程中，应该紧紧抓住文章内容的"矛盾之处"，挖掘课文内容后的巨大价值，这样才能帮助学生更好地理解课文内容，促进学生的思维发展。

例如：笔者在讲述《奥斯维辛没有什么新闻》这篇文章时，让同学们进行了充分的交流，并使用多媒体课件将文章当中的矛盾展示了出来，让全班同学共同探究，课文的开头写着"阳光明媚、绿树成荫……"，但是后来作者又说"这实际上是一件可怕的事情"，这两个部分看似存在矛盾，笔者就从课文"矛盾处"出发，提问学生：作者为什么要这样写？这样就能有效地激发学生的好奇心，进而帮助学生思考文章的核心内容，使语文课堂教学效果得到有效提高。

### 四、"少教多学"教学理念下的课堂提问应该在阅读到文章对比内容时展开

在高中语文教学过程中，很多课文在内容上选编都有相应的规律和特点。有的是为了突出其人物形象，有的是为了表达内心的某种理念、价值观，进而在文章内容上展开一定程度的对比。语文教师在针对这些问题进行提问时，应该关注到文章在内容上的对比联系，引发学生的思考，由此就能实现对文本重难点知识的突破，这样就推动了高中语文课堂教学工作的有效开展。

例如：笔者在讲述《过秦论》的过程中，就针对文章当中的"对比关系"进行了提问，让同学们找出文章中所有的对比关系。学生就会发现，在强烈的前后对比过程中，文章的核心思想便自然而然地显现出来了。笔者在此处设计有效的提问，帮助学生更准确地理解文章内容、找出本文的论证观点，进而总结历史教训。

### 五、"少教多学"教学理念下的课堂提问要针对文章中的重复内容来展开

在高中语文教学过程中，教师往往要求学生在文章写作中尽量不要重复，否则文章会显得啰唆。但是，在有的课文当中，我们会发现有很多重复的内容出现。在遇到这样的文章时，笔者就会相应的设置问题：作者为什么要重复说同样的话呢？只是简单的重复吗？会不会有什么深意呢？引导学生进行积极主动的思考。

在学习《记念刘和珍君》这篇文章时，笔者设置了探究环节。在同学们探究之后，笔者向学生提问：为什么文章作者要反复强调"要有写一点东西

的必要"？然后让学生自己思考，理解文章中蕴含的深意，这样就加强了学生对文本的理解。

### 六、"少教多学"教学理念下的课堂提问应在课堂教学的适当时机展开

在高中语文教学过程中，有效的提问还应该找准时机，把控实际、适时地进行提问。在这个过程中，语文教师应该在学生自读之前、自读之后以及学生自主讨论时，把握时机进行提问。同时，在一节课刚打上课铃的时候，教师也可以把握时机进行提问。此时，学生的注意力相对比较分散，教师在这个时候进行提问，能够将学生的注意力迅速集中到课堂当中，进而帮助学生进入学习状态，也有助于学生对上节课的知识点进行复习，由此取得良好的教学效果。

在讲述《锦瑟》这首诗时，笔者就在上课初期进行提问，让学生回顾以前学过的李商隐的诗。将学生的注意力迅速集中到语文课堂中来，从而有效提高语文课堂教学效果。

### 七、"少教多学"教学理念下的课堂提问应恰当地利用肢体语言

一般情况下，教师的面部表情和举手投足均会对学生产生一定的影响。因此，在高中语文课堂的教学过程中，为了提升课堂提问的有效性，教师不仅要注重自己的语言，还应该善于利用自己的肢体语言。教师鼓励的眼神能够给予学生更多的鼓励，让学生变得更有自信也更有勇气。同时，教师也可以鼓励学生主动回应自己，在学生回答完问题时，及时给予表扬与肯定，给学生以情感上的激励，这就会让学生充满信心，让学生乐于学习。教师在启发中会帮助学生找到课堂的重点，进而展开一种良性的互动，让学生尝到自己思考的甜头，激励学生不断进行自主学习。

在学习《林教头风雪山神庙》的过程中，有的同学觉得林冲的做法并不妥当，属于被迫反抗的类型，面对这种想法，笔者先是用眼神给予了学生鼓励，接着示意他坐下，然后问其他学生还有什么不同的看法，这样就充分尊重了学生，也完成了语文课堂上的有效提问。

### 八、结语

总而言之，高中语文教学工作是非常重要的，为了增强语文课堂提问的

有效性、真正实现高中语文课堂教师的"少教"和学生的"多学",教师在教学过程中一定要灵活处理"教"与"学"之间的关系,逐步形成适应现代语文教学要求的新型的教风和学风,真正实现"以教师为主导,以学生为主体"的教学思想,把学习的主动权移交给学习的主人——学生,培养学生的独立阅读能力和独立思索的能力。教师要不断学习新的教学理论、不断创新,帮助学生进行思考和提问,不断加强教师与学生之间的有效沟通和交流,如此才能有效提高高中语文课堂的实际教学效果。

**参考文献:**

[1] 代泽斌. 提升语文素养是实现"少教多学"的有效路径 [J]. 基础教育参考, 2015 (12): 40-43.

[2] 代泽斌. 流动的风景 [M]. 北京: 航空工业出版社, 2019.

[3] 杨雪丽. 高中语文课堂教学有效提问的方法研究 [J]. 学周刊, 2019 (09): 43.

[4] 程永超. 高中语文课堂提问管理教学的实践研究 [J]. 基础教育参考, 2019 (01): 50-52.

[5] 郭漫. 高中语文课堂有效提问的策略 [J]. 读与写 (教育教学刊), 2018, 15 (02): 81-82.

# "少教多学"范式下的
# 高三文言实词复习策略探究

贵州省铜仁第一中学 彭凤

**【摘要】** 笔者正在带领高三学生进行语文一轮复习，目前复习的重点是文言文板块。笔者发现，对于学生而言，文言文复习的最大困难在于自身对文言实词的理解和记忆。在日常教学过程中，需要学生掌握至少120个文言实词。而每个文言实词又有多个义项，这对学生而言无异于"泰山压顶"。但在高一高二的文言文教学过程中，虽然涉及多个重要文言实词的分析与理解，但无奈学生学业过重，压力过大，往往没有空闲记忆或者出现记忆残缺的情况。基于此问题，笔者在文言实词复习板块下，进行了"少教多学"的教学模式探索，根据高三学生的学情提出了"实词记忆方法""实词推断方法"等复习策略。

**【关键词】** 文言实词复习 少教多学 教学范式

## 一、文言实词复习课面临的困境

"少教多学薄积厚发"的教学范式，其路径是"有效记忆—有效理解—有效思考—有效运用—有效创新"，这五个层级的每一层级呈螺旋式上升，有时甚至是交错进行的。"记忆"是学习的基础，打好基础才能最终实现学生的"有效创新"。但是在文言文教学板块，笔者发现较少有老师会通过字的造字法、字从古代延伸至现代保留的义项等角度去给学生讲解课文内容，而是直接告诉学生这个词有哪些义项，明确告知学生这些义项需要背诵，以至于学生最终囫囵吞枣，并不理解；又或者有教师引导学生通过上下文语境去反推字义，这个办法确实可行，但如果碰到文言文难度大、篇幅长等情况，此法又行不通。

具体问题表现在以下方面。

（一）复习时间占比大，而成效小

高三语文一轮复习重在回归教材，全面夯实知识点，文言文占了高考语文总分的 19 分，比重较小。但是，文言文板块既包括实词的五大部分（一词多义、通假字、词类活用、古今异义、偏义复词）、18 个虚词、古代文化常识、特殊文言句式等重要知识点，又包括断句、筛选信息、翻译等重要题型，内容繁多。因此，老师在复习时尽量求全，不敢错过一丝细节。在形式上，则是"一讲到底"和"一做到底"，老师不停地讲题，学生不停地刷题。学生做题固然是学生在思考，但被动地、盲目地做题并非"有效思考"。另一方面，老师在"有效理解、有效思考"上给学生留的时间很少，学生少了自我反省与总结，少了查补缺漏，自然成效缓慢。

（二）死记硬背、遇见生字词无可奈何

目前我校部分语文教师将网络资源《120 个实词小故事》《18 个虚词小故事》打印发给学生，每日进行一定数量的背诵。笔者亦选择以这种形式帮助学生记忆。但近日笔者进行的情境式实词翻译效果却并不理想。究其原因，一是学生只记住故事，而非实词义项，不会触类旁通；二是学生学业负担重，并未全身心投入实词记忆；三是对实词义项死记硬背，不会学以致用、举一反三。故而，遇见新的文言文，依旧无从下手。

**二、文言实词复习策略探究**

（一）实词记忆方法探究

记忆是一个复杂的心理过程，包括"识记""保持""回忆"三个基本环节。识记是学习与获取知识的过程，保存是知识和经验在大脑中储存和巩固的过程。回忆是指从大脑中提取知识和经验的过程。识记是记忆的开始，是保持和回忆的前提，保持是关键，这三个环节互相联系、不可分割。

对学生而言，识记并非难题，学生能够快速地对相应知识进行识记。但是根据艾宾浩斯遗忘曲线，人类遗忘的规律是先快后慢，尤其是识记后 48 小时内，遗忘率高达 72%。

因此，对识记的内容进行有效保持是整个记忆过程中的难点。

笔者在自己的高三（17）班、（32）班进行了实验，要求学生周一至周五每天记忆两个实词，但实践证明当学生记忆到周三的实词时，学生对周一识记的实词已经忘记了一半，等到周五考查时，学生对周一识记实词已只留下模糊印象。而到周日默写周一至周五的十个实词，多数同学只能"惊慌失措"，徒留感叹。

因此，笔者根据艾宾浩斯遗忘曲线提出实词记忆的方法之一：温故知新。

笔者首先将《120个文言实词小故事》整体发给学生，布置两个课后记忆作业。第二日要求学生以自己的方式回忆实词的所有义项，可以讲故事，可以造句，可以组词，形式多样，只为记住。同时，每周日笔者准备情境翻译，以帮助学生学以致用。半月或一月后，再抽选已背实词中的重要词语，再次情境翻译，帮助学生加强记忆、巩固知识，实现"有效回忆"。

另一方面，在记忆的基础上要"理解"记住的知识。理解就是每个人的大脑对事物进行分析而产生的一种对事物本质的认识，就是通常我们所说的知其然知其所以然。一般也称为了解或领会。我们要引导学生理解记住的知识，只有理解了才能记住，才能会运用。如果是不求甚解甚至是囫囵吞枣，则该记住的知识就是记不住，即便死记硬背下来了也会遗忘。

为了激发学生实词记忆的兴趣，也为了提高学生实词记忆的有效性，笔者借助网络资源《120个文言实词复习金品》，借助学生手中资料《2020高考语文核按钮考点突破》，给学生简单讲解汉字的六种造字法，带领学生就部分实词的造字法进行分析，引导学生根据字形来记忆实词的义项，从而做到"活学活用"。

（二）实词推断方法探究

高考常考文言实词有120个，但一篇文言文中很有可能出现120个实词和18个虚词之外的词语。因此，除了引导学生记忆，还需要引导学生学会推断词义，尤其是实词词义。

在此，笔者根据实际教学情况，提出以下文言实词推断方法，以期能为实词复习提供帮助。

1. 根据造字法推断

汉字造字法有六种：象形、指事、形声、会意、转注、假借。其中，笔者就形声、会意做了解释，并引导学生根据造字法来推断实词义项。汉字是音形义的结合体，其中形声字占百分之八十以上。而形声字的形旁则显示了这个字的表意范围，如"暄、樱"等。再如"涂有饿莩而不知发"的"莩"字，形旁为"歹"，而与"歹"旁有关的字多与"死"有关，如"死""殁"

"殉""殇"等；而从"刂（刀）、弓、矛、戈、斤（斧）"旁的字多与兵器有关。因此，可以引导学生通过分析实词的形旁来推测词的含义，降低理解文章的难度。

另一方面，则是会意字。会意字由两个独体字构成，会意字的意思则是两个独体字意思的结合体。比如"酒、鸣、众、泪、裕、灾、休"等。其中，"酒"是"水"和"酉"构成，表示"水在瓦缸中发酵"。而"裕"则是"衣"和"谷"构成，表示"有衣穿有谷食则生活富裕"。

再如"告籴于野人"的"籴"则表示"入米"，即"买米"。

因此，在文言文复习过程中，可以引导学生根据字形及其造字法来推测词义，从而更轻松地应对文言文。

2. 利用组词法推断

利用组词法对文言实词进行推断是笔者在课堂上经常进行的复习方法。之所以能够利用组词法来对文言实词进行意义推断，根本原因在于现在的双音节词多数是由古汉语的单音节词发展而来，而现代词语包含的词义多是古汉语中词的一个义项。因此，利用组词法来推断文言实词的含义，未为不可。

比如笔者近日在讲到句子"说着喜，骤以其语告于贯之……"一句，多数学生根据语境推测"骤"应理解为"立刻、马上"，但实际上，"骤"在此处含义应是"急忙"，为此我提醒学生"暴风骤雨"。再如"拜礼部尚书，摄吏部尚书"，学生将"摄"理解为"掌管"或者"授予官职"，笔者立刻以他们都知道的"摄政王"提醒，"摄"为"代理"一义。再如"稽"组词有"稽查""稽考"等，故推测"稽"则为"考证、查考"之意。根据笔者今日的教学，以组词法来引导学生推断实词，学生兴趣浓厚且成效显著。

笔者认为，组词法能够在学生阅读浅易文言文时帮助学生快速理解文章的大意、降低阅读难度、减少阅读时间。

3. 从句式结构推断

古文讲究文句整齐，喜用骈句与互文。这种整齐的句式、对称的结构，常在相同位置上使用同义词或反义词，所以我们可以利用这种结构，通过已知推断未知，如：

率疲弊之卒，将数百之众。

前句与后句都是动宾结构，因此可以猜测"率"与"将"同义，根据"将"有"将领"的义项，可以推测"率"也是率领。再如笔者今日讲到的

"臣奉使湖广，睹民多菜色，挈筐操刃"一句中的"挈"字，根据本句的结构可以推测"挈"与"操"同义，皆为"拿着"。

再如成语"文过饰非"，是联合式动宾结构，因此可以推测为"文饰过非"，继而得出"用漂亮言辞掩饰过错和失误"。

再如：（1）通五经，贯六艺。（2）忠不必用兮，贤不必以。（3）饥岁之春，幼弟不饷；穰岁之秋，疏客必食，非疏骨肉爱过客也，多少之实异也。（4）岭南微草，凌冬不凋；并汾乔木，望秋先陨。（5）忧劳可以兴国，逸豫可以亡身。

这些句子都可以用以上方法推断得出。

除了根据造字法推断、利用组词法推断、根据句式结构推断实词的意思之外，还可以利用课文内的知识点进行回忆、结合语境进行推断。

### 三、结语

"少教多学薄积厚发"的教学范式，其路径是"有效记忆—有效理解—有效思考—有效运用—有效创新"，因此，本文所探讨的文言实词复习策略都是基于"少教多学厚积薄发"教学范式，基于此范式，教师合理有效地教，学生高效充分地学，学方法，学策略，最终形成自己的学习模式。相信在此模式基础上，学生能够有效记忆文言实词的义项，并在有效理解的基础上学会思考和运用，最终攻克文言实词复习的难题。

**参考文献：**

［1］代泽斌．流动的风景［M］．北京：航空工业出版社，2018.

［2］代泽斌．风景中的我们［M］．北京：中国书籍出版社，2017.

［3］代泽斌．提升语文素养是实现"少教多学"的有效路径［J］．基础教育参考，2015（12）：40－43.

# 基于"少教多学"的古诗词教学策略研究

贵州省铜仁第一中学 邓配

**【摘要】**人教版高中语文教材中诗词的篇目所占比重比较大，诗词在语文教学中相当重要。同时，在高考语文试卷中，诗词也占据着不低的分值，很多诗词还要求背诵，在默写中还有分值占比。学好古诗词，对于写作文也有着极大的帮助。但是对于高中生而言，古诗词却成为他们学习中的难点。所以本文试着阐释古诗词教学现下面临的困境以及新课程标准下高中古诗词教学需要"少教多学"范式的理由，结合高考试题以及教材中的诗词篇目，在该理论的指导下探求高中诗词教学中的教与学的几种策略。

**【关键词】**少教多学 高中诗词 教与学 策略

在源远流长的中华文化积淀中，古诗词是最鲜明的代表。古诗词是我国古代文人墨客思想感情与文学素养的积淀，是我国千年文明的历史画卷。我们在古诗词教学中应该本着"赏中华诗词、寻文化基因、品生活之美"的基本宗旨，带领学生在诗海里遨游，让学生喜欢上古诗词。

在现行的人教版高中语文教材中，五本必修教材中有三本必修教材有诗词篇目，并且都是历史上的名篇，选修教材《中国古代诗歌散文欣赏》中的六个单元有三个单元都是古诗词，而已经面世的部编教材更是增加了古诗文的比重。新修订的《全日制普通高级中学语文教学大纲》也有明确规定，要求学生能"诵读经典古诗词和浅易的文言文，理解词语的含义和作品的思想内容，背诵一定数量的名篇"。如何教好、学好古诗词已成为广大师生越发关心又很急迫的问题。

## 一、高中语文古诗词教学困境

在高中语文教学中，古诗词占据了一定的比例，但是由于古诗词是带有文言性质的，离我们现代社会有时间上的距离，所以它并不是很容易为广大学生所接受。加上在高中阶段以前很多老师只是让学生单纯地背诵古诗文，并没有带着学生赏析古诗词的美，导致很多学生古诗词的基础薄弱。而高中阶段一线教师在古诗词教学中，都是以课文背诵、文言知识讲解、背景和情感分析为主，教学目标非常明确，教学的功利性也很明显，主要目的是让学生掌握古诗知识，通过考试。这种固定的只精讲一首古诗词的教学模式，不仅枯燥乏味，更忽略了学生的个性和古诗词的内在美。它只能使学生被动地学习，学生无法系统地了解到古诗词的发展历程，更难让学生主动地去学习和领略古诗词的美。

## 二、"任务群"与"少教多学"的契合

《普通高中语文课程标准（2017 版）》在教学建议中明确提及要充分理解学习任务群的特点，处理好学习任务群之间的关系。要求教师可根据学习任务群的特点、学生的学习程度，结合自身的专业优势、教学风格，有规划、创造性地实施教学。

而"少教多学"就是采用针对性、创造性以及启发性的教学方法来引导学生独立自主、积极地学习。

这两种理念给了我对古诗词教学新的思考。笔者收集了 2003 年至 2020 年所有的古诗词真题，并将它们按照诗人进行了专题整理。

下表为自 2003 年至 2020 年高考诗歌中出现次数 2 次及以上的诗人及诗人朝代统计。

| 诗人 | 朝代 | 次数 | 诗人 | 朝代 | 次数 |
|------|------|------|------|------|------|
| 杜甫 | 唐代 | 12 | 秦观 | 宋代 | 4 |
| 李白 | 唐代 | 9 | 柳宗元 | 唐代 | 3 |
| 王安石 | 宋代 | 8 | 张籍 | 唐代 | 2 |
| 苏轼 | 宋代 | 8 | 晏几道 | 宋代 | 2 |
| 陆游 | 宋代 | 7 | 梅尧臣 | 宋代 | 2 |
| 陈与义 | 宋代 | 7 | 杜牧 | 唐代 | 2 |
| 王维 | 唐代 | 6 | 陶渊明 | 东晋 | 2 |
| 白居易 | 唐代 | 6 | 高启 | 明代 | 2 |

| 诗人 | 朝代 | 次数 | 诗人 | 朝代 | 次数 |
|------|------|------|------|------|------|
| 欧阳修 | 宋代 | 6 | 韦庄 | 晚唐 | 2 |
| 王昌龄 | 唐代 | 5 | 张孝祥 | 南宋 | 2 |
| 杨万里 | 宋代 | 5 | 范成大 | 宋代 | 2 |
| 黄庭坚 | 宋代 | 4 | 司空曙 | 唐代 | 2 |

从表格中我们能总结出一些规律：

（1）高考诗歌中出现次数最多的诗人基本上是我们熟悉的诗人，他们出现在教材中的诗词也是最多的。

（2）高考诗歌考查集中于唐、宋两个时期。


### 三、高中语文古诗词教学策略

基于这些研究，针对诗词教学的特点，在"少教多学"理念的指导下，本文主要从以下三个方面来研究古诗词教学的策略。

（一）梳理诗歌发展历程

笔者在正式进入必修二的古诗词单元教学之前，一定会带着同学们阅读选修教材《中国古代诗歌散文欣赏》第57页的"中国古代诗歌发展概述"并指导他们画出相关的思维导图。

而必修教材的诗歌编排也基本上是按照古代诗歌发展历程来的，以必修二诗词为例。

| 必修二诗词 | 作者 | 朝代 |
|------------|------|------|
| 《诗经》两首 | | 周代 |
| 《离骚》 | 屈原 | 战国后期 |
| 《孔雀东南飞》 | | 汉乐府 |
| 《涉江采芙蓉》 | | 东汉后期 |
| 《短歌行》 | 曹操 | 东汉末年 |
| 《归园田居（其一）》 | 陶渊明 | 东晋 |

而必修三选的是唐代的著名诗人李白、杜甫、白居易和李商隐。

教材必修四选的是宋代的柳永、李清照、辛弃疾和苏轼。

选修教材《中国古代诗歌散文》补充了鲍照、阮籍、黄遵宪、张若虚、孟浩然、韦庄、王维、姜夔、纳兰性德、李贺、李煜、周邦彦、高适、温庭筠等人的诗歌作品。

对比高考诗歌统计的表格不难发现，很多诗歌发展的历程中提及的著名流派和重要群体诗人在教材选入的诗歌中并没有。所以我们还需要按照诗歌发展历程对一些诗歌群体、风格流派进行更多的补充。

（二）按诗歌风格流派、诗歌群体来指导古诗词教学

进行必修四的宋词单元教学之前，带着学生以表格的形式回忆宋词的发展历程。

**部分表格举例**

| 时代与词派 | 婉约派 | 豪放派 | 雅正派 |
|---|---|---|---|
| 五代词人 | 后蜀花间词<br>韦庄、温庭筠、欧阳炯 | | |
| | 南唐文人词<br>李煜、冯延巳、中主李璟 | | |
| 宋初词人 | 柳永、晏殊、欧阳修…… | 范仲淹 | |

接下来我会让学生自主诵读选修教材婉约词派代表温庭筠的《菩萨蛮》、李清照的《一剪梅》、韦庄的《思帝乡》《菩萨蛮·人人尽说江南好》和李煜的《虞美人》，并发给学生相关赏析资料让学生自行阅读，试着以导学案的方式让学生从意象的选取和情感的表达两个方面总结婉约词的特点。学生总结婉约词的主要意象有三种：一是自然景物，二是庭院楼阁，三是女子妆容。婉约词的情感以写离愁别恨、孤寂怀旧、闺怨、相思为主，表现得缠绵悱恻。

接下来带领学生重点赏析婉约词派两大代表人物："情长"柳永和"闺语"李清照的词。

进入柳永词之前我会以这样几组关键词介绍作者：白衣卿相，奉旨填词；放荡不羁，青楼寻欢；潦倒终身，群妓合葬。

带着学生重点赏析《柳永词两首》中的《雨霖铃》的虚实结合和点染的手法，并配套相应的高考真题加以巩固和练习。带着学生回忆学过的送别类古诗词，总结关于《雨霖铃》这类送别诗词的常见的一些意象，比如长亭、谢亭、灞陵桥、南浦、劳劳亭、阳关、古道、杨柳、船、流水、大雁、寒蝉、

西风、酒等。古人送别之际通常会做的几件事：折柳送别、饮酒饯别和唱《离歌》《阳关三叠》《劳歌》等歌曲送别。让学生自主赏析《柳永词两首》中的《望海潮》并按照这个词牌名仿写。

以"乱世中的美神——李清照"为议题，可以构建《醉花阴》《声声慢》《一剪梅》《武陵春·春晚》等群文，深入分析作者词风的变化与经历的关系。不难看出：李清照的词作前期多为闺中生活和爱情生活，静雅悠闲、温馨甜蜜；后期伴随战乱，在历经国破家亡、人世沧桑之后，其词风多有沉郁忧伤和苍凉凄凉之感，如《醉花阴》中有"怎一个愁字了得"的苦闷，《武陵春·春晚》中也不乏"物是人非事事休，欲语泪先流"的悲凄之苦。

在必修四赏析豪放词派的代表人物苏轼和辛弃疾的诗词时，让学生用解读豪放词学到的鉴赏方式去赏析《中国古代诗歌散文》教材中的《书愤》。

在学习辛弃疾词之前，对南宋前期的爱国词人张元干、张孝祥、岳飞等进行介绍。在学习辛弃疾词之后，对辛派词人陈亮、刘过、戴复古、刘克庄、文天祥、刘辰翁等进行补充，让学生对南宋爱国词人有更为清晰、全面的了解。

在进行必修三的唐诗单元教学时，我会介绍"初唐四杰"以及盛唐诗坛的两大诗歌群体：一是以孟浩然、王维、常建、储光羲等人为代表的山水田园诗人，二是以高适、岑参、李颀、王昌龄为代表的边塞诗人，还会简单补充清初三大家：陈维崧、朱彝尊和纳兰性德。

（三）以群文阅读的方式进行诗歌专题教学

对于高考中出现次数特别多的诗人、词人，可以结合诗人生平和高考诗歌真题采取专题教学的模式。以杜甫为例，文学史上习惯将杜甫的人生分为四个时期，那么我们可以将所考查的高考真题放到杜甫人生的四个时期中的某个时期来讲解，先了解诗人的人生经历，再去赏析诗歌，最后连接高考真题。

## 四、结语

叶嘉莹先生曾说她自己"一生颠沛流离，唯有诗心不死"。我也想像她一样，永怀一颗诗心，在诗的世界里遨游、探索。将诗带进更多人的世界，是我愿意一直坚持去做的事情。

**参考文献：**

代泽斌. 流动的风景［M］. 北京：航空工业出版社，2019.

# "少教多学薄积厚发"在高中古诗词教学中的探究与实践

贵州省铜仁第一中学　高婷

【摘要】古诗词教学是高中语文教学的一个重要板块，教学方法很多，但也存在一些不足。笔者根据代泽斌名师工作室提出的"少教多学薄积厚发"教学范式对古诗词教学进行探究实践，主要是探究如何在古诗词教学中运用"少教多学"和"薄积厚发"，以期实现高中古诗词教学水平的提升。

【关键词】少教多学　薄积厚发　古诗词教学　教学范式

"少教多学薄积厚发"是贵州省高中语文代泽斌名师工作室结合多年教学实践，探索总结出来的教学范式。"少教"，顾名思义即老师"少"教学生，但这不是量的简化，而是启发性、针对性、创造性及发展性地教。在老师"少教"的情况下，学生就可以进行深度、积极、独立的"多学"。"薄积厚发"则是强调师生在"少教多学"的基础上，每日都能进步一点点，慢慢积累，越积越多，最终实现教学上的良性发展。笔者有幸成为代泽斌高中语文名师工作室的一员，多年来在研修团队的带领下，对"少教多学薄积厚发"教学范式进行反复摸索，认真运用到自己的教学实践中，取得了一些效果。笔者重点在高中古诗词教学领域中，对"少教多学薄积厚发"教学范式进行探究。古典诗词是高中语文教学中的重要组成部分，对古诗词的鉴赏也是考试必考的一部分，因此提高学生对古诗词的鉴赏能力是语文教学不得不去面对的问题。同时，学生对古诗词的鉴赏学习确实存在着困难。故而，"少教多学薄积厚发"的教学范式很有必要运用到古诗词教学中来，三年来，经过笔者不断的实践探索，也取得了一定成效。

### 一、古诗词课堂教学存在的问题

（一）学完之后依旧不会做情景式默写

对古诗词的教学，一直以来大多数是老师占据主导地位，以老师的讲解为主，毕竟一首诗或一首词，高度浓缩着作者要表达的内涵情感，需要额外补充的内容会非常多，故而需要老师提前备课，结合诗句内容，仔细分析，然而这样做的结果大多情况却是学生真正能记住和掌握的东西不多，当独立解读诗词的时候，学生依旧不能准确地把握诗词的内容情感，甚至可能出现理解偏差、解读错误的现象。笔者在上讲台时，就是讲解居多，甚至对诗词的每句话都在课堂上仔细分析。学生在老师的引导下，好像懂了，但是过了一段时间，用情景式默写来检测学生的学习效果时，会发现很多学生依旧会弄错，甚至遗忘。

（二）学生没有掌握解读诗词的办法

高中阶段所选的古诗词很多，且是经典作品。按理说学生反复学习，长期耳濡目染，应该会掌握一些鉴赏分析的方法，然而实际却是：学生对于解读的方法没有体系，甚至没有方法，解读作品要么纯粹凭感觉走，要么就是一知半解，缺少准确的方法来获取信息、做出正确判断。笔者通过实践，发现造成这些情况的原因也和平时老师的教学有关。老师几乎都是先解读好作品，然后再根据课堂教学的需要设计相关环节，如果老师上课时分析解读过多，学生就会处于被动接受的状态，他们自己的主观思考并未开启，无法明白老师解读作品所运用的办法，一旦离开老师的引导，遇到新的作品，他们便不能找到正确的解读方法，无法独立解读好作品。

### 二、"少教多学薄积厚发"在古诗词教学中的实践

面对古诗词教学遇到的困境，笔者将"少教多学薄积厚发"教学范式引入具体的课堂教学中来。改变之前以老师为主导的教学模式，对学生进行"少教"，使他们"多学"。

首先，利用好课前的一分钟预备时间，做好"薄积"，以待"厚发"。

笔者在初上讲台时，没有注意对这个时间点的利用，基本上，学生在上课前的这一分钟要么才走进教室，要么在做其他学科的作业，要么就在打闹嬉戏，很少有学生在这个时间点上做好上课前的准备。后来笔者发现高考必

背的篇目初中和高中加起来有 75 篇，那么仅仅靠早读的时间来完成，虽说有三年的时间背诵，但是学生重复记忆的次数还是少，总是不能记得很牢固，尤其是初中的篇目。后来笔者在实践"少教多学薄积厚发"教学范式时，首先将这个时间利用起来，安排语文科代表在预备铃响起之后起头，带领大家背诵高考必备篇目，内容在高一高二阶段以初中的篇目为主，高三则初中和高中的篇目一起，正式上课铃声响时即可停止。这样实践了三年，后来发现学生在利用这个时间背诵后有了很大改变，学生不仅习惯了背书，强化了记忆，默写也有了明显提升，正如孔子所说："温故而知新。"不断的重复让学生在记忆中理解了文本内容。同时还养成了良好的课前准备习惯。这就是做好每天课前的"薄积"，在三年后的考试中有了"厚发"。

"薄积"还体现在注重学生相关知识的积累中。没有知识的储备，"巧妇难为无米之炊"，因此，对古诗词相关知识的储备，至关重要。比如很多古诗词牵涉古代文化常识、常见意象、常见典故、诗词的语言特性等，这都需要学生在平时注意积累。考虑到学生学业的繁重，所以更多以每天积累一点点某一块知识的方式来进行。笔者在具体操作中，主要是提前准备好一些学案资料，让学生自行阅读，去挖掘对自己有用的信息。大量的课外积累，丰富了学生的知识储备，在解读作品时，便能容易得多。荀子说："不积跬步，无以至千里；不积小流，无以成江海。"知识和能力都是一点一点积累起来的，因此必要知识积累和储备需要日积月累，即"薄积"。笔者将这一过程放在高一高二阶段实施，利于学生打下坚实基础。

其次，对古诗词的备课做好教学设计，尽可能"少教"，将"多学"还给学生。

虽然说古诗词和文言文一样，与今天的语言存在一定的时代距离，需要借助一定的注释、翻译来疏通句意，但是如果过多地把课堂教学放在这一环节，学生的学习兴趣不仅不会被激发，甚至会降低。故而对古诗词的有效教学设计是必需的。例如在教学李清照的《声声慢》时，主要是通过设计引导问题，以学生讲解为主，对文本进行学习。学生为回答问题，不得不去自己看注释，翻译文本，思考答案。这样不仅解决了字词梳理的问题，还对诗词整体的情感有了把握。笔者的设计主要抓最后一句"这次第、怎一个愁字了得"，这句话意为这些光景怎么能用一个"愁"字说得了呢？言外之意作者在前文所描写的情景，都蕴含着说不清、道不尽的愁，于是笔者设计这样一个问题：作者在前面所描写的情景都蕴含作者什么愁？她又是如何表现愁的？然后让学生结合作者相关身世经历，挑选出自己最喜欢的一句来分析。

通过问题设计，能够非常明确地将学生引导至对李清照"愁"的思考当中，加之对李清照相关背景做的提示和补充，学生不难从文本的解读中找到愁情。在具体的教学过程中，笔者发现这样的问题设计反而使学生的学习积极性变得很高，甚至有些学生在一些句子的解读中也有了一些意想不到的创新理解。比如笔者的一个学生在解读"满地黄花堆积，憔悴损"一句时，结合了歌手周杰伦的歌曲《菊花台》"菊花残，满地伤"一句，一下子就把李清照伤感的情绪把握住了。这是以教师为主导的课堂难以见到的。爱因斯坦说，"想象力比知识更重要"，因为知识是有限的，而想象力概括着世界上的一切，推动着进步，并且是知识进步的源泉。在教学中，老师个人的思维想象是有限的，不可能面面俱到，但学生是新时代推进过程中最容易掌握新事物的群体，他们的一些生活体验可以为教学输入一些新鲜的内容，这也就体现了"教学相长"。

同时，课堂上要注重方法的点拨，在"少教多学"过程中运用好"薄积厚发"。

笔者根据实践，认为教学设计的目的更多应该关注诗词解读方法的点拨。高中教师还是应该把关注点放在对学生方法的引导上，毕竟学生终将独立去解读文本，去思考其中的内容情感。比如前面笔者提到的《声声慢》的设计，抓最后那句话中的"愁"，这个"愁"字，其实也就是这首词的词眼。对于何为词眼，如何断定，笔者对此进行适当的拓展，由此，便告诉了学生一种解读诗词的方法。再比如，笔者在教学苏轼的《念奴娇·赤壁怀古》一词，解读作者笔下的赤壁之景时，让学生具体找作者写了哪些景物、分别用了什么词来形容、由此看到什么样的赤壁之景。学生能迅速找到景物，并确定相关修饰的字词。然后就是引导学生概括整体的赤壁之景有什么特点、是怎么得出这些特点的。学生自然会去思考修饰的字词的艺术效果，之后再适当补充这样的解读之法就是炼字。炼字不仅是为了应对考试答题的需要，更是解读作品、揣摩文字背后真实情感的重要方法。正如作家应永春在《爱迷途经》中说道："语言是太阳，它的魅力在热烈；文字是月亮，它的魅力在宁静。热烈以传情，宁静以达理。"

在课堂上对学生进行方法的点拨，就是让学生每学一篇作品，就能积累一种解读古诗词的方法，不至于学完之后，面对新的作品依然不知所措。但不管是学会找词眼也好，抓炼字也好，或者是其他的一些解读之法也好，都只是解读诗词的一些参考办法，毕竟"文无定法"，不可能千篇一律都这么解读其他的作品，更多还需要学生平时的"薄积"。比如对古诗词类型进行区分，还要辅之以大量的阅读鉴赏训练，总结出自己的鉴赏方法，最终实现"厚发"。

最后，对古诗词的教学要注意趣味性，以保证学生更长久地"多学"。

笔者根据实践发现，不应该把教学趣味的设计狭隘地理解为利用有趣的外在教学辅助手段，比如多媒体、道具等。这些手段的使用更多是为了帮助学生更好地、形象化地理解一些难以理解的内容。对于古诗词的教学，笔者认为其真正的趣味应该在诗词本身。唯有真正让学生明白其中的趣味，才能使他们更长久地自愿学习。基于此，笔者在探索的过程中，有时候会借助一些外在教学手段增加课堂的趣味，但更多的还是挖掘诗词本身的趣味之处。比如在教学杜甫的《登岳阳楼》时，笔者把杜甫设计成一个旅行者，而这首诗本身也是作者到岳阳后登楼观景有感而发之作，与当今时代流行的旅游有一定类似之处。故而笔者赋予杜甫以旅行者的角色，让学生跟随杜甫的视角去游览古时候的岳阳城和岳阳楼，让学生自己去挖掘杜甫眼中所看到的独特景象，感受诗人的情怀。

巧妙的设计只能激发学生一时的学习欲望，想要更长久地保持学生学习的兴趣，让学生"多学"，还要有深层次的引导。比如同样是旅游，杜甫登上岳阳楼，有所见有所感之后写下千古佳作《登岳阳楼》，抒发家国情怀。而我们今天的旅游人，所到之处的表现会是什么？同样也有作诗的，但是抖音上所流传出来的却是一些非常低俗甚至粗俗的句子。笔者在这个环节的处理上采用冷静对比、引起深思的方法，对学生进行引导，并明确告诉学生："这首诗不是高考必考的篇目，但是为什么还要学？"学生在前面的一系列铺垫之后，立马有了自己的回答，甚至有学生说："因为我们要与伟大的灵魂做交流。"这样的答案始料未及，更赢得了全班同学的掌声。语文的学习从来不应该局限在为了高考，而应承载对学生品质情操的培养，古诗词中高大的诗人形象是教育今天的学生最好的榜样。从诗词内容本身去挖掘趣味，有助于学生对古诗词保持长久的兴趣爱好。笔者的实践在最后达到很多学生喜欢上语文课的效果，也让学生在后面的考试中取得了好成绩。

### 三、探索实践过程中存在的问题与努力方向

（一）存在的问题

虽然说将"少教多学薄积厚发"教学范式运用到古诗词教学中，取得了一些成效，三年的实践，让笔者所带的学生在最后高考中取得比以前未实施这种教学范式时更好的成绩，作为普通班级，语文分数达到 120 分及以上的，每个班都超过 10 人，班级平均分也在年级前列，但也还是留有一些问题。比如笔者在探索过程中更多是针对一些篇目做重点打造，还未将所有的古诗词教学都运用好"少教多学薄积厚发"的教学范式；对学生的"薄积厚发"的引导没有做好充分的准备，有时候未及时给学生提供有价值、有体系的学习古诗词的材料，缺少相应的检测评价体系，缺少对学生学习成果的检验，不能确保学生是否认真在积累；还有，在实施"少教多学"的过程中，忽略学生的不同学情，没有处理好不同学生的不同需求，使一些学生学习古诗词时依然有困难等。

（二）努力的方向

对于"少教多学薄积厚发"教学范式在古诗词教学中的探索存在的问题，笔者将会在以后的教学生涯中继续研究实践。首先，不断研究"少教多学薄积厚发"相关理论，加强理论知识储备，将理论内化于心，再付诸实践。其次，广泛学习，提升自身对文本的解读能力，深入理解诗词本身的内容情感，以期实现对所有的古诗词教学都能很好地使用"少教多学薄积厚发"教学范式。再次，做好资料的准备和积累，将相关的知识整理成有体系的资料，及时提供给学生，并检查学生自主学习积累的情况，进而真正有效引导学生"薄积厚发"。最后，关注学生差异，在实施"少教多学薄积厚发"的教学范式过程中，也要注意因材施教，尽可能帮助每一个学生在鉴赏古诗词上都得到提升和进步。

**参考文献：**

[1] 代泽斌. 流动的风景 [M]. 北京：航空工业出版社，2019.

[2] 高婷. 基于审美心理学角度的高中语文古典诗词审美教学研究 [D].西安：陕西师范大学，2014.

# 高三语文课外单篇短章阅读
# 对课内教学影响的实践探究

## ——以"少教多学薄积厚发"教学范式为指导

贵州省铜仁第一中学　杨易

**【摘要】**"书是读懂的，而不是教师讲懂的。"叶圣陶先生强调了阅读的重要性。同样，在《普通高中语文课程标准（2017 年版)》（以下简称《课标(2017)》）里，阅读被排在学习任务群最重要的位置。经过"少教多学薄积厚发"的指导，笔者发现在课外阅读教学中似乎能很好地运用这个理论，故做此探究。笔者立足于教师指导与学生自主阅读相结合，以期发挥学生主观能动性，充分利用各类材料和课外时间，落实高三学生的阅读需求，强化高三学生的阅读能力，并促进高三学生表达能力、思维能力的共同发展。作为课外阅读教学路径，能够在把握高三学生情况的条件下，促进学生多角度阅读、全方位高效发展。

**【关键词】**少教多学　薄积厚发　课外单篇短章阅读教学　高三语文

叶圣陶先生在 1941 年说过："把整本书作为主体，把单篇短章作为辅佐。"这里提出一个概念"单篇短章"。他认为在当时的中学国文中，单篇短章与整本书一辅一主，相辅相成。笔者由此获得启发，拟把"单篇短章"融入日常教学中。再者，湖北省特级教师杨先武在研究"整本书阅读"时，提出一个"实际教学中的错误倾向"观点，即"把整本书阅读混同于单篇课文的教学，占用大量的课内时间进行整本书的解读和探讨"。他认为在有限的教学课时内，学生不太可能腾出很多时间进行整本书的阅读。笔者由此获得启发，拟探究更优质的课外阅读教学方法。

需要补充强调的是：本文的探究是以"少教多学薄积厚发"为指导，那么在整个探究过程中，百分之九十以上的时间将是学生自主阅读和思考，只有剩下百分之十不到的时间由老师做指导和总结。

故，本文选择在语文课外阅读教学基础上探究"单篇短章"阅读的意义和价值。应予以说明的是：此次探究的是在"课外"进行语文阅读教学的可能性。虽然在一般经验上不能脱离课内谈课外，但基于高三阶段课内教学的特殊性，仍然能够独立进行"课外"阅读教学实践的原因有三：①高三学生的课内教学主要是专题复习和试卷讲解，基本不涉及具体课文；②在学生的课下时间实施，而且会适当弹性安排阅读量，不影响学生课内学习和课下复习；③阅读与语文有着密切关系，如果阅读方向适当，是可以在不影响课内学习的情况下提升个人语文能力的。综上所述，本探究的实践是以高三后期语文教学阶段实际状况为前提，以考察如何进行课外阅读对学生的语文能力有积极影响，其结论也仅对这一阶段有效。

## 一、"少教多学薄积厚发"教学范式于课外单篇短章阅读教学的探究过程

此次探究以高三学生为实践主体，在不影响到其他学科学习的前提下，充分发挥其主观能动性，由学生自己来指导、督促自己进行课外阅读，经过一段时间的探索，效果较为明显，现将探究过程简述如下：

| | |
|---|---|
| 准备阶段 | 选取 A 班为课外阅读单篇短章教学实践对象。全班分为 8 小组，每小组 7~8 人，以利于学生小范围的交流。因为强调"单""短"，所以不会给学生直接推荐书目，但会根据学生情况进行课外阅读方向推荐，再由学生自主阅读；同时考虑到学生接触课外单篇短章过少，所以会每周直接印发一次一定数量（总共 5000 字左右，可多篇）的阅读内容，既是对课外单篇短章阅读的补充，也会有一定的指导作用。通过"学生自主＋教师印发"的形式，让学生迅速把课外单篇短章阅读方法运用起来。<br><br>设定学生自主课外阅读的标准：控制单篇字数，尽量控制在每篇3000 字左右；控制内容，尽量以迅速了解和深刻优美为方向；控制时间，尽量以在半小时左右读完为标准。课外单篇短章阅读内容以文学、时事、传记、文艺、社会题材为主，涉及领域广泛。 |

| | |
|---|---|
| 实施阶段 | ①布置任务。每周给予学生一定的目标任务，以任务驱动课外阅读。目标任务：a. 以推荐方向为主，学生自主寻找课外单篇短章，总量控制在 3 万字，由小组长检查、老师抽查；b. 每周语文晚自习时，在小组内、同学间交换上周的随笔，并进行交流；c. 每周末总结所读内容，自行选择时间与同组、同桌、同寝互相沟通交流读书心得体会；d. 多关注时事政治。<br><br>②每周一读一写。每周语文晚自习时，发放教师印发的课外阅读材料（总共 5000 字左右，可多篇），要求在阅读之后，选择最有感触的一点写随笔，当堂完成，300 字左右（字数不能少，太少表达不清；也不能多，太多语言冗长且完成起来费时）。<br><br>③推荐购买适当的课外阅读资料，如作文素材、生活小故事等，一种类型最多一本，班级内部进行交流阅读。<br><br>④课下多关注学生、多与学生沟通，了解学生的阅读需求和感受。<br><br>⑤阶段性汇报总结，半个月安排一节专门的课，由学生自己进行读书汇报和总结。 |
| 总结阶段 | 组织学生进行最后的总结汇报，8 个小组先内部交流总结，再推选 1 人为代表进行汇报，重点在于学生对大量阅读的收获。遗忘是正常情况，但对于阅读过并记忆下来的东西，学生是否能够迅速应用上是最为重要的一点，这也应该算是单篇短章的一个特点了，那么，学习成效期评价标准更多的是学生对所阅读内容的转换和应用，即是否能够在短时间内，迅速拓宽自己的眼界，迅速增加自己的积累。 |

## 二、"少教多学薄积厚发"教学范式于课外单篇短章阅读教学的结果分析

此次探究，因需要对比分析，故选择了笔者所教授的两个班级做实践载体，其中一个班级进行日常教学，另一个班级在日常教学的基础上添加课外单篇短章阅读教学，使对比班级尽可能多地拥有相同因素，增加此次实践探究的效度。经过三个月的实践探究，已得出较为直接的成果。

为尽可能排除掉干扰因素，在教学实践结束后，对两个班级进行了一次联合考试，统一批改，以考试的成绩作为对比数据。考虑到语文学科的特点，这里对比分析的不只是语文成绩，还有作文水平。

（一）语文成绩

按照语文成绩高低，把语文成绩分为 5 个分数段进行对比分析：

|  | 89 分及以下 | 90~99 分 | 100~109 分 | 110~119 分 | 120 分及以上 | 平均分 |
|---|---|---|---|---|---|---|
| A 班 | 1 | 2 | 30 | 23 | 2 | 106.0 |
| B 班（对比） | 2 | 9 | 29 | 18 | 1 | 104.7 |

结合各分数段数据分析，可以得出关于语文成绩的相关结论：主要的区别分数段分别在 90~99 分和 110~119 分，89 分及以下、100~109 分、120 分及以上三个分数段并没有大的区别，可以理解为，在语文成绩上，课外阅读单篇短章对中偏下等、中等、中偏上等学生影响较大，有显著效果，所以，就高三年级语文成绩的提高来说，进行课外单篇短章阅读教学，比没有进行此教学要好。

（二）作文水平

按照语文作文评判标准，把作文成绩分为 5 个分数段，进行对比分析：

|  | 39 分及以下 | 40~44 分 | 45~49 分 | 50~54 分 | 55 分及以上 | 平均分 |
|---|---|---|---|---|---|---|
| C 班 | 1 | 4 | 46 | 7 | 0 | 46.77 |
| D 班（对比） | 1 | 13 | 42 | 3 | 0 | 46.24 |

结合各分数段数据分析，可以得出关于作文成绩的相关结论：最明显的区别分数段在 40~44 分，其次为 45~49 分和 50~54 分，可以理解为，在作文水平上，课外阅读单篇短章对中偏下等、中等、中偏上等学生影响较大，有显著效果，所以，就高三年级作文水平的提高来说，进行课外单篇短章阅读教学，比没有进行此教学要好。

### 三、"少教多学薄积厚发"教学范式于课外单篇短章阅读教学的意义和价值

本次研究拟探究在"少教多学薄积厚发"指导下的高三课外阅读教学，这里选择探究的对象是课外单篇短章阅读教学是否对高三阶段有所帮助，经实践研究，已经能够得出初步结论，现就此进行陈述：

（一）结论

对于高三阶段的中偏下等、中等、中偏上等学生来说，无论是提高语文成绩，还是提高作文水平，课外单篇短章阅读教学法都是有明显效果的，可以运用。

（二）实用性分析

高中阶段的语文教学，课堂与考试本身存在着一定程度的矛盾冲突，但根据一些具体的方法，对于高一高二还是能够较好地进行调节，争取达到双收获的结果，但是到了高三，由于基本进入高考的冲刺阶段，考试将主导剩下的所有时间，课堂内复习专题、评讲练习，课堂外刷试卷、记忆知识点，往复直至高考。这样的做法扎实、明确，无可非议，但当所有学生都这么做时，也就失去了优势。

笔者认为，课外阅读教学应该是高中阶段非常重要的一种教学方法，它不仅和课内教学相呼应，甚至还能互相加强，但是，由于各个学段的情况并不相同，所以需要根据具体情况进行选择和调整。课外阅读单篇短章就是对高三的课外阅读教学进行探究而得出结论的，现就其实用性进行分析，如下：

1. 课外阅读单篇短章能够保证高三学生在相同的时间内阅读到更多的内容、接触到更广泛的知识、积累到更多的语言和素材；

2. 课外阅读单篇短章能够把高三学生日常学习各类学科或者生活中的零散的时间充分利用起来，而且对阅读本身不会产生影响；

3. 课外阅读单篇短章能够在很短的时间内提升中等水平的高三学生的写作能力，而这部分学生往往是班级、学校的主体部分；

4. 课外阅读单篇短章能够提升高三学生的阅读速度和能力，以此提高整体语文成绩；

5. 课外阅读单篇短章涉及几乎所有类型的阅读材料，能够更好地适应不同语文水平、有不同阅读兴趣的高三学生。

综上，进行课外单篇短章阅读教学，对高三学生的帮助和提升都是直观高效的，充分发挥了"少教多学薄积厚发"的优势，无论是阅读能力还是作文水平，都是符合高三课内教学的终极目标——高考——的要求的，而且效果突出。

这是一种依托单篇短章阅读在课外进行的教学方法，因具有"单""短"的特点，它可以基本不占用正常的教学时间，在内容相搭的情况下，能够与课内教学相呼应，在不影响课内教学的前提下，对课内教学进行补充，甚至还能相互加强。因此，这是一种直击高考、可以迅速提分的语文课外阅读教学方法，对于高三的学生来说，是具有较强实用性的。

**参考文献：**

［1］代泽斌．流动的风景［M］．北京：航空工业出版社，2019.

［2］代泽斌．提升语文素养是实现"少教多学"的有效路径［J］．基础教育参考，2015（12）：12.

［3］中华人民共和国教育部．普通高中语文课程标准（2017年版）［S］．北京：人民教育出版社，2017.

［4］叶圣陶．论中学国文课程的改订//大家国学［M］．天津：天津出版社，2008.

［5］中华人民共和国教育部．全日制义务教育语文课程标准（实验稿）［S］．北京：人民教育出版社，2001.

# "少教多学"范式下的文言文教学策略探讨

贵州省铜仁第一中学　杜陈慧

**【摘要】** 高中文言文教学历来是语文教学中的重难点，大部分学生对文言文学习的认识也只停留在死记硬背的层面上，更谈不上领略文言文中蕴含的深远的文化内涵。在高中语文文言文教学中，教师一般会把梳理文言字词作为教学的出发点，引导学生品味文章中的"志"和"道"，把带领学生体味"思想精神"作为教学设计的终点。这样的设计固然是好的，但在实际教学过程中，很多教师会陷入只有释义和翻译的旋涡中，最后，并没有带领学生品味文言文中深远的文化内涵。本文就这个现象，在"少教多学"的范式的指导下，试从文言字词处理的具体办法上，探讨一些方法路径，让文言文课堂变成文化盛宴。

**【关键词】** 少教多学　高中文言文　字词处理　教学策略

每一位站在讲台上辛勤教学、在灯下细研文本、在语文教学改革路上勇敢前行的教师，我们都可以来反思一个问题：在文言文教学的实际过程中，我们是怎样设立教学重难点的？当我们设立了教学目标并完成课堂教学后有没有对课堂进行反思，本课是否达到了教学目标？我想答案多半是否定的。或多或少，我们在教学文言文的实际过程中，会陷入枯燥地解释文言字词和机械地翻译句子的旋涡中，最后由衷地发出一声感叹：到底是学生基础太薄弱，还是教学设计太不科学？文言文真的那么难教吗？想使自己的课堂摆脱只灌输文言知识的窠臼，实现"少教多学"，能使学生真正地品味到文言文中更深远的文化意味真的那么难吗？是的，确实很难，但不是没有办法。

要想实现文言文的"少教多学"，首先要对文言文有一个全面的认识。把"文言文教学"分为"文言文"和"教学"两个部分，"文言文"部分的内涵应涉及"文言文该怎么阅读","教学"部分的内涵应涉及"教师怎么理解文言文教学"。

"文言文该怎么阅读",首先要搞明白什么是文言文。文言文是一个多层面的概念,它包括文言的字词、谋篇布局的章法、文化思想三个层面。这个概念不难理解。清晰概念后,就要弄懂文言文怎么阅读。以《劝学》为例:首先,我们会帮助学生梳理文本大意,这个环节就是落实字词;其次,梳理文章层次,总结归纳文章思想脉络,也就落实了作为一篇典型的议论文需要落实的必要知识;最后强调作者"劝学"的目的。以上的教学流程恰好对应了文言文内涵的三个层次,只是有的教师并没有在理论上对此进行总结而已。

明确了什么是文言文,该怎么阅读后,就能在此基础上明确教师怎么教的问题。"教学"部分,"教师怎么理解文言文教学",就是在内涵的三个层次里,教师会把哪一个层次作为教学的重难点和最终的教学目的呢?程红兵老师在《教师的文化自觉决定了课改的成功》这一文章中指出:文化赋予一切活动以生命和意义,文化的缺失就意味着生命的贬值与枯萎。也就是说,语文课堂需要打造出文化的味道。语文课本来就是传承中华民族优秀的文化的课堂,语文教学不能只停留在语文的工具性上,更多的要重视语文学科的人文性。语文课程标准中也明确指出:"学习中国古代优秀作品,体会其中蕴含的中华民族精神,为形成一定的传统文化底蕴奠定基础。学习从历史的角度理解古代作品的内容价值,从中汲取民族智慧。"因此,一切语文教学都应该落实在传承优秀的中华民族文化上,文言文教学更应该如此。试想,教师如果把目标落在满堂灌的文言字词解释上,没有把学生的注意力向品味文章的"文化意味"引导,课堂就无法实现"多学",学生在课堂上获得的知识就是很有限的。满堂灌的字词解释也不是"少教",反而是没有在教学上实现放手,让学生自己去探索。

在重新认识了"文言文教学"的内涵后,我们就可以来重新制定教学目标了。教师应该有一个基本的认识:文言文字词的梳理,只是教学的手段,真正的目标应是带领学生品味文化意味,更多地去理解文章的思想内涵,丰富学生的内心,以此来塑造学生的精神世界,以中华民族传统的文化来滋养学生的内心。

确定教学目标后,怎样在处理文言文字词的过程中实现"少教"来达到"多学"的目的呢?首先要总结传统课堂上教师会采用的一些方法,然后将这些方法融入"少教多学"的教学过程中。传统课堂教学主法如下：第一，让学生自主预习，即看课本注释；第二，课堂上教师对重难点字词进行逐一讲解；第三，文言文挖空训练，给加着重号的字词做解释；第四，课后归纳训练，有针对性地让学生对特殊文言字词进行归纳。以上方法，教师不一定单一地采用某一种，而是同时采用多种形式相结合的方法。关键是，即便采用了多种形式相结合的方式，教师该如何区分，哪些字词需要具体采用哪种方法来落实呢？

笔者认为，有以下两个基本原则。

## 一、学生可以自主梳理的部分，教师要学会放手

教学最忌讳面面俱到，面面俱到的教学对学生来说是没有启发性的。教材上有注解的，学生一看就明白的，理解起来没有难度的，没有牵扯到文言特殊句式的，词义上，由古至今没发生太多变化的，至今依旧沿用的……这些字词，应该是教师要放手的部分。教师在课堂上只需略微带过，坚决不能让这部分字词喧宾夺主。教师确定好这部分字词，就可以通过多种方法来实现教学目的，比如可以布置学生提前预习课文中的注释的作业，课前以抽查的方式进行简单的提问，配合挖空训练就可以完成教学目标。

## 二、课堂重敲重捶的部分，教师要学会抓稳

哪些字词才是在课堂上重敲重捶的呢？第一，关涉人物形象的关键字词。"文言"本来就是很讲究的一种语言，文言散文在塑造人物形象时，语言凝练并极富表现力，教师在确定关键字词时，应注意那些很有表现力的字词，引导学生在鉴赏人物形象的同时也要思考，作者在此处有没有想要传达一些更深层次含意的意图。第二，文言特殊句式出现的地方。特殊句式学生理解起来有难度，这部分句式需要教师在课堂上做重点讲解，并带领学生总结归纳出特殊句式的一般规律。第三，文章的关键主旨句。通常在谋篇布局的关键处会出现与文章主旨和思想内容相关的句子，这些句子或表达作者的观点，或进行强烈的抒情，对这些关键字词了解是否深入，决定了学生能否掌握文章所言之志与所载之道，也就决定了学生能不能透过语言的外在去体会文言文更深层次的内在。这三点，都需要抓稳，不能轻视忽略。

结合以上思考，以《烛之武退秦师》为例，笔者圈出了文章中的六个关

键字"缒""敢""赐""肆""取""图"，以重点讲解这六个字来达到"少教多学"的目的。①"缒"字，课文注释为：用绳子拴着人从上往下送。"从上"，是从什么上面？"往下"，是往什么下面？"拴着"，是拴着什么样的人？结合这三个深入的问题，学生在头脑中补充烛之武的形象：垂垂老矣的烛之武被绳子拴着，在一个夜里从高高的城墙上被送到城墙外面，只身一人，不顾生死，为郑国在大国的夹缝中取得生存的空间而义无反顾！这里突出的是烛之武"义士"的形象。②"敢"与"赐"字，"敢"是劳烦的意思，"赐"是"赐予""恩赐"的意思。细细品读，两个字里都透露出一种刻意抬高秦国的地位，以满足敌人骄横心理的意味，这突出了烛之武在外交过程中的说话智慧，丰富了烛之武"智士"的形象。③"肆""取""图"三字，"肆"字，现代汉语有"放肆""肆虐"的意思，"图"字，有"图谋"之意，都突出了秦国的野心；"取"字，本义为割下耳朵，读来有画面感，让人顿感一丝残酷之意，更深刻地突出了秦国想要扩充领土的阴谋，以此强调烛之武说服秦国退师的难度，就丰富了烛之武"勇士"的形象。"义士""智士""勇士"的背后，流淌的都是士族文化的精神，蕴藏的正是"舍生取义"的传统文化思想，这些都是以优秀的传统文化为支撑的。这样的设计，就实现了通过文言文中的关键字词来实现"少教多学"的目的。

语文教学的过程本来就是一个品读文化的过程，教师怎样通过自己的研读与理解，在文言文的教学中找到关键的字词来帮助学生体会文言文真正的魅力，带领学生品味中华民族传统文化，是我们文言文教学的价值所在。这条路上，从来没有捷径，唯有拿起文本，深入研读，多查资料，才是支撑文言文课堂的底气。用心专研、潜心学习，求真务实，你我同行，愿我们在"少教多学的路上，越走越远"。

**参考文献：**

[1] 代泽斌. 流动的风景 [M]. 北京：航空工业出版社，2019.

[2] 王荣生. 语文教师专业发展十四讲 [M]. 上海：华东师范大学出版社，2014.

[3] 钱理群. 名作重读 [M]. 上海：上海古籍出版社，2005.

# "少教多学"范式在通用技术课堂教学中的运用研究

贵州省铜仁第一中学 麻林

【摘要】普通高中通用技术课程是高中学生的必学课程。通用技术课程面向全体学生,为每一个学生增加技术教育学习经历,增加受技术教育的机会和条件。通用技术课程以学科核心素养的培养为导向,倡导以学生为中心、实践为核心的多样化学习方式。注重创设与学生已有经验相联系的多样化学习情境,采取自主、合作、探究等学习方式,进行技术体验、技术设计、技术制作、技术试验等实践活动,促进学生学科核心素养的形成与发展。因此在学科大概念、大项目、大综合中体现先学后教、少教多学的教学模式尤为重要。

【关键词】核心素养 情境 兴趣

党的十九大明确提出,"要全面贯彻党的教育方针,落实立德树人根本任务,发展素质教育,推进教育公平,培养德智体美全面发展的社会主义建设者和接班人。"

普通高中通用技术课程是高中学生的必学课程。通用技术课程面向全体学生,为每一个学生增加技术教育学习经历,增加受技术教育的机会和条件。通用技术课程蕴含丰富的育人价值,应避免单一、机械的技能学习,着力培养学生树立正确的价值观念,促进必备品格与关键能力的提升,积极理性地参与技术活动,成为适应时代发展要求的技术使用者和创造者。

通用技术课程以学科核心素养的培养为导向,倡导以学生为中心、实践为核心的多样化学习方式。根据学生的身心发展规律和技术学习特点,立足学生的直接经验和亲身参与,充分利用现代信息技术,精心设计和组织学生的学习活动,注重创设与学生已有经验相联系的多样化学习情境,采取自主、合作、探究等学习方式,让学生进行技术体验、技术设计、技术制作、技术试验等实践活动，促进学生学科核心素养的形成与发展。因此在学科大概念、大项目、大综合中体现先学后教、少教多学的教学模式尤为重要。

### 一、先学后教、少教多学的教学模式

陶行知先生曾说："教什么和怎么教，绝不是凭空可以规定的。它们都包含'人'的问题，人不同，则教的东西、教的方法、教的分量、教的次序都跟着不同了。"因此，学校要求教师在考虑教学内容、教学策略的时候，以学生为本，以学生的学为本，做到"从教师走向学生"。

先学后教是对传统的"先教后学、课后作业"教学模式的颠覆性改革，一堂课总要从"先学后教"的"学"字开头，这个"学"是自学的意思，"学"是学生带着教师布置的任务、有既定目标的自学，学生的自学成为一堂课的起点，是这种课堂教学模式的最大特色和亮点。每堂课教师都不要先讲，而是先让学生自学。学生不是盲目地自学，而是在教师指导下自学，教师的指导必须符合"四明确"要求：明确时间、明确内容、明确方法、明确要求。"先学后教"作为教学策略，就是把学生的个体行为提升为群体行为，使得学生成为教学活动的真正"主体"，提高其学习兴趣，增强其学好的信心，养成其良好的学习习惯。

"少教多学"中"少教"并不代表"少做"。课堂"少教"了，意味着课前老师要"多做"，为了达到本节课的目标做好充分准备，"少教"并不代表"不教"，"多学"并不代表"死学"，而是教师在精心设计的真实情境教学中，帮助学生通过各种练习学懂、学会、学透各种知识。学习的过程是学生不断领悟的过程。学生通过多次的基本练习，初步掌握知识；再通过拓宽、加深达到"举一反三"；然后通过变式训练，达到触类旁通，真正做到学者无心，教者有意。

### 二、在通用技术学科大概念、大项目、大综合中落实先学后教、少教多学

通用技术学科核心素养体系是以培育"未来社会具有技术素养的社会人"为出发点，提出技术意识、工程思维、创新设计、图样表达、物化能力五大素养。"技术意识"包含了技术的亲近情感、理性态度、社会责任、伦理精神等，体现了技术的社会性，是技术学习方向感、价值感的集中体现；"工程思维""创新设计"则反映学生思维发展、问题解决、创新能力方面的自主发展，是学生可持续发展的重要基础；"图样表达""物化能力"则是实现技术

的形态转换、技术操作、物品创造的必备能力，是学生技术创新的意识与能力以及工匠精神的具体体现。课程要培养"有理念、能动手、会设计、善创造的未来公民"，使其以更具道德、更为科学、更负责任的方式使用技术和参与社会技术活动。

指向学科核心素养的教学，由原来的知识点过渡到大概念、大综合、大项目等。知识要结构化、条件化、情境化。在具体的教学过程中，教师要学会构建真实发生的情境，条件约束到能操作的层面，以学科"大项目""大概念""大综合"为基础，以学科核心素养为纲，以结构化为课堂教学目标，促进深度学习的发生，关注学科学业质量标准，实现学、教、评的一致，从而完成育人的科学价值。

运用"先学后教，少教多学"的教学模式，在必修模块"技术与设计1"中运用"大项目""大综合"方式整合学习内容，便于学生经历基本的技术设计全过程、形成基本的技术核心素养；"技术与设计2"采取"大概念"教育理念，选取现代技术原理中较为基本、至为重要、尤为关键的"结构""流程""系统""控制"等大概念，融入大概念引导下的原理学习、简易技术设计、技术试验、技术体验等内容，以提高学生运用技术原理认识和解决技术问题的实践能力。在整个学习的过程中，关注学生与情境的互动以及独特的个体体验和感悟。

### 三、在项目学习中体现"先学后教，少教多学"

新课程标准中提出了以核心素养为引领的课程评价标准与学业质量要求。学业质量要求是核心素养与教学内容的有机连接。对此，一是注重真实情境下的学生解决实际技术问题的能力和品格的发展，突出对学生实践能力、创新能力、工匠精神的评价；二是注重过程性评价与终结性评价的有机结合，注重教学评价的统一；三是注重对核心素养分层细化的评价，从技术任务的难度和情境的复杂化程度、技术经验与知识的深广度和结构化程度、技术思维与观念的高级水平和自动化程度等维度出发，构建5个层级的水平，最终实现核心素养指标体系的横向呼应和纵向贯通。

新课程标准指出，通用技术学习的评价应提倡学习结果与学习过程的统一，既关注学生技术知识掌握、实践技能习得、技术作品形成等，也关注学生技术思想方法、情感态度价值观的发展情况，还关注学生技术学习活动中技术经验的积累、原理的运用、方法的融合、设计的创新、技能的迁移、文化的感悟等，努力实现教、学、评三者的有机统一。教师在具体的教学过程中，帮助学生构建真实的情境，精选贴近生活的教学大项目，在大项目整合学习方式的过程中，把通用技术学科核心素养细化分解到一个个具体的课堂教学目标中，基于学生的体验和感悟，完成通用技术学科核心素养落地。

各校、各教师、各学生具有差异性，在教学过程中，因地制宜，考虑不同层次学生的需求，开展具体项目整合式课堂教学，突出融合于时代的项目，突出学生的做和体验，如：VR 设计与实现、台灯的设计与实现等。学生先做，先学，先实践，教师再引导学生自评、互评等，在项目式的课堂教学中，运用"先学后教，少教多学"培养学生的核心素养。

如在"设计的一般原则"与"设计的一般过程"中，可以精选项目"自动浇花系统的设计"等，让学生主动发现问题、确定问题、分析问题、最后解决问题，而学生在具体的实践过程中，对自己的设计提出相应的设计要求。最后在教师的引导下，学生在项目实践中自主构建学科知识体系。

先学后教，少教多学，在真实的问题情境中，让学生充分"动"起来，通用技术课堂上的每一个环节都让学生自主学习，自主实践，自主寻找解决问题的办法。但自学不只是单纯地看书，少教也不是老师少做，而是学生在针对大项目的自学的过程中，动手操作、动眼观察、动脑思考、动口交流。教师引导学生投入这些活动中，让他们亲身感悟知识的产生和发展过程。学生自学的过程，更是一种创新的过程。对学生来说，在没有自学之前，知识一般都是陌生的，而通过自学过程，得到对这些知识的感悟，创新地理解学科知识，学生从"学会"转换为"会学"。由于学生的生活经历和学习体验各不相同，在学习过程中达到学习目标的方法和途径也往往有所不同，学生在教师明确目标的引导下，通过各自的亲历体验，解决真实情境中的问题，从而有效地锻炼自身的学科核心素养。

**参考文献：**

［1］代泽斌.流动的风景［M］.北京：航空工业出版社，2019.

［2］郑道静，张道升.探析语文教学的"先学后教"模式［J］.教育文汇，2015（07）：35 - 36.

中　编

# 02

|"少教多学薄积厚发" 的运用与实践|

# "少教多学薄积厚发"教学范式
# 在高中化学教学中的运用

贵州省铜仁第一中学　张世界

**【摘要】** 高中化学教学是高中教学环节中最重要的组成部分之一。受传统应试教育教学思想和教学方式的影响，高中化学教学效果并不理想。随着新课改的不断推进，新课改带来的新教改给老师们提出了新的要求，需要老师改变传统的教学模式，因而"少教多学薄积厚发"教学模式随之在高中化学教学过程中得到广泛的应用。本文针对"少教多学薄积厚发"教学范式在高中化学新课程教学中的运用进行分析，希望能进一步促进高中化学老师教学水平的提高。

**【关键词】** 少教多学　薄积厚发　教学范式　高中化学　教学运用

在传统的高中化学教学过程中，老师教得多，学生学得少，老师大多数采用的是"满堂灌输"式的教学模式，学生自主学习的机会不多，导致高中化学教学水平和教学质量都不高。随着"少教多学薄积厚发"教学范式在高中化学新课程教学中的应用，学生不仅提高了学习化学的主动性和积极性，同时也提高了学生的化学学习效率，进而促进高中化学教学的不断深入发展。

## 一、当前高中化学教学过程中存在的问题

### （一）学生整体素质下降，化学教学信息量变大

由于近几年高中教育普及程度越来越高，很多基础很差或者在初中阶段基本没怎么学的学生也都顺利进入高中，这对高中阶段的教学带来了极大的考验，化学教学面临的困难变大也是其中一部分。同时随着社会的信息化程度越来越高，新的知识领域不断出现，科技含量越来越高，各门课程所包含

的内容就越来越多，并对学生提出了更高的要求。

（二）教学观念陈旧，教师队伍整体素质有待提高

在传统的教学观念中，整个教学过程都是以教师为中心，在这种情况下，教师作为教学的支配者，对整个教学过程起着主导作用。教师虽然对知识的掌握性很强，能够很好地引导学生掌握知识要点，但是，同时也忽视了学生在学习过程中的主体地位。"满堂灌输"的教学模式让学生在学习的过程中一直处于被动状态。

（三）强调知识与能力目标的突破，忽视过程与方法目标的设计和实施

当前的教育模式过于强调"知识与能力"目标的突破，例如，几乎所有的学生把元素周期表中的前20种元素符号（H He Li Be B C N O F Ne Na Mg Al Si P S Cl Ar K Ca）当作口诀来背诵，并被要求在纸上不断地默写，还有一些实验操作步骤进行反复的习题训练，以为这些知识只需要多做几次题目就行，这种模式忽视了方法目标的设计与实施过程。

（四）课堂结构设计不合理，缺乏弹性

目前，我国高中阶段的教师大部分是用一套十分固定的教案来教育所有的学生，不管学生水平差异有多大，在一堂课内需要接受的知识都十分确定。这种教学模式十分依赖教参书和课本内容，不能针对不同层次学生的需要来对教材进行适当的取舍，从而使得课堂内容缺乏弹性。

## 二、"少教多学、薄积厚发"教学范式的提出及具体内容

"少教多学薄积厚发"教学范式是贵州省高中语文代泽斌名师工作室根据《贵州省中小学（幼儿园）名师工作室建设标准》的相关要求，结合具体教学实际，经过研修团队集思广益，最终提炼出来的一种教学范式。该教学范式有效解决了传统教学过程中的工学矛盾，使用下来效果明显，最后被广泛推广、运用。

"少教多学薄积厚发"即教师根据学情取舍教学内容，学生在老师的主导下多学多思多行动，教与学和谐共生，教学相长，学生学习习惯和学习效果正向发展。学生与老师每一天都有一点进步、收获，慢慢地积累，越积越多，最后形成良性循环。

"少教"，唤醒地"教"，教师必须唤醒学生的主观能动性，激发学生的潜能，使学生自主学习，自主探究问题、解决问题；有目的性地"教"，教师

要基于学生的发展目的，因材施教，进行差异化教育；创新性地"教"，教师的教学方法与内容要与时俱进甚至要超时俱进，激励学生创新学习，具备创新素养和能力；顺势而"教"，教师根据学生的"最近发展区"，使学生的"潜力变成实力"，达到学生的愿景。

"多学"，教师通过改进自己的教学思想和优化自己的教学设计，让学生乐学善思，使学生达到主动积极地学习、有深度厚度地学习、自力更生创新地学习、反思批判地学习的最佳境界。

"薄积厚发"，"薄积"是根据庄子的"吾生也有涯，而知也无涯。以有涯随无涯，殆已！"提炼出来的，意思是人生对知识的积累没有止境；"厚发"是运用智慧，大量地去实践，从创意走向创新和创造。这个范式一是依据人的认知规律，即由浅入深，由具体到抽象，由知识到智慧，由运用到创新而提出；二是依据"遵循教育规律和教师成长发展规律，全面提升教师素质能力"和"教师主动适应信息化、人工智能等新技术变革，积极有效开展教育教学"等文件精神而提出。

"多学"与"薄积"辩证统一，"少教"与"厚发"相辅相成。"少教多学"与"薄积厚发"体现了学习视角、重在运用、教学相长。

### 三、"少教多学薄积厚发"教学范式在高中化学教学中的具体运用

#### (一) 改变课堂学习方式

高中化学教材中的化学理论、基本概念等基础知识，依靠学生自己的努力，或者通过与其他学生的讨论学习可以被很好地掌握。对于这些十分基础的知识教师简单提点即可，让学生在讨论合作和自学中去掌握，如果讨论或自学过程中遇到不能解决的问题，这个时候教师就需要进行认真而详细的讲解，但教师千万不能在一个问题上滔滔不绝，那样会让学生十分厌烦，并且丧失学习兴趣。要有效地将学生的"接受性学习"转变为"吸收性学习"，使学生的主观能动性得到充分发挥，培养学生的探究精神和合作意识，让学生通过课堂学会学习、学会合作、学会讨论，这样学生会终身受益。

#### (二) 提高教师教学技巧

教师必须提高教学技巧、技能。教师是教学活动的组织者，教师的教学基本功直接影响课堂教学效果，因此，教师必须掌握一定的教学技巧。教师提出问题后要善于等待，给学生一定的思考时间，不要急于给出答案。教师

如果教学语言风趣、幽默，就能很好地吸引学生的注意力；学生喜欢听，教学活动自然活跃、欢快，当然教学效果就佳。同时教师的肢体语言对学生的学习也起着潜移默化的作用，因此，恰当地将手势、表情、动作等肢体语言运用到教学活动中，可以有效避免学生因长时间机械听课所造成的疲劳。

（三）精心设计问题，使课本与实际生活贴近

在我们的实际生活中，化学知识应用十分广泛，化学课堂设计的问题必须能体现新课程关注生活的特点，结合学生已有的实际经验和熟悉的生活现象来设计课堂的切入点，这样就能真正地将课本与丰富多彩的生活联系起来，使学生在化学课堂中体会到学习的乐趣。处于青少年阶段的高中生对生活和自然界中的化学现象的探究欲和好奇心往往十分强烈，这对引发学生的学习兴趣有极大的帮助，教师应该致力于保持和增进学生的这种好奇心和探究欲。例如，在学习"碳和碳的氧化物"这一个章节的内容时，教师可以设计如下的问题激发学生的好奇心：在古代，人们会把修建房屋时用的柱子埋在土中的部分的表面用火烧得焦黑，这种做法有什么目的呢？这是运用了什么科学原理呢？利用了碳元素具有什么样的化学性质呢？这个问题的设置不但能激发学生的探索和思考的兴趣，还有利于"情感、态度与价值观"目标的突破：在古代人们就能够利用化学原理来服务生活，在现代的生活中就更应该好好学习化学知识，利用化学知识来改善我们的生活，提升我们的生活品质。

（四）注重实践，培养学生的探究能力

在新一轮的课程改革中要大力提倡在实践中学习知识、方法和技能，要使学生能够运用观察、实验、调查等基础的学习方法来获取广泛的信息，能够从化学学习中和日常生活现象中提出问题，从而进行探究。例如，在"燃烧和灭火"一章节的学习过程中，可以要求学生结合电视上看到的消息与生活中的经验，收集社会上发生火灾的案例，并对其进行分析，找出事故的原因，同时提出预防建议。在这个过程中可以让学生分组进行调查，这有利于提高学生收集事故案例信息的热情，同时要求学生会对不同类型的火灾进行分类，例如，多地百货大楼火灾、央视大楼的火灾、液化气等易燃物运输途中的火灾、烟花爆竹厂的爆炸火灾等。要求学生总结出一份报告，报告中需将火灾进行分类并归纳各类火灾的起因、危害、灭火以及预防措施。

总而言之，随着新课改的不断推进，在新课改的要求下，高中化学教学中应广泛应用"少教多学薄积厚发"教学范式，改变传统的化学教学观念和

教学方式，改变以往以老师为主体的教学观点，以学生为主体，培养学生的主体意识。并通过互动合作学习的模式，活跃课堂气氛，为学生营造一个良好的化学学习氛围。同时不断优化化学课堂学习过程，让学生掌握正确的学习方法，从而激发学生学习化学的兴趣，提高学生的化学学习水平和学习效率。

**参考文献：**

[1] 张广召. 浅析高中化学课堂教学中存在的问题及对策 [J]. 数理化学习，2002（12）：63 – 64.

[2] 代泽斌. 风景中的我们 [M]. 北京：中国书籍出版社，2017.

[3] 代泽斌. 流动的风景 [M]. 北京：航空工业出版社，2019.

# 作文，要"善假于物"

## ——"少教多学"教学范式在作文语言和结构教学中的应用

贵州省铜仁第一中学　杨昌富

**【摘要】** 结合学生作文语言和结构存在的问题，提出作文句子、段落，甚至篇章都可以运用"假于物"的思维方式，引导学生努力做到在理解一句、一段或一篇的基础上，演绎创造出十句、十段、十篇甚至无数的这样的句子、段落和文章，真正达到"四两拨千斤"的教学效果。充分体现"少教多学"教学范式的基本要求。

**【关键词】** 作文　语言　句子　段落　少教多学

高中作文是语文学习的重中之重。在语文学习和高考中，作文具有举足轻重的地位，向来有"得作文者得天下"说法。而高考作文评分有五个基本维度，即立意深刻、语言优美、情感真挚、结构合理、内容丰富。一般而言，只要达到上述五个维度中的任意两个，作文48分以上不是问题。但是，在写作文过程中，学生普遍存在立意不深、语言不美、结构无序、素材单一陈旧等问题。实际上，作文写作过程中，特别是在语言和结构上，是有一些规律可循的，只要我们理解并掌握了作文的语言创作和结构规律，高分作文其实离我们并不遥远。

## 一、句子，要"善假于物"

"假于物"的过程可理解为"语言改编"。大家对数学、物理、化学等学科中的改编问题已经较为熟悉。数学改编是用数学符号、数学公式、程序、图形等，对实际生活中的问题的本质属性进行抽象概括，再应用数学公式、符号或程序，提出应用比较普遍的数学计算模型，我们把这一过程称为数学建模，这种模型能很好地解决一定范围内的数学问题。那么，在语言学习和作文过程中，可不可以通过语言改编来提升语言表达水平呢？答案是肯定的！

认真思考，我们会发现，语言其实也具有模型，而且这种模型随处可见。语言改编就是用我们积累的一些概括性、可迁移性以及可替换性较强的句子，结合我们所要陈述的对象、观点、情感、思想等的特点和内涵来加以变形和改造，从而实现语言创造的过程。

什么样的句子能成为模型？答案是名篇名句。这些句子大多具有较强的哲理、较浓的情思，且具有很强的可模仿性和可迁移性。那么，这种模型从何而来？我的答案是"借来"。用《劝学》中的一句话来说，就是要"善假于物也"。如果粗浅地理解，就是要通过适当的记忆，化用经典名句。有些人可能会认为这没什么了不起的，化用谁不会？然而，尽管很多人会化用，但化得不好，而且在学生的作文中化用情况依然太少，究其原因在于，学生不知道为什么这么说。首先，让我们来看一个经典例子：

很多人不知道，唐代才子王勃也是一位名句改编的高手。脍炙人口的千古名句"落霞与孤鹜齐飞，秋水共长天一色"，就是从南北朝诗人庾信的"落花与芝盖同飞，杨柳与春旗一色"改造而来。这一点石成金的改造，使王勃的这一句惊艳千古。

王勃用曹植《赠白马王彪》中的"丈夫志四海，万里犹比邻"，改编而成的正是那千古名句"海内存知己，天涯若比邻"。

下面，再举一个实例，请同学们认真领悟句子改编的原理：

1. 田园哪有风光美？美其实就在你的心里。（原句）

2. 绘画作品本身哪有美感？美感其实在你的心灵里。（第一次改编句）

3. 诗歌本身，如王维的《山居秋暝》，本身并没有美感，你感受到了美感，起作用的是你的心灵，是你的心灵轻松、愉悦，是你的心灵贴近了作者的情感。

4. 茶叶本身，哪有什么美感可言？你感受到轻松愉悦，甚至淡泊宁静，其实是你的心灵轻松愉悦、淡泊宁静了。

5. 草原哪有风光美？真正的美在于你那颗善于感受广阔壮美的心。

6. 梅花本身并没有多少美感，你感受到梅花傲雪凌霜的气节美，是你的心灵充盈了崇高和正义。

7. 朝阳哪有多少美感？你望朝阳激情勃发，是你的心灵里理想之火在燃烧。

　　8. 长城本身哪有美？你感受到长城的巍峨、雄伟，是你的心灵浸满崇高、庄严。

　　9. 江南哪有风光美？你感受到江南的妩媚风姿，是你的心灵灵秀，是你的心灵如烟柳画桥、十里荷花……

　　上面的句子，只要你愿意，都可以结合自己的理解和所要表达的话题进行改造，使句子实现"一句顶一万句"的功能。我们将这一过程总结提炼如下：

　　1. 套用。上面演绎出来的句子，完全照搬了模型，即为套用。这是最常见的方法，虽没有"入室"，但已经"登堂"了。请看示例：

　　绘画作品本身哪有美感？美感其实在你的心灵里。（第一次改编句）

　　2. 截用。将演绎出来的句子，截取一部分使用。请看示例：

　　你感受到江南的妩媚风姿，是你心灵的灵秀，是你心灵如烟柳画桥、十里荷花。你感受到大漠孤烟的壮美，是你心灵原乡归去的落日；你感受到幽幽丛林的静谧，是你浮躁灵魂暂时的休憩！

　　3. 嫁接。可以"联合"其他名句"作战"，改造出属于自己的名句。请看示例：

　　诗歌哪有什么美？美的只是你的心灵，是你的心灵与文字的对话，以及在诗中与诗人的重逢！于是，我们看到李白的云帆点缀了沧浪之水，辛弃疾的醉眼迷离了刀光剑影，陆游的梦乡回荡着铮铮铁骑！

　　认真领悟上面的例子，其实我们还可以"借"很多类似句子，上面的示例只起到抛砖引玉的作用。

## 二、段落，要"善假于物"

　　实际上，掌握了作文句子的改编原理，将套用、截取、嫁接综合运用，就可以创造出好的作文段落。请看：

　　原段落：何为少年？少年是清风中的俊朗，两袖朝气。何为少年？少年是暖阳下的挺拔，一举一动发出坚毅的气息。何为少年，少年是东方初升的太阳，是菡萏的花朵，是春笋。少年，在升起，在开放，在生长！

　　改编后的段落：何为坚持？坚持是明知不可为而为之的呐喊。何为坚持？坚持是沙漠里玫瑰的绽放。何为坚持？坚持是红日笃定的东升西落，是明月守时的阴晴圆缺，是大海固执的潮涨潮落，是春日初生的嫩芽冒出枝头，是学子孤灯苦雨下的埋首与拼搏！

实际上，认真观察，你会发现，改编后的段落和原段落很大程度上只是换了一个表达对象，如果再将原段落进行创造变形，我们还可以演绎出：

我们不需要去问什么是坚持，我们其实知道：坚持太多的时候就是明知不可为而为之的呐喊，坚持就是沙漠玫瑰倔强的绽放，坚持就是红日笃定的升与落，坚持就是明月守时的阴晴圆缺，坚持还是大海固执的潮涨潮落，是春天嫩芽坚强的冒出枝头，坚持还是学子孤灯苦雨下的埋首与拼搏！

甚至还可以将自己积累的素材进行凝练，融入段落。如：坚持是爱迪生999次疯狂的实验，是司马迁受辱后笃定的历史情怀，是屈原虽九死其犹未悔的爱国之心！

将上述思维过程加以提炼，其实不难得出段落改编的思维方法：换对象—换意象—换句式—换情感。具体来说，就是结合句子，更换表述对象。例如上句中，将对象"少年"换为"坚持"，再借用原句的形，进行意象、句式和情感的变换。我们可根据需要和具体情况，只换其中的一个或两个，也可全部替换，从而实现段落的改编。

### 三、篇章，也可以"假于物"

一篇作文，仅仅是语言深刻、优美其实还远远不够，还应该具有清晰的结构。很多同学在写作文过程中，经常陷入"踩西瓜皮式"的误区，即没有章法、没有结构，一个故事讲到底，一个素材占大半，段落之间没有起承转合的变化，观点与观点之间相互包含、相互矛盾等现象时常出现。那么，如何改变这一窘境呢？我的答案还是"假于物"，即在优秀作文（结构严谨、段落合理、观点鲜明、内容丰富、语言优美、意蕴深刻等）的基础上，运用句子和段落"假于物"的思维，进行演绎和创造。请看下面的例文：

### 何为少年

何为少年，少年是清风中的俊朗，两袖朝气。何为少年，少年是暖阳下的挺拔，一举一动发出坚毅的气息。何为少年，少年是东方初升的太阳，是菡萏的花朵，是春笋。少年，在升起，在开放，在生长！

分论点一：少年，要笃实，扎扎实实干事，踏踏实实做人。

论证：道不可坐论，德不可空谈。

论据：《礼记》中说："博学之，审问之，慎思之，明辨之，笃行之。"（在此基础上再适当延伸，结合生活或积累，找一些合适的素材）

分论点二：少年，要腹有诗书气自华，用书籍来熏陶自己。少年是一块玉，要时常用真善美来雕琢自己，不断培养高洁的操行和淳朴的感情，努力使自己成为高尚的人。（论证）

论据：站在央视的舞台上，董卿光彩照人，气质娴雅——在董卿儿时，她的假期都被母亲密密麻麻的写着《简·爱》《呼啸山庄》《战争与和平》等的书单填满，她很感谢母亲，让她养成了阅读的习惯。

论证：对于青少年，书香气是要有的，而阅读，能使少年腹有诗书气自华，所以，青少年应该常阅读，提高素养，培养高洁的品质。

分论点三：少年，要创新，要敢于做先锋，而不做过客、当看客。要做想做的、爱做的事，要敢试敢为。

论证：江泽民说："创新是一个民族进步的灵魂，是国家兴旺发达的不竭动力。"是的，国家在于少年，少年在于创新！

分论点四：少年，要爱国。

论据四：少年爱国，要有陆游"王师北定中原日，家祭无忘告乃翁"的激昂坚定，要有范仲淹"先天下之忧而忧，后天下之乐而乐"的忧世情怀，亦要有龚自珍"我劝天公重抖擞，不拘一格降人才"的雄伟气魄……（还可以写一串）

论证：少年爱国，是一种坚定的民族精神，是一种振兴中华的责任感。少年！要用这种强大的精神去描绘祖国未来的宏图，将丹心献给祖国！（还可以改造一堆类似的论证）

上面是一篇典型的考场议论文，绝大多数同学通过一定训练都能达到，我们要借助这篇文章在结构上的"形"，一是分论点式的结构，二是要将这篇文章的话题迁移在自己遇到的多数话题中，从而形成严谨的行文结构。只有这样，才能形成写作的思维模型，才能顺着这个模型不断提升作文水平。当然，借鉴的不一定是分论点式的结构，还可以是其他你学得来、易掌握的文章结构。

结合上面的例文，请看：

（标题还可演绎：何为梦想、何为成功、何为庸俗、何为传统文化、何为守望、何为乡愁、何为读书、何为青春……）

## 标题：何为坚持？

我们不需要去问什么是坚持，我们其实知道：坚持太多的时候就是明知不可为而为之的呐喊；坚持就是沙漠玫瑰倔强的绽放；坚持就是红日笃定的升与落，坚持就是明月守时的阴晴圆缺，坚持还是大海固执的潮涨潮落，是春天嫩芽坚强地冒出枝头，坚持还是学子孤灯苦雨下的埋首与拼搏！

分论点一：坚持成就未来。

论据：没有孔子坚持传播自己的思想，就没有中华文化的长盛不衰；没有马克思在大英博物馆的潜心钻研，就没有鸿篇巨制《资本论》的问世；没有中国共产党人带领中国人民28年的奋战，就不会有我们今天的幸福生活。

论证：可见，坚持成就了个人、国家乃至人类的未来。有了小溪的坚持，就有了江海的波涛汹涌；有了种子的坚持，就有了大地的绿装；有了自己的坚持，就有了梦想的花开！坚持，意味着笃定和坚毅。但是，要时刻谨记：浮躁与坚持是一对孪生兄弟，在这个追求速成的年代，开出泡沫一样的花。虽艳丽，却格外短暂。

分论点二：坚持成就自我。

论据：坚持是樊锦诗为了追求心中的诗与远方，舍弃大城市的生活，扎根黄沙漫天的敦煌，终成一代大家；坚持是拉马努金为了找到科学的真理，不舍昼夜的钻研；坚持是毛泽东为了实现国家的独立，穷尽一生的探索和奔走；坚持是舍弃外界的诱惑，进入知识和思维的世界为自己乃至国家、民族的梦想拓荒。

"有人住高楼，有人在深沟，有人光万丈，有人一身锈；世人千万种，浮云莫去求，斯人若彩虹，遇上方知有。"高楼里住着我们的梦想，彩虹是我们每个人都渴求的人生美景，要真正实现自己的价值，成就自身的宏图大志，坚持必不可少。

分论点三：成功的人生就是坚持的人生。

论据：忍耐和坚持是痛苦的，但它能给你的人生带来别样的风景。马云泪水中的坚持，成就了阿里巴巴的互联网帝国；凡·高穷困中的坚持，成就了一代画家的伟名；司马迁忍辱负重的坚持，著就了不朽的《史记》。

论证：在自律与放纵之间，在梦想与现实之间，人们总是彷徨着、苦恼着，连接梦想与成功的直线是什么？答案就是坚持！

本文只写出了考场中常见的议论文模型，其实还有很多模型，我们可在上述结构的基础上，结合写作过程中遇到的话题进行灵活演绎和自由创造。达到读一篇作文，通一类作文的效果。当然，作文的结构不止上面这一种，还有多种多样的结构和语言可用，我们切勿机械照搬，要深入领会本文对作文的启发意义。

## 四、结语

语言建构（也可以说作文）本质上是文字与文字、词语与词语、句子与句子的有意义的多重变换与有机组合。本文阐述的原理是建立在不断加强语言积累和不断强化语言训练的基础上的，因此，读懂本文后，要让学生不断积累，加强训练，真正实现水到渠成、少教多学的教学目标。

本文既是对学生语言建构能力培养的思考，也是基于少教多学教学理念的实践。在培养学生语言建构能力的过程中，要充分提高教学效率，将课堂变成思维训练场，将语言素材变成学生语言能力提升的养料。

**参考文献：**

[1] 代泽斌．流动的风景 [M]．北京：航空工业出版社，2019.

[2] 代泽斌．提升语文素养是实现"少教多学"的有效途径 [J]．基础教育参考，2015（12）：40 - 43.

[3] 代泽斌．利用"最近发展区理论"让潜力变成实力 [J]．基础教育参考，2016（20）：26 - 27.

# "少教多学"视域下将中华优秀传统文化
# 融入语文课堂的策略研究

贵州省铜仁第一中学 田俊杰

【摘要】中华优秀传统文化是宝贵的精神财富，它能帮助高中生养成良好的习惯，形成正确的价值观，塑造健全的人格。高中语文课堂作为学校道德教育的重要阵地，需要肩负起传播中华优秀传统文化的重任。然而，迫于升学压力，很多语文课堂成了训练应试技巧的场所。因此，高中语文教师需要采取有效措施，切实发挥中华优秀传统文化对高中生的教育实效。笔者将以"少教多学"范式为指导，结合高中语文教学实际，努力探寻将中华优秀文化融入高中课堂的策略，以期对解决上述难题有所裨益。

【关键词】少教多学 中华优秀传统文化 高中语文教学 策略

优秀传统文化是中华民族的精神命脉，它对后人有着永不褪色的价值。优秀传统文化中的伦理道德、家国情怀、人生哲学等对当代高中生具有重要的教化作用，它能帮助学生培养健全人格，引导学生关注国家前途和民族命运，激励学生主动肩负起复兴中华民族的伟大使命。然而，在实际教学中，教师们往往注重对学生应试技巧的训练，而很少关注优秀传统文化对高中生的教化作用。

优秀传统文化的许多内容与高中生的现实生活存在着较大差距，加之它是以文言的形式呈现在学生眼前，就给教师的"教"和学生的"学"带来了诸多困难。如果我们将优秀传统文化生硬地塞给学生，不仅会让他们感觉到课堂枯燥乏味，也不能帮助他们真正理解传统文化的精髓。因此，我们需要探寻更为有效的教学策略，将优秀传统文化更好地融入语文课堂。贵州省代泽斌名师工作室提出的"少教多学"教学范式，为解决我们这一难题提供了有益借鉴。

## 一、"少教多学"范式对传播优秀传统文化的裨益

"少教"是启发性地"教",教师鼓励学生自主学习、主动发现并提出问题、尝试解决问题,教师为学生的学习提供必要而适当的帮助;"少教"是创造性地"教",集中时间和精力创造性地设计教学内容和教学情境,帮助、激起、强化、优化学生的自主学习。"多学"可分为三个层次:一是"积极学习",即学生全身心地参与学习,探究观念、解决问题,并在实践中运用所学内容,使学习变成发自内心的活动;二是"深度学习",即学生积极地探究、反思和创造,将已有的知识迁移到新的情境中,做出决策和解决问题;三是"独立学习",即学生在学习过程中逐步摆脱对教师的依赖,自主选择、思考、提问、领悟、批判、创造。

"少教多学"教学范式启迪我们,教师可以根据传播中华优秀传统文化的需求对教学内容进行适当取舍;可创造性地开展与中华优秀传统文化相关的语文教学活动;可以鼓励学生自主发现并尝试解决古诗文学习中遇到的问题,引导学生分组合作,进行研究性学习,循序渐进,寓教于乐,帮助他们提升语文素养,提高道德品质,成为身心健康、人格健全的中学生,使他们知书达理、尊师重道、积极进取,充满民族自豪感,具有爱国情怀,让优秀的文化传统在他们的实际生活中发挥真正的作用。

## 二、将优秀传统文化融入语文课堂的策略

(一)巧设语文活动,再现文本场景

语文活动是相对于常规的语文教学而言的一种语文学习方式。它因实践性、自主性、趣味性、创造性等特性而深受学生喜爱。在语文教学过程中,教师若能充分利用语文教学活动传播优秀传统文化,将会收到出人意料的教学效果。

语文活动不可随意设计,因为粗制滥造的语文活动将会消减学生的学习热情,最终无法实现向学生传播优秀传统文化的目的。所以,教师需要精心组织每一次语文活动。在活动开始前,教师需要提前给学生布置活动任务,讲清楚活动的目的、标准及要求,要耐心观看学生排练情形并及时给予指导;在活动结束时,教师应鼓励学生对活动情况进行评价,并对活动进行总结。

这样才能帮助学生增长见识，提升文学修养，使他们在语文活动中真正成长。

比如，在学习《烛之武退秦师》时，我就组织学生开展了课本剧表演活动。课前我给学生布置了任务，告诉他们剧本可以改编，但是不能改变原文的精神情感。我要求学生尽可能准备表演道具，表演时演员要脱稿。学生的热情很高，一下课就集中排练，甚至抽出午间、晚自习前的休息时间排练。除了上场的演员，还安排了幕后的导演、台词提醒员、旁白者、道具服装制作者、黑板背景策划者。经过精心组织和准备，学生的表演精彩纷呈，你不得不佩服学生们的创造力和表演才能。表演后，我让导演谈自己的感想，让演员谈体会，让观众谈观后感。一场课表演下来，学生不仅对表演有了认识，而且更加深刻地感受到了烛之武那种为国为民的凛然大义。

（二）跟进写作训练，引导学生思考

写作是学生展现自我创作力的一种方法，也是高中教学的一个重要内容。语文教师可引导学生运用古诗文中的经典素材阐述事理，借用古人的智慧分析看待生活中的种种现象，激励学生大胆评价古代文人的生活方式和思想精神。这些写作方式将有助于提高学生的写作能力，更有利于学生对优秀传统文化内涵的理解、消化与吸收。

对学生的写作训练，不能仅仅局限于作文。在学习完一篇古文或一首诗词后，教师可引导学生对作品中人物的言行进行评价，或是对作品中描述的事件发表自己的看法，或是将作品中的情景进行扩写，或是对作品中的情节进行大胆改写或补充等。这样才能对课堂内容形成有益的补充，也能帮助学生更好地理解古诗文作品中所蕴含的优秀思想文化。

比如在学习完叙事散文《荆轲刺秦王》后，我会让学生写一段"荆轲我想对你说"的文字；在学习完古诗《短歌行》后，我会让学生写一篇"我心目中的曹操形象"的短文；在学习韦庄《菩萨蛮·人人尽说江南好》后，我会让学生写一段"我印象中的江南"。下面是学生写的关于"江南印象"的文字：

> 一川烟雨一江南，春水偷梨三分白。游江南，就是一场与水的缱绻邂逅。那里有月影斑驳的雕栏亭台；那里有娇慵醉媚的昆曲咿呀；那里有清秀雅致的小桥流水……雨后的小桥流水总是朦胧的，恍若月纱掩面的神妃仙子，弯弯的柳眉，一双含着秋水的眼睛，带着水绿色的芬芳。

人生如水，涓涓地从山间流下，成一处天地共赏的良辰美景。

这段文字不仅语言优美、思路清晰，更有个人的人生感悟。"人生如水，涓涓地从山间流下，成一处天地共赏的良辰美景。"如果没有对古代文人的作品进行研读，如果没有对古代文人的行为进行个性化思考，怎么会有这样的认识？给学生展示的机会，你会发现他们的优秀传统文化学习的道路会越走越宽。

（三）捕捉学生兴趣，促成合作探究

研究性学习是一种以学生为主体，引导学生在学习中发现问题、解决问题的学习模式。它尊重学生的个性与兴趣，能最大限度地调动学生的学习积极性。教师应充分运用这种学习方式，引导学生自主探究，对课堂进行深度与广度拓展，对零散的内容进行系统化的梳理与研究，深化学生对优秀传统文化的理解。

在高中语文教材中，古诗文的总体数量较为可观，然而同一作家的作品数量并不多，且比较分散，这将不利于学生深入学习。因为学生学完一篇作品后，可能才开始对某位作家有点兴趣，如果下节课学习另一个作家的作品，之前好不容易培养起来的兴趣就会逐渐消退。即使学生能长久保留对某位作家的兴趣，也很难通过一篇或几篇作品去了解一位作家的思想情感和创作风格。针对这些情况，教师可以引导学生进行研究性学习，让学生组织志同道合的同学利用课余时间去进行专题研究。通过研究性学习，学生能够更为全面地了解某一位作家或者更能理解某一类现象。

在学习完辛弃疾《水龙吟·登建康赏心亭》与《永遇乐·京口北固亭怀古》后，班里有几位同学对辛弃疾比较感兴趣。于是我就将班上对辛弃疾感兴趣的同学召集起来，教他们一些收集整理资料和研究作家的基本方法，建议他们利用课余时间一起研究辛弃疾。这些学生用了两周的时间查找辛弃疾的各种资料，研究各自被分配的任务，最后他们对辛弃疾有了较为全面深入的了解，还提出了一些独到的见解。

三、结语

综上所述，高中语文教师可以借鉴"少教多学"范式，根据高中生和语文学科的特点，采用恰当的教学方式、运用恰当的教学策略，弘扬中华优秀传统文化。笔者理论修养不深，实践经验不够丰富，对中华优秀传统文化与高中语文教学关系的探讨还比较粗疏浅陋。在今后的研究中，笔者会更加注重相关理论学习和实践探索，以期让中华优秀传统文化真正走入高中语文课堂。

**参考文献：**

［1］叶德忍．浅谈语文教学中传统文化素质的培养［J］．现代语文，2007（06）：90.

［2］刘玲．传统文化应植根于语文教学中［J］．语文教学与研究，2008（01）：72.

［3］苏微微．浅论语文教学中传统文化的渗透［J］．文学教育，2012（09）：52－53.

［4］刘旭东．浅析高中语文教学中传统文化的学习［J］．新课程（教育学术），2011（07）：143－144.

［5］代泽斌．风景中的我们［M］．北京：中国书籍出版社，2017.

# "少教多学薄积厚发"教学范式
# 在高中诗歌鉴赏中的应用

贵州省铜仁第一中学　张霁鹏

**【摘要】**"少教多学薄积厚发"教学范式是一种高效的教学方法,旨在让教师在课堂上留给学生更多自主探究的时间,充分调动学生在课堂上的积极性,从而达到让学生自我进步、发展的目的。诗歌鉴赏教学,是语文教学的难点之一,若教师能够把少教多学应用在教学中,充分发挥学生的主观能动性,就能使学生热爱诗歌,从而提高学生的学习效率。本文重在探索"少教多学薄积厚发"教学范式在高中诗歌教学中的应用,旨在为青年教师提供一些参考。

**【关键词】**少教多学　诗歌鉴赏　应用

新课程标准建议明确指出:"当下的高中语文教学一定要为学生创造良好的学习环境,培养学生自主学习能力,从而使学生找到属于自己的学习方法并养成终身学习的习惯。"基于这种教学要求,传统的教学方式已无法满足学生发展的需求,而"少教多学薄积厚发"教学范式却刚好符合新课标的要求。

高中语文教学过程中,诗歌鉴赏是高中课本的重要组成部分,是中华文化的重要表现形式,也是高中学生学习的难点。诗歌作为一定社会环境下个人生命经验的表达与凝结,本身就包含了较为丰富的信息,再加上诗歌大多是以跳跃式结构呈现出来的,所以很多诗歌给人的感觉是艺术化的神秘感,它需要学生具备一定的文言基础与鉴赏能力。这些能力仅靠传统教学是很难获得的,需要学生具备较高的自主学习能力,"少教多学薄积厚发"教学范式则是达成这些教学目标的不二选择。这一教学模式指出了教与学之间的紧密联系,提倡教学过程中发挥学生主体作用,让学生多主动思考与学习。因此,在教学中采用"少教多学薄积厚发"教学模式调整教学模式势在必行。

### 一、巧设导学案是践行"少教多学薄积厚发"教学范式的重要前提

诗歌鉴赏的教学是高中重难点之一，如果没有课前预习，教学很难达到理想的效果，因此适当且有效的课前预习尤为重要。学生能否自觉地预习，是影响诗歌教学效果的重要因素。

然而传统的预习，只是让学生在课下熟悉文本字音、内容，并没有指导学生对诗歌内容进行系统有效预习。教师如果在课前将诗歌的知识点系统梳理成导学案，让学生带着问题去预习，使学生的预习更具针对性，则可以大大增强学生学习诗歌的信心，提高教师在课堂上的教学效率，增强学生对诗歌的喜爱。

比如：笔者在教授人教版语文必修三《登高》一诗时，根据本班学生的学情，将文本需掌握的字音、字形、字意、诗歌背景、作者简介等知识以导学案的形式发给学生进行有计划地预习，激发学生在课下的自主学习能力。通过有针对性的预习，学生了解了作者的生平、诗歌的创作背景，掌握了诗歌内容的字音、含意，进而加强了学生对诗歌的理解，激发了学生对诗歌的兴趣，从而提升了诗歌鉴赏能力。

### 二、建立平等的对话关系是应用"少教多学薄积厚发"教学范式的重要方式

长期以来，我国的课堂教学自觉或者不自觉地遵从了教师权威、知识本位和精英主义的教育价值取向，这三种教育价值观融合而成的课堂教学在本质上是独白式的，即承认并维护教师在教学中的地位，否认并剥夺学生作为学习主体的地位与权利。随着独白式教学的缺陷在现代教育中的日益凸显，体现时代精神和现代教育理念的对话式教学便成为现代教学改革的方向。

对话教学是教学常态，它贯穿于教学的每个过程、每个环节，只是对话的冷热程度不同而已。教学中对话有被动的，有主动的，有开放的，有封闭的，但或多或少存在着对话意识。"少教多学薄积厚发"范式下的教学建立的是一种民主、开放的对话关系。它不拘泥于传统教学中"教师问，学生答"的教学方式。学生在课堂上可自由提出疑问，面对学生的疑问，教师可以鼓励其他同学自主思考回答班级同学的疑问。在这样的情境中，课堂不再是教

师独白式的表演，而是学生们在相互对话交流中演绎的交响乐。

　　笔者在教授必修二课文《归园田居》时，并没有直接讲诗歌的鉴赏方法、主要内容和思想感情，而是以"归"字为着眼点，与学生"对话"，引导学生思考"归"有哪些内容。学生得出"从何而归""为何要归""归向何处"以及"归去如何"四个问题，然后再以这四个问题为出发点进行思考探究。由于问题是学生自己提出来的，所以学生都非常积极地思考、交流，最后得出结论时他们非常开心，因为这样的"答案"并非老师告知，而是在老师的引导下自己通过思考得出来的，这样的学习才是有意义的。

### 三、合作探究是达成"少教多学薄积厚发"教学范式的重要途径

　　"少教多学薄积厚发"教学范式在教学中的应用，赋予了学生一定的"学"的权利，并给予学生充分的时间和空间，使学生能够通过自主的学习，成为学习活动过程中的主体，并在实际的学习中，改变以往被动式和接受式的学习状态，从而将学习活动转变成学生主动学习和独立学习的过程。另外，"少教多学薄积厚发"教学范式，能够使学生在自主学习的过程中发现相关的问题，通过学生自主探究和教师的适当引导，能够使学生有效地解决问题，进而使课堂成为交流和探究的高效课堂，促进学生的全面发展。

　　在高中诗歌教学中，建立学生自主学习小组，让学生在课上进行独立思考与相互交流，这样可以增强学生对诗歌内容的理解，使得学生可以展开想象，根据诗歌中的意境进行研究。学生将提前收集的内容和预习结果呈现在小组内，再针对抽象、难以理解的诗歌内容进行小组合作探究，如此学生对诗歌的理解将更加深入。

　　《声声慢》是高中语文教材中非常出名的一首诗歌，它是宋代著名词人李清照晚年的代表作，全词能表现词人情感的词、句很多。笔者在讲授《声声慢》时，让学生以小组为单位找出词中自己无法理解的词或者句子，并充分调动其他小组同学的主观能动性，让他们讨论同学提出的疑问，为提出疑问的同学释疑，最后再为他们的回答做点评，在"少教多学薄积厚发"教学范式下，学生们对诗词的理解更加深入。

### 四、培养质疑能力是践行"少教多学薄积厚发"教学范式的重要目标

　　在传统课堂教学互动中，主要以老师提出问题，学生回答问题的教学模

式为主。这样的教学模式使得生成的课堂都是事先准备的，从而忽视了学生的主观能动性，造成学生习惯于教师的灌输，不擅长对文本提出疑问的后果。

在"少教多学薄积厚发"教学范式中，教师应当以学生为主体，对于学生的成长与发展要给足时间。"不怕慢，就怕站"，让学生在课上提出疑问，并正确引导学生应该如何去质疑，对学生的质疑给予客观的评价与鼓励，充分调动其求知欲与好奇心。如此，学生可在课堂找出文本中的疑问，提出疑问，再由学生自主思考，解决疑问。长此以往，学生可在课堂学习过程中养成质疑的习惯，并逐渐掌握正确的质疑方法。这样就可以显著提高学生独立学习的能力与处理问题的水平。

一千个读者心中有一千个哈姆雷特。当教学过程中有学生提出的问题与主流观点有较大出入时，教师不必立刻干涉或批评，应给予学生正确的引导与鼓励，让他们大胆发表自己的观点。通过正确地引导与鼓励，不仅可以让学生更加科学地思考问题，还可以突出学生的课堂主体性，让学生在自由的提问中收获知识与智慧。除此之外，还可以让学生自由讨论，让其他学生给出自己的观点与认识，如此，问题可在学生们的自由讨论中得以解决。

如《长恨歌》中，对于"杨家有女初长成，养在深闺人未识"的解读，有学生提出杨贵妃在历史上是寿王李瑁的妻子，为何作者要刻意掩饰这一事实的疑问。此时，笔者耐心聆听学生的问题，然后引导学生思考，最后让学生们自主探讨，得出了两个原因：其一是为尊者避讳，其二是让唐玄宗与杨贵妃的爱情显得更加纯洁、真挚。

### 五、优化评价标准是实现"少教多学薄积厚发"教学范式的重要保障

最后，在"少教多学薄积厚发"教学范式中，也要优化评价标准，激发学生语文学习持续性。在"少教多学薄积厚发"的理念下，学生的自觉性和主动性能够有效提升，教师的有效评价也能够在一定程度上促进学生全面发展。教师在对学生展开教学评价时，应明确学生语文阅读能力的差异是客观存在的，并正确认识学生诗歌鉴赏能力的差异，从而促进"少教多学"理念在课堂教学中有效实施。同时教师在课堂教学中的鼓励性评价语言，能够有效激发学生的学习兴趣，从而使其能够对相应的问题进行深度思考，并积极表达对相应问题的想法。

在课堂教学过程中，优化评价标准意味着教师不仅要关心每个学生自身

的发展情况，对学生学习过程中的进步加以肯定，同时也要在教学过程中用充满信任和赞美性的语言，给予学生一定的积极评价和鼓励。例如当学生在解读出诗歌的新意时，教师要不假思索地表扬学生；当学生对教师的观点产生疑问时，教师要肯定学生并对其进行鼓励。另外，在优化评价标准过程中，教师还可以通过小测试等方式，展开对学生的鼓励性评价。

因此要将"少教多学薄积厚发"教学范式落实到课堂教学中，教师不仅要转变教学观念，树立以学生为主体的教学思想，同时还要对导学案、教学评价等进行重点探索，从而使鉴赏语文诗歌走上高效之路。

**参考文献：**

[1] 中华人民共和国教育部. 高中语文课程标准 ［S］. 北京：中华人民共和国教育部，2011.

[2] 代泽斌. 流动的风景 ［M］. 北京：航空工业出版社，2019.

# "少教多学"教学范式在高中古诗词教学中的运用

贵州省德江县煎茶中学　王永塘

【摘要】中国古诗词是中华民族辉煌灿烂古文化中重要的组成部分，对于提高学生审美能力和语文素养具有重要作用，是高中语文教学的重点和难点。本文将从教师怎么"少教"、学生怎么"多学"两大方面具体探讨"少教多学"教学范式在高中古诗词教学中的运用策略。

【关键词】高中古诗词教学　少教多学　运用策略

"少教多学薄积厚发"是国家教学名师、铜仁一中正高级教师代泽斌老师提出和极力倡导的教学范式。"少教"是对教师的教学而言的，是指教师的教是启发性、针对性、创造性、发展性的，要体现教师的教学主导地位；"多学"是对学生而言的，是指学生在教师引导下积极地独立学习、合作探究、深度思考，要体现学生的学习主体地位。"少教多学"这种"以学定教、顺学而教"的教学范式合理地处理了"教与学"的关系，对增强学生自主学习能力、提升学生核心素养有着重要的意义和指导作用。

《普通高中语文课程标准（2017年版）》要求，通过语文学习引导学生坚定中国特色社会主义文化自信，传承和弘扬中华优秀传统文化、革命文化，从而发展中国社会主义先进文化。古诗词是中华优秀传统文化中最能体现中华文化特质的瑰宝，是高中语文教学的重点。我们高中语文教师在古诗词教学时要采用适当的教学方法，引导学生通过阅读鉴赏古诗词作品，培养民族审美趣味，继承和弘扬中华优秀传统文化，从而提升对民族文化的认同感、自豪感，增强文化自信。"少教多学"便是高中古诗词教学中值得大力提倡和推广的一种教学范式。本文就此试做一点粗浅的探讨。

### 一、教师的"少教"策略探讨

（一）教师的"少教"教什么

"少教"就是教师的教学要做到六讲六不讲：讲好重难点，讲好规律，讲好方法，讲好易混点，讲好易错点，讲好易漏点；不讲学生已经会的，不讲学生自己能学会的，不讲学生怎么也学不会的，在学生思考或做题时不讲打岔的话，在学生发表不同见解时不讲刺激的话，在学生思考过程中不要太急于讲话。教学中教师不要包办，而要引导。教师要引导学生走进文本，培养学生的审美能力，提高学生的人文素养，这才是诗词鉴赏教学的目的所在。具体来讲，教师的"教"要做好以下几方面工作。

1. 整体古诗词教学方面

第一，教师要构建古诗词鉴赏"结构化、模块化"的知识网络。

教师要在教学中激活学生的先前知识，使学生温故知新，同时授之以渔，让学生掌握诗歌鉴赏的知识和技巧，引导学生把碎片化的知识点构建成新的知识体系，形成"结构化、模块化"的知识网络。

第二，教师要精选"适应性、拓展性"的学习材料。

高中语文学习内容应不局限于教材，高考的阅读材料也是选教材之外的文本。因此，教师在教学中应精选"适应性、拓展性"的课外学习材料，以解决高中学生语文学习中"教学教材化"的局限性，实现学生学习能力的迁移和运用的教学目的。

2. 具体诗词教学方面

第一，教会学生诵读古诗词。

古语有云："书读百遍，其义自见。"古诗词非吟诵不足以入其境、得其神、品其韵。所以古诗词教学中要特别重视"读"的作用。教师要在师生诵读中营造积极热情的学习情境，激发学生的激情，使其陶醉在诗词优美的意境之中，从而进一步探究领会诗词所传达的思想内涵。教师在指导学生诵读时，应反复训练，教会学生情感悲喜、音调强弱、节奏缓急、韵味浓淡、肢体动作等方面的诵读表现技巧。

第二，教会学生品味古诗词。

品味语言之美。境由心生，言为心声，诗歌是语言的艺术，语言是形成古诗词独特意境的基础。无论是王维的"大漠孤烟直，长河落日圆"，还是李清照的"人比黄花瘦"都显示了古人炼字煅言之功。教学中就要抓住古诗词的诗眼或句眼，引导学生揣摩品味诗词语言之美。

品意境之美。古诗词的意境是指古诗词中所绘之景或所叙之事与作者的思想感情相融相汇而产生的艺术境界。刘勰在《文心雕龙》中说："夫缀文者情动而辞发，观文者披文以入情。"古诗词教学就是要引导学生"披文入情"，教会学生运用诗词鉴赏的知识和技巧去准确地体味、感悟古诗词的意境美，激活学生的审美意趣。

第三，教会学生感悟古诗词。

学贵有悟，读书无悟，则无益，为一书囊而已。古人所谓"百无一用是书生"便含此意。一首古诗词，就是一段真情的流露与生命的体悟，这或是妙手偶得，或是思想的积淀，都是诗人生活的感悟，穿过历史的长河，流传至今，成为人类思想文化的珍珠宝玉。所以我们在古诗词教学中必须让学生在主动积极的情感体验中，感作者表达之情，悟诗词蕴含之理，从而让学生的心灵得到启迪、净化、陶冶和升华，形成追求真善美的优秀品格。

（二）教师的"少教"怎么教

"少教"就是教师教学要力求做到精当，设计好落实好完整的教学链环，包括制定课前学生预习导学案、课堂教学活动设计、课外研习活动规划及教学效果的检测与反馈等。

1. 引导学生做好预习

在实施教学之前，一定要让学生对新课内容进行预习，但是学生在预习时常常找不到预习的目标任务和重点，不能发现和研究问题，只是泛泛地看看作者简介、写作背景，浏览一下课文而已，收效甚微。即使有现成的导学案，也不能完全适合学生的实际情况和教师的教学构想。因此，教师一定要根据自己的教学构想制定好学生学习预案。教师要告诉学生学习目标和预习方法，预习重点和需要解决的问题。让学生根据学习目标和自身的实际情况制定自己的个人学习方案，可自主预习，也可群学预习。同时要求学生将预习中不能解决的问题记下来，留在课堂上通过小组或全班讨论解决，当然也可以带着问题自己听课感悟明白。

2. 编写好课堂设计

课堂设计是教学活动的预设方案。一个好教师，不仅在于你的知识有多丰富，更在于你是怎样引导学生去学会学习知识、掌握技能的。为此，教师就必须要根据课程标准、课文内容及学生预习效果，设计好课堂活动，构建合作探讨式的课堂学习模式。合作探讨活动有师生合作探讨、生生合作探讨两种方式。学生在一个个关联的教学活动中主动地按教师的引导理解古诗词及相关知识，掌握诗词鉴赏技能，感悟诗词意境，提高审美能力，从而陶冶情操，提升文化素养。

3. 课堂活动教师精讲点拨

学生是课堂学习活动的主体。在课堂教学中，教师要少讲、精讲，重在点拨引导。如在进行古诗文作者及写作背景教学时，基本资料教材和教辅书上都有，学生预习时已经掌握，教师没有必要再去复述，只要做补充和重点强调即可；在诵读教学时，主要是学生读，教师只是示范、传授诵读技巧，然后引导学生反复吟咏，训练指导，直至学生读出古诗词中的意境和情调；在赏析诗词内容时，千万不能上成诗歌翻译课，其实诗词的字面上的内容，作为高中生，在预习时就已经读明白了，教师重在引导学生在忠于文本、研读诗词语言的基础上，展开想象和联想，体悟诗词意境，穿越时空与作者做思想的对话，让学生自己因感悟而情满诗词，把古典诗词优秀的精魂融入自己的思想，感受到腹有诗书气自华的诗词审美之妙用。

## 二、学生"多学"的策略探讨

学习从来就是学生自己的事，别人代替不得，教师只能是解析点拨，起引导作用。让学生"多学"主要表现在这几方面。

（一）让学生预习好课文

学生制订好自己的预习计划。在课前完成对古诗词作者及写作背景的了解，读熟古诗词，理解字词意义，并按教师的要求和指导，结合单元和学习任务群的要求，试着弄懂古诗词的重点和难点。同时把自己预习的体悟和不能解决的问题记下来，以便在课堂上的合作探究环节和大家分享、交流和解决。

（二）让学生熟读背诵课文

教师要要求学生在课前、课中、课后反复地诵读课文，诵读活动要贯穿古诗词教学的全过程。通过反复诵读，学生自主地掌握古诗词的诵读技巧，领会作品的语言节律，感受古诗词的语言美，领悟诗词的意蕴。在教学中，要求学生随身带一本袖珍型的高中古诗文书本，每次语文课钟声一响，全班便在科代表的起读下，齐声诵读古诗文。我常常是在学生的诵读中走上讲台的，这种诵读的氛围对接下来的教学是非常有利的。课余时间，我要求学生随时翻一翻古诗文书本，做到开卷有益。我在古诗词教学时，常常是课文讲完，学生便能按要求背诵，即使有个别背不下来的学生，在下一课前抽背时已能完成背诵。

（三）让学生积极参与课堂活动

教学要设计好课堂活动，让学生积极参与课堂活动，在合作探究中逐步掌握鉴赏古诗词的方法，感悟传统优秀文化的审美意趣，提升语文素养。如：引导学生抓住诗眼寻意旨、抓住名句得意蕴，深刻领悟诗歌内涵；引导学生运用意象、修辞手法等赏析诗词表达技巧之妙；引导学生展开联想和想象，再现诗词当时意境，让学生用自己的生活体验与文本对话，思考这首诗词跟"我"有什么关系，跟时代有什么关系，使古诗词穿越时空隧道，走进现代，变得鲜活起来，并要求学生将自己的体悟在纸上写出来、口中说出来，与大家分享。通过师生、生生、生本之间的教学合力，实现诗歌现实意义的再创造。古诗词教学要适应高考，但要正确认识高考的选拔机制。我们的教学绝对不能把学生培养成"高分低能""高分低品"的人。我们要立德树人，重视古诗词的思想导向，在赏析中陶冶学生情操，理解与传承好中华优秀传统文化。

（四）让学生通过多练掌握诗词鉴赏技能

最有价值的知识是关于方法的知识，掌握方法的目的在于运用。教师要在传授诗词鉴赏技能后，通过课堂和课外作业的反复训练，让学生能运用诗词赏析的基本方法和解答技巧，熟练地解答各类古诗词鉴赏题，培养学生准确领悟古诗词意蕴、规范解答古诗词鉴赏题的能力。

（五）让学生丰富课外阅读

功夫在诗外。课堂教学活动对每个学生都是一样的，认真上课的学生在课内的收获没有太大的区别，但事实上学生的成绩差异性却是非常明显的。这除了学生吸收领悟能力有差异之外，最主要的原因便是学生课外学习的差异性。因此，教师在布置常规需要批改的作业练习外，还要开出书单，引导学生课外阅读与教学相关的诗词作品或文论。教师可以组织学生定期开展品书沙龙、诗歌朗诵等读书交流活动。交流活动起初可由教师主导，让学生熟悉读书交流活动的内容和组织形式，然后则可交给学生自主组织。这些活动可以激发学生学习古诗词的兴趣，发挥学生特长，提高学生的鉴赏能力和表达能力，对促进学生语文核心素养的养成起着巨大的作用。

加入贵州省代泽斌老师高中语文名师工作室以来，我运用"少教多学薄积厚发"教学范式教古诗词，在完成古诗词教学任务、提升学生学科素养、引导学生理解和传承中华优秀传统文化等方面都收到了良好的效果。实践证明，"少教多学薄积厚发"确实是值得教师们推广运用的教学范式。

**参考文献：**

［1］代泽斌．流动的风景［M］．北京：航空工业出版社，2019.

# "少教多学薄积厚发" 在高中古诗词教学中的运用

贵州省铜仁市第八中学 田庆芳

**【摘要】** 时代在进步、社会在发展，"教师可以少教，学生可以多学"的这种教育思想一直以来都是教育工作者的追求，特别是新课程实施以来，我们每一位教师都想能够实现"少教多学"。如何在高中语文古诗词教学中实现"少教多学"，让学生"薄积厚发"、获得理想的学习效果，并以此促进教师的教学，值得教育工作者们深思。对此，笔者尝试以铜仁八中 2018 级 9 班学生为例，探索"少教多学薄积厚发"在高中古诗词教学中的运用。

**【关键词】** 古诗词教学 少教多学 薄积厚发

## 一、问卷调查，了解学情

铜仁八中 2018 级 9 班学生入校时学习基础薄弱，古诗词鉴赏能力亟待提高。通过问卷调查了解到：一部分学生认为古诗词晦涩难懂，提不起学习热情和学习兴趣，一到背诵就头大，再到考试更是失分严重；另外一部分同学喜爱古诗词，但缺乏相应的引导和指导。针对学生的古诗词学习现状，笔者将尝试从以下几方面探索"少教多学，薄积厚发"在高中古诗词教学中的运用。

## 二、少教多学，薄积厚发

（一）教师引领，激发学生学习兴趣

教师是学生学习道路上的引路人，对学生的成长起着引领作用。教师多元化教学，有助于培养学生学习古诗词的兴趣，提高学生鉴赏古诗词的能力。例如在教授陶渊明《归园田居》（其一）这首诗时，教师可以借助多媒体动画，带领学生去感受陶诗所描绘的田园生活；在教授李清照的《醉花阴》一词时，教师不妨用音频范读和分析意象的方法让学生进入诗词的意境，感受词人的愁情；而在教授现实主义诗人杜甫的《登岳阳楼》一诗时，则可以总结炼字答题步骤，让学生在感受"坼""浮"二字在千古名句"吴楚东南坼，乾坤日夜浮"中的魅力的同时，也学会炼字题答题步骤，激发学生学习的兴趣。

（二）转换角色，学生赛课促进教学

"世有伯乐，然后有千里马。"作为一名语文教师，在教学过程中，应当为学生提供展现自我的舞台。此次活动由班上一名学生担任总策划，负责统筹本次赛事工作，全班同学也各有分工。参赛学生选择人教版《中国古代诗歌散文欣赏》选修教材第一、二单元推荐作品篇目进行赛课，拓宽知识面上的学习，提高鉴赏能力，并促进教师和学生在教与学中共同成长。

（1）用服装作为辅助，再现诗境。小清老师讲授的课文是纳兰性德的《长相思》。一上课，只见小清老师身着古装，手拿课本，缓缓向讲台走来，同学们的注意力都被小清老师的服装吸引了过去，顿时，整个课堂似乎进入了一种古色古香的氛围当中，加之小清老师用清脆的嗓音范读《长相思》，学生似乎也被带到了那种意境当中去，让人沉醉。

（2）就地取材巧妙导入，闭目聆听绘出画面。小陈老师在讲授杜甫的《旅夜书怀》一诗时，就地取材巧妙导入，让学生闭上眼睛，配上背景音乐，用散文化的语言描述道："微风吹拂着江岸上的细草，桅杆高竖的小船在月夜孤独地停泊着。在拖着老病之身的诗人眼前，出现的是明星低垂，平野无迹，月随波涌，大江东流的壮阔景象，诗人感到的是生命的伟大、胸襟的旷远，还是自身的渺小、前途的迷茫？"等学生安静听完以后，请学生代表到黑板上将所听到的画面描绘出来。学生热情高涨，积极参与，分别将自己听到的出现在大脑中的画面呈现在黑板上与大家分享。不得不说这种导入方式很有创意，引人入境，很好地活跃了课堂气氛，提高了学生的参与度。

（3）诗意讲授，诗意享受。小静老师在讲李清照的《一剪梅》时，以思念为话题导入，切中题意。在品析文中的愁情时，她则向学生提问："若思念朋友，你会怎样？"一石激起千层浪，学生纷纷举手发言，有的说吃东西、打电话、约朋友喝奶茶……其中小王同学说："最美好的时光不在经历的时候，而在后来回忆的时候。"听完这个诗意的回答，梅梅同学接着念起现代诗："你是光，但我想送你一颗太阳，让你累的时候，可以闭上眼睛，任它去亮。"

小静老师总结道："每个人心中都有一团白月光，也许这团白月光近在眼前，不可触，甚至远在天边，不可及，但不管怎样，这一路的风景，都是你的。等着你的，都是好的。"这一堂课，让大家在诗意中学习，诗意中享受。

（4）链接高考，巧炼妙字。王维被誉为"诗中有画，画中有诗"的诗人。小端老师在讲授王维《积雨辋川庄作》这首诗时，链接高考，巧炼妙字。"你觉得颈联哪个字用得好？为什么？"问题一抛出，学生沉思后纷纷作答，分享了自己的答案。最后，小端老师再进行总结归纳。

（5）强弱对比，深入人心。和着雄浑的音乐，小龙老师富有情感的声音响起："在遥远的春秋时代，吴越两国争霸南方，成为世仇。越王勾践于公元前494年被吴王夫差打败，回到国内，卧薪尝胆，誓报此仇。从公元前510年吴正式兴兵伐越起，吴越经历了携李、夫椒之战，越国经过十年生聚、十年教训，以及进攻姑苏的反复较量，终于在公元前473年灭了吴。几百年后，大诗人李白南游吴越，面对古迹，他会产生怎样的感慨呢？今天，就让我们来听听这跨越世纪的对话。"小龙老师上课让人眼前一亮，课文导入，大气磅礴，一下子将人带入了诗歌的氛围。在讲解李白的《越中览古》一诗时，小龙老师将一、二联和三、四联进行对比鉴赏，配上背景音乐，用散文化的语言加以抒情，强弱明显，深入人心。一、二句留给人们想象的是一个浩大的，热闹非凡的场面；二、三两句是诗人在越国历史画卷中有意摄取的两个镜头，浓缩了越国称霸一方后的繁盛、威风，其中更有深味可嚼。

（6）从对立面升华，传递正能量。小吴老师在讲《咏怀八十二首》（其一）一文时，用《滕王阁序》中"孟尝高洁，空余报国之情；阮籍猖狂，岂效穷途之哭"作为导入，带领学生进一步学习阮籍的诗歌。该诗通篇写忧，却未言明。升华部分则联系实际，选用充满正能量的名家名言，与大家共勉。例如：生活原本沉闷，但跑起来就会有风；生活无论好坏，每一天都是限量版；既然太阳上也有黑点，"人世间的事情"就更不可能没有缺陷。

（7）评选颁奖，极具仪式感。听完小老师们一堂堂各具特色的课之后，各位听众纷纷上台点评。评语也是别具一格。小罗评委点评道：本次活动，参赛选手都非常认真，准备充分，有着自己的教学特色。不足的是有的小老师讲解不够清晰，很多选手没有对回答问题的同学进行点评。尔后，选手们分别用一分钟时间竭尽所能地为自己拉票。而本次比赛的投票也是很有仪式感的，班上的每一个人都是投票者，本着"公平、公正、公开"的原则，大家认真在选票上选出了自己心中的好老师。根据投票统计结果，分别选出了特、一、二、三等奖共四个奖项。最激动人心的莫过于颁奖晚会，工作人员利用课余时间制作了颁奖PPT和背景音乐。获奖选手们在激动人心的音乐中上台领奖，拿到奖状和奖品，发表了来自心底的获奖感言。特等奖获得者"小龙老师"捧着奖状激动地说道："通过这个活动，我有几点心得和大家共享：首先，机会是留给有准备的人的，千万别等着机会降临在你头上，而是要自己主动去争取；其次，既然是比赛，自己的作品就要有创意，才能给人耳目一新之感，让自己脱颖而出；最后，学会电脑技术很重要，在这个快速发展的时代，我们的学习生活越来越离不开电脑，不妨利用课余时间学点儿电脑技术，总会用得上的。"

（8）少教多学，师生共成长。小老师们是知识的传播者，在锻炼中成就更好的自己。"在成长的过程中，我们需要历练，体验不一样的生活和学习。成长路上不容易，但也别放弃，多历练，成就更好的自己。"这是一名小老师亲身体验后的感受。各位小老师都倾尽全力为学生解答问题，给大家补充知识，开阔视野。在备课过程中，小老师们能更深入地去了解一首诗、了解一个诗人，尝试着一个人做PPT，录制朗诵音频，下载背景音乐，抓住韵脚背诵……不断尝试新事物，不断发现自己的不足，不断地努力发展自己。作为参赛选手，有的小老师在上台前非常紧张，站在讲台上也曾一度以为会讲不出话来，然而当真正站在讲台上，面对台下的同学们，却又仿佛有了勇气讲下去。也许结果不尽人意，但这一定是在成功的路上。小老师们还能从其他选手身上学到优点，明白要有勇气，敢于放开心灵的束缚，以美好的姿态迎接挑战！比起比赛本身，比赛中获得的感情和收获将是他们人生中一笔宝贵的财富。

（9）教师转换为学生，在听课中反思改进教学。无论是语文才情的展现还是综合素质的提升，大家在这个活动中得到了锻炼。在语文课堂教学中，"小老师"所发挥的作用是非常明显的。精心备课，严谨教学，每位小老师在讲课的过程中都有着自己独特的教学方法，去引导同学们积极回答问题，让大家更加积极地去参与课堂。毫无疑问，小老师身上有很多闪光点是值得教师去借鉴和学习的，教师也从小老师的身上发现了自己教学中的不足。比如，有的学生不敢回答问题，作为教师需要积极引导，及时鼓励，帮助其找到自信心；有的选手讲课一味依赖课件，这就需要教师提供平台和机会，让小老师多多锻炼，并细心指导；有的小老师在授课过程中没有板书，或是有板书但主次不分，层次混乱，这就需要教师在平日的教学中以身示范，做好表率。

（三）读写结合，双管齐下

"合抱之木，生于毫末；九层之台，起于累土。"光学习课本知识是远远不够的，课外的补充很有必要。为了让学生学习更多的古诗词，教师可以给学生推荐或印发相关古诗词。例如，教师可以为学生推荐具有代表性的唐诗宋词，印发相关古诗词，让学生利用早读或课余时间朗读，形成语感，一点一滴积累。当然，只读不练也是不行的。对此，教师不妨带着学生一起创作诗词，相互交流，共同学习。教师动笔写诗，配上背景音乐和应景图片，亲自给学生朗读，营造氛围，让学生感受古诗词的魅力。学生在老师的带动下慢慢动笔创作诗词，从而带动更多同学动笔创作。好的作品可以编辑成诗刊，将其印发给全年级甚至全校的同学一起学习。这样，可以增强诗歌创作者的自信心，也可以激发其他同学的创作欲望。长此以往，对学生的学习定会有所助益。

三、前后效果对比

经过高中两年多的学习，铜仁八中 2018 级 9 班学生的古诗词学习情况有所改观。从之前的没有学习热情到现在的爱上古诗词，从之前的觉得古诗词是"老大难"，到现在的动手创作，逐步实现了"少教多学薄积厚发"的教学理念。

（一）诗词创作

### 《记九月中旬秋雨》

朔风

早云远歌催人醒，浅塘风柳映秋景。

不知箫笛何处来，但见空濛弥山岭。

倾耳请师授塾堂，时莫沉香送暗芳。

徒有闲愁应何如？晚云作衣雨作裳。

这是班上一学生创作的诗歌，不难看出，其中的意象所呈现出来的意境，无不应时应景，也透露着诗人的心绪。当然，学生的创作还是有些许不成熟的地方。

（二）答题情况

诗歌鉴赏题是高考必考的题型，学生随着老师的不断引导和自身的努力学习，逐步积累了一定的答题技巧，对各类诗歌鉴赏题型也有了一定程度的掌握。从高一进校诗歌鉴赏题班级平均分不足 2 分到现在的班级平均分不低于 4 分，这和"少教多学薄积厚发"的教学理念密不可分。学生在老师的引导下对古诗词学习有了兴趣，积极参加赛课活动，动手创作古诗词，在吸收知识的同时又学以致用了。

## 四、结论

课堂是学生学习的主阵地，学生则是学习的主体。教师要从学生自身出发，把学生对古诗词学习的兴趣真正激发出来，提高学生的学习成绩。学生有自主学习的能力，方能把知识化为本领。教师是学生学习道路上的引路人，在坚持学生为主体的同时，教师需要对学生进行及时有效地指导。通过以上探索，在高中语文古诗词教学中初步实现了"少教多学"，让学生"薄积厚发"、获得理想的学习效果，并促进教师和学生在教与学中共同成长。此后，教师也将在教与学的道路上奋然前行。

**参考文献：**

[1] 许香玉. 在语文课堂中激发学生自主学习的实践与研究 [J]. 才智，2011（36）：106.

[2] 杜改云. 把课堂的主动权交给学生——《中国古代诗歌散文欣赏》选修教材课堂教学模式尝试 [J]. 学周刊，2012（18）：125.

[3] 代泽斌. 流动的风景 [M]. 北京：航空工业出版社，2019.

# 利用"最近发展区"理论激发学生学习潜能初探
## ——以《望海潮》为例

贵州省铜仁市第十五中学　姚顾好

【摘要】高中阶段是学生身心发展的关键时期，学生的需要层次会随着年龄的增长而有所升级。他们渴望得到尊重、得到认可，因而也更愿意做出尝试。在当下高中语文古典诗词的课堂教学中，薄弱学校的学生因为个人阅历浅显，文学素养不够等问题，表现出兴致不高、望诗词生畏的情绪。为了有效提升课堂效率，激发学生学习内在动力，可以通过教学着眼于学生的最近发展区，在关注学生独立自主解决问题的同时，为学生提供带有难度的内容，调动学生的积极性，发挥其潜能。我们可以从重视课堂导入，激发学生学习热情；优化教学策略，培养学生课堂主体意识；合理使用教育媒介，学生课外练功夫等手段来实现。

【关键词】高中语文古典诗词　少教多学　最近发展区

高中阶段是学生身心发展的关键时期，学生的需要层次会随着年龄的增长而有所升级。他们渴望得到尊重、得到认可，因而也更愿意做出尝试。不管是希望在各种不同情境中有实力、能胜任、充满信心、能拥有独立自主的内部尊重，还是希望有地位、有威信，受到别人的尊重、信赖和获得高度评价的外部尊重。学生的被尊重、被认可的需要得到了满足，势必能够对自己充满信心，体验到自主学习的价值。在当下高中语文古典诗词的课堂教学中，薄弱学校的学生因为个人阅历浅显，文学素养不够等原因表现出兴致不高、望诗词生畏的情绪。为了有效提升课堂效率，激发学生学习内在动力，同时也出于实现教师的"少教"和学生的"多学"，笔者就柳永的《望海潮》，在同级同类班级中尝试运用了前苏联教育家维果茨基提出的"最近发展区"理论来指导教学。笔者在课堂教学中，着眼于学生的最近发展区，在关注学生独立自主解决问题的同时，为学生提供带有难度的内容，调动学生的积极性，发挥其潜能，以期获得超越其最近发展区而达到下一发展阶段的水平的良好结果，最终实现学生得到尊重的需要和自我实现的需要。

### 一、重视课堂导入，激发学生学习热情

"少教多学"的教学理念提倡在高中语文课堂教学过程中，重视学生课堂主体地位，要加强学生主体意识培养，这有益于激发学生课堂学习的兴趣。杭州盛景名传天下，自古就有很多文人墨客倾尽才情予以称赞。笔者在高一（2）班的课前导入中，试运用白居易的《春题湖上》名句"未能抛得杭州去，一半勾留是此胡"导入，同时运用 PPT 展示了几张杭州西湖的图片。这样常规的导入让学生成为了被动的接受者，课堂起始氛围波澜不惊。意识到这个问题之后，笔者有意在高一（4）班的课堂导入中进行了修改："人们常以'生活不止眼前的苟且，还有诗和远方'来鼓励自己来一场说走就走的旅行，如若旅行的条件成立，你们最期待去哪里？请将地名写下来并同你的组员说明理由。"这样的导入就能够让学生产生强烈的参与热情，作为山区的孩子，大多数学生还是很憧憬祖国大好河山中的风景名胜的。学生在纸条书写的一刹那，轻松的课堂氛围得以形成，学生的学习兴趣得以激发，然后教师引入北宋词人柳永的钱塘之行，他在旅程中书写了《望海潮》的名篇佳句，大家将随着柳永这一导游去一览北宋时的杭州美景。

### 二、优化教学策略，培养学生课堂主体意识

中国古典诗词这一板块的学习在高中语文学习中占据极大分量，因为是薄弱学校，语文教师们会不自觉地按照应试的要求偏重于内容的分析和知识的讲解，缺乏文化精神和语言知识的有效传递。加之大多数同学文化素养不高，对古典诗词的理解很大程度上要依靠教师的翻译、串讲，然后死记硬背，长此以往，没能形成自主欣赏古典诗词的能力。基于这两点，"少教多学"教学理念无法很好地贯彻实施。在高一（2）班的教学过程中，因为导学案的完成质量不高，所以部分学生确实是一张白纸似的进入课堂。为了教学目标，笔者按照知人论世、诵读感知、合作探究、技法点拨、当堂作业等环节完成了课堂教学。虽然有意识地调动学生参与，也设置了小组合作探究环节，但

最后因学生预习不充分，教师课堂活力不足，变成了个人回答或者集体回答。这样的课堂犹如一潭死水，毫无生气。

"学然后知不足，教然后知困。"为了改变这种令人尴尬的课堂氛围，我结合学情，在后来的高一（4）班的教学环节中进行了修改：重视导学案的使用，要求学生在课前完成知人论世的部分和疏通词意的部分，并且让小组组长予以检查。这样能让学生有准备地进入课堂。在合作探究部分引导学生置身诗境，缘景明情，以"柳永这一导游带我们游览了杭州的哪些地方？你印象最深刻的是什么？"两个问题为导入，要求学生在课前理解的基础上与同组成员探讨。因为有了课前充分的准备，学生参与课堂的自信心得到了增加，课堂讨论的氛围活跃，学生在充分交流之后的回答也令人惊喜，课堂也因此焕发了生机。因为充分发挥了学生主体能动性，接下来的技法点拨和当堂检测环节进展得也非常顺利。

### 三、合理使用教育媒介，学生课外练功夫

教育事业随着时代的进步，在借助各种媒体技术的基础上得到了不断发展。因为学生接收知识的渠道变多，就促使教师要思考合理运用教育媒介的问题。纵观当下高中语文课堂，部分教师过分依赖多媒体，会在 PPT 上植入大量的资料链接和各种各样的图片信息。这看似能够丰富课堂内容吸引学生注意的东西，只能说明教师很努力，很乐于在课前下功夫，且学识渊博而已。这种盲目使用多媒体的行为完全忽视了学生本来的能力以及可能发展的能力，背离了"少教多学"的初衷。如在《望海潮》的情感升华过程中，笔者在网上收集了《航拍中国第 3 季》的贵州篇视频合辑，两个班的学生在观看视频后也被画面深深地吸引，惊叹之声不止，然而视频之后的"有何感触，谈谈看法"却无人肯说。这让我沉思，明明看似可以调动学生参与的视频，怎么成为了课堂的鸡肋。通过反思，我意识到虽然只有两分钟的视频，却是作为教师的我的一意孤行，学生没有通过自己现有的能力以及手中的资源去搜集、整理，当然对视频的理解就有局限。最后因为担心准备不充分而闹笑话选择放弃。最后只能由教师代为总结提升，因此教学目标中的情感态度价值观——"培养对祖国河山的热爱之情"注定不能很好地达成。

心理学家维果茨基认为在最近发展区内，教师可以通过模仿的方法示范、监督，以及通过集体活动对学生做出要求，即"在最近发展区接受新的学习，

其发展会更有成果。在这个区内，如能得到成人帮助，儿童比较容易吸收单靠自己无法吸收的东西。"因而在高中的古典诗词鉴赏中，我们教师完全可以对学生提出建议，告知采用多媒体的益处，同时也在某堂课上做出示范，要求学生在下一次的课堂中利用手中资源搜集对课堂有用的信息，同时要求小组组长注意课前的检查与监督。这样学生就能够调动个人的积极性，自觉地向网络媒介寻求帮助，在这个过程中也能够锻炼个人的资源提取和整合的能力。最终推动课堂教学中的学生"多学"的实现。

综上所述，"少教多学"是一种教育理念，要将理念化为实践，确实需要在教学中起到主导作用的教师一点一滴地贯彻实施。苏联的心理学家维果茨基的最近发展区理论，充分地尊重了学生这一教学主体，以充满温情的人文关怀视角，关注每一个学生个体的差异，尊重每一个生命个体成长的权利。它在高中语文古典诗词的课堂教学过程中的应用能够促使语文教师理清教学步骤，改进教学方法，从而提高教学效率和质量。最近发展区理论在高中语文古典诗词中的运用，能够针对基础较为薄弱的学生设置一些略有难度的任务，这样就能够产生潜在水平和现有水平之间的矛盾，而这些矛盾的解决又能够推动学生的发展。笔者在上述的课堂教学实践中，借助教学方法、手段，引导学生掌握新知识，形成技能和技巧，最终实现了师生之间的教学相长。

**参考文献：**

[1] 代泽斌. 流动的风景 [M]. 北京：航空工业出版社，2019.

# "少教多学"教学范式引导下的
# 教材课后习题的深度挖掘之精教精学

贵州省铜仁第一中学 范朝霞

**【摘要】**本文通过在教学中对课后习题的钻研，发现平时练习的很多题型可以由课后习题拓展研究得到。练习题浩瀚如海，不可能每道题都做一遍，所以基于"少教多学"的思想，抓其根本很重要。而课本中每小节的课后习题简洁明了，既能巩固本章节知识，也与其他对应知识点形成知识脉络，是"少教多学"很恰当的一个切入点。同时，对一个知识点的深度挖掘和拓展探究也培养了学生格物致知的能力。

**【关键词】**少教多学 课后习题 深度挖掘 拓展探究 立体几何

课本知识点讲解+练习册巩固拓展是目前数学教学中应用较广的教学模式，教材的课后习题似乎也因大量的练习册挤占了时间而被渐渐地遗忘了。"书不在多，贵在精简"，这是大家都想追求的一种状态，谁都想努力用最少的时间和精力去做最有用、最有意义的事情。当然，目前对中学生来说，教材是最核心的。教材的意义不只是展现了知识脉络，同样重要的还有课后习题对思维的拓展和启发。课后习题贵在精简，有限的习题具有无限的发散空间，一道题可能映射出一类题，一道题也可能蕴含着知识的交叉和综合。同时，课后习题作为课本知识的补充，其编排和展现方式会让学生印象更深刻，记忆更牢固，对该类型题目涉及的知识点的理解和掌握也更有优势。

教学的最好愿景是教一遍就会，但这是天方夜谭，所以常见的模式就是刷题—改错—记忆—再刷题，不断巩固。这与"少教多学"是相悖的，所以总结出一套最原始的母题，只考单一知识点，给学生拓展创造的空间，就显得很重要。而所谓的母题很多在课本的例题或习题中是有体现的，以下即课后习题中的一个母题的例子。

本文就人教 A 版高中数学必修二立体几何章节章末复习的一个习题为例进行探究拓展：

习题：如图，在正方体 $ABCD - A_1 B_1 C_1 D_1$ 中，求证：

（1）$B_1 D \perp$ 平面 $A_1 C_1 B$；

（2）$B_1 D$ 与平面 $A_1 C_1 B$ 的交点 $H$ 是 $\triangle A_1 C_1 B$ 的重心。

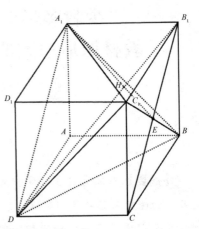

证明略。

归纳总结：

结论一：由以上的两个证明结论可知正方体的体对角线垂直于由一个顶点的相邻三个平面的面对角线所确定的平面。如图，即：$B_1 D \perp$ 平面 $A_1 C_1 B$。

结论二：结论一中的垂足 $H$ 为平面中对应三角形的中心（正三角形的四心合一）。也就可推出垂直、中点、角平分线、$2:1$ 等位置和数量关系。

诱思启发：

结论三：由重心的 $2:1$ 关系，则可以推导出 $H$ 是体对角线 $B_1 D$ 的一个三等分点。

证明：由 $B_1 E // A_1 D$，可知 $\triangle A_1 DH \sim \triangle E B_1 H$，且相似比为 $2:1$，则 $B_1 H : HD = 1:2$，即 $H$ 为体对角线 $B_1 D$ 的一个三等分点。

结论四：由垂直和 $2:1$ 比例关系可知，$V_{正四面体} = \dfrac{1}{3} V_正 = \dfrac{\sqrt{2}}{12} x^3$，其中 $x$ 是正四面体的棱长。（这个结论可以用于直接由正四面体的棱长求体积）

证明：由边长为 $a$ 的正方体知，$V_{B_1 - A_1 C_1 B} = \dfrac{1}{3} \cdot \dfrac{1}{2} a^2 \cdot a = \dfrac{1}{6} a^3 = \dfrac{1}{6} V_正$；由于四面体 $D - A_1 C_1 B$ 为正四面体（每条棱都是面对角线），则有 $V_{D - A_1 C_1 B} = V_正 - V_{B_1 - A_1 C_1 B} - V_{D_1 - A_1 C_1 D} - V_{A - A_1 DB} - V_{C - C_1 DB} = V_正 - 4 V_{B_1 - A_1 C_1 B} = \dfrac{2}{6} V_正 = \dfrac{1}{3} V_正$，

且由 $x = \sqrt{2} a$ 可得，$V_{正四面体} = \dfrac{\sqrt{2}}{12} x^3$。

结论五：由三等分点，可推出 $B_1$、$D_1$、$A$、$C$ 到平面 $A_1 C_1 B$ 的距离相等，

都为体对角线的三分之一，$D$ 到平面 $A_1C_1B$ 的距离为体对角线的三分之二。（这个结论可以用于等价转换求解点到平面的距离问题）

证明：记 $B_1D$ 与平面 $D_1AC$ 的交点为 $G$，由三等分点特征可知，$G$ 也是 $B_1D$ 的三等分点，且 $GH$ 是平行平面 $D_1AC$ 与 $A_1C_1B$ 的距离，可知 $D_1$、$A$、$C$ 到平面 $A_1C_1B$ 的距离即 $GH$，$B_1H$ 是点 $B_1$ 到平面 $A_1C_1B$ 的距离，$GD$ 是点 $D$ 到平面 $D_1AC$ 的距离，由 $GH = GD = B_1H$ 可证。

"少教多学"，教给学生最少的例题，让学生证明归纳可推广应用的二级结论，这样可以让学生快狠准地拿下一些单一考点的练习题。同时，也可以让学生自主发散探究题目之间的联系，从而形成自己的知识链，形成自己的记忆体系，更进一步地理解知识点的意义。对于课本例题、练习题以及小框中的思考探究等进行深度探究和挖掘，可以在不减少知识传授的同时大大减少学生的工作量，同时也达到了把一件事做到精致的效果，也就是古语说的"书读百遍，其义自见"。

以下是针对该习题的一个初步变式探究。

变式探究1：正方体的体对角线垂直于与其一个顶点相邻的三条面对角线所组成的三角平面（结论一），那么长方体是不是也有这个结论成立呢？特殊在什么地方？

分析：垂直显然不成立，因为侧面是矩形，不能满足对角线互相垂直这个条件，也就不能推导线面垂直。

变式探究2：在结论三中可知当为正方体时，$H$ 是重心，也是中心。那么，当为长方体时，交点 $H$ 有什么特征呢？

分析：$H$ 只是重心，仅满足 $2:1$ 关系（即三等分点关系），不满足垂直、角平分线等特征。

证明：与结论三的证明一样。

变式探究3：特殊的对边相等的四面体（可由长方体依面对角线切割而得），以下简称为矩四面体，该类四面体的体积是不是也可以由边长推得呢？

分析：$V_{矩四面体} = \dfrac{1}{3}abc$，$a$、$b$、$c$ 是对应长方体的长宽高。

证明：$V_{D-A_1C_1B} = V_{长方体} - V_{B_1-A_1C_1B} - V_{D_1-A_1C_1D} - V_{A-A_1DB} - V_{C-C_1DB} = V_{长方体} - 4$

$V_{B_1-A_1C_1B} = V_{长方体} - 4 \cdot \dfrac{1}{6}abc = \dfrac{2}{6}V_{长方体} = \dfrac{1}{3}abc$，其中 $a$、$b$、$c$ 满足 $a^2 = \dfrac{y^2+z^2-x^2}{2}$，$b^2 = \dfrac{x^2+z^2-y^2}{2}$，$c^2 = \dfrac{x^2+y^2-z^2}{2}$，其中 $x$、$y$、$z$ 是矩四面体的三

组对边的长，也就是 $a^2 + b^2 = z^2, b^2 + c^2 = x^2, a^2 + c^2 = y^2$ ，显然 $a$ 、$b$ 、$c$ 是长方体的长宽高。

变式探究 4：长方体还能实现用等价转换求解点到平面的距离问题吗？

分析：由变式探究 2 的比例关系以及对称性可得，在长方体中仍然可以找等价点求距离。

进一步探索，正四面体可以由正方体切割而来，矩四面体可以由长方体切割而来，那么一般的四面体与平行六面体又有什么关系呢？这又是一个探究方向了。

一个题目的意义远不应只停留在它的表面，深度挖掘题目和知识的深意，是一种钻研探究的学习态度，也是在摸索一种学习求知的能力。"格物致知"不应只停留在课本里，它更应是一种生活和学习的态度，指导我们去探索未知，创新发展。"少教多学"其中重要的一个环节就是教能力，自主探索的能力。从研究课本开始，发散出去，又回归课本，与高考大纲的教学目标相一致，与素质教育相协调，与数学核心素养教育相统一。少教多学，精教精学，大胆假设，小心求证，小处见益于题目，大处见益于生命。

**参考文献：**

[1] 代泽斌 . 流动的风景 ［M］. 北京：航空工业出版社，2019.

# "少教多学薄积厚发"教学范式推广与实践

### ——合作学习在高中语文学科中的作用研究

贵州省石阡民族中学 黄开斌

【摘要】合作学习是以现代社会心理学、教育社会学、认知心理学、现代教育技术学等理论为基础，以研究与利用课堂教学中的人际关系为基点，以目标设计为先导，以师生、生生、师师合作为基本动力，以小组活动为基本教学形式，以合作学习成绩为评价标准，以标准参照评价为基本手段，以大面积提高学生的学业成绩、改善班组内的社会心理气氛、形成学生良好的心理品质和社会技能为根本目标的一种极富创意与实效的教学理论与策略体系。新课程实施过程中，实现学生学习方式的根本转变的关键也在于学生能否有效地自主、合作、探究学习。

因此，变革传统的、过于注重知识传承的教学方式，借鉴发达国家基础教育的成功经验，引导学生形成多样化的学习方式，已成为我国基础教育教学改革的当务之急。探索既适应我国社会发展需要，又能汲取国外教育先进理念的培养人才模式，乃是教研工作的重要内容，也是工作的难点。

【关键词】高中班级 合作学习 策略

## 一、合作学习范式的目的

现代教育理念认为，一个人今天在校的学习方式，必然会与他明天的社会生存方式保持某种内在的一致性，而合作学习正是这种一致性的切入点之一。

《高中课程标准》也提出："倡导学生自主、合作、探究的学习方式，有利于学生在感兴趣的自主活动中全面提高素养，是培养学生主动探究、团结合作、勇于创新精神的重要途径。"在新课程改革的大趋势下，我校积极推进教学改革，深入开展素质教育。随着素质教育的全面推进，课堂已经不再是教师"填鸭式"的满堂灌形式了，"以学为本，以生为本"的教学观要求新的教学课堂应该以学生为主体。

"合作学习"是我国新课程改革积极倡导和组织实施的学习方式，教育部《基础教育课程改革纲要》中把培养学生的交流与合作能力作为新课程改革的重要目标。合作意识也是现代人才必备的素质之一，但传统的教学模式中学生不能作为学习的主体参与教学，学生的积极情感得不到体验，意识品质得不到体现，这样的教学模式直接影响着学生的合作精神的培养。随着知识经济的到来，培养学生的合作意识和能力，是学校教育的一项重要任务。另一个方面。一些教师开展的合作学习流于形式，组织安排学生合作学习缺乏认真设计，针对性和有效性不强，没有达到合作学习的预期效果。

因此，变革传统的、过于注重知识传承的教学方式，借鉴发达国家基础教育的成功经验，引导学生形成多样化的学习方式，已成为我国基础教育教学改革的当务之急。探索既适应我国社会发展需要，又能汲取国外教育先进理念的人才培养模式，乃是教学工作的重要内容，也是工作的难点。

## 二、合作学习范式的策略

要使小组合作学习有效、高效，必须进行小组建设，进行分组学习，搭建合作平台。

（一）科学合理分组，使学生可"合作"

小组建设要本着"组内异质，组间同质"的原则。根据每组成员的性别、性格、成绩、智力、感情等方面的比例结构进行组间平行微调，使同号的组员实力相当，组际之间的各科水平和综合水平基本平衡。男女比例要适当。

（二）优化评价机制，使学生想"合作"

及时评价、反馈、激励表彰，是小组合作得以长期进行的重要保障。因此，在具体操作中，我们从小组学习的过程、表现和效果三方面入手，尝试实施学生自评、组内互评、组际互评、教师点评等多种评价方式，收到了一定的效果。还运用同伴评价的方式，进行组内互评和组间互评，评价的侧重点由评合作态度，再到合作质量，最后到创新，循序渐进。自我评价，实际上是一个自我反省的过程。我让学生对自身参与学习活动的态度、合作精神和合作能力、基本能力、独立性和创造精神等方面进行价值判断，促进了他们心理素质的全面、健康发展。

**（三）培养合作意识和技能，使学生"会合作"**

要使合作学习小组能够正常运行，合作富有成效，要选出得力的行政组长和学科组长，给小组起一个响亮的名字，调动小组内每个成员的积极性，培养组长和组员的合作技能，对小组成员进行明确分工，培养小组合作学习的良好习惯，营造氛围，激发合作学习兴趣，培植合作自信，激励竞争，增强小组合作学习的意识。教师要适时引导，提高合作学习的质量，让学生学会合作。

### 三、合作学习范式的效果

合作学习的有效性策略研究对发展学生的智能素质、科学文化素质，特别是对发展学生的注意、观察、思维、想象、分析、记忆、综合能力优势明显，对发展学生的非智力因素也产生了良好的效果。课题研究发现：每个孩子都有学习能力，合作学习能够提升孩子的学习能力，合作学习的能力能够在训练中提升。

课题研究最突出的成就在于：学生的合作学习能力增强了，学生的合作意识增强了，学生的团队精神增强了，学生的综合素质提高了。

**（一）教育观念的突破**

（1）绝大部分师生均能够科学理解合作学习的基本内涵。

（2）改变了以教师为中心的传统教育模式，真正树立以学生为主体、教师为主导的现代教育思想，学生从被动接受知识转变为主动探求知识，在获得学科知识的同时，提高了综合素养。

**（二）学习方式的突破**

1. 激发了学生的学习兴趣

学生的学习热情高涨，认真听课程度、讨论问题的参与度大幅度提高。就连成绩较差、学习习惯不好的学生上课也能积极参与，遇到较简单的问题能积极发言，学习成绩慢慢提高。

2. 提高了学生的语言表达能力、想象能力和表演能力等各方面能力

叶圣陶先生讲："教师之为教，不在全盘授予，而在相机；必令学生运其才智，勤其学习，领悟之源广开，记熟之功弥深，乃为善教者也。"教学过程

中学生既是教的客体，又是学的主体，我们充分发挥了学生的主体性，使学生真正成为了学习的主人，达到人人参与、人人能体验成功、快乐的目标，学生变得乐学、善学，每位学生各方面能力都得到不同程度的发展与提高。

3. 培养了学生的合作意识

21世纪，竞争与合作并存。积极的合作意识和有效的人际交往能力是21世纪人才必备的基本素质，而我们的学生独生子女较多，在家长的精心呵护下长大，养成了"唯我独尊"的习惯，不懂得也不愿与人合作。小组合作是语文综合性学习活动常常使用的行之有效的活动形式之一，学生为了完成一个有趣的语文活动，常常需要在一起研究与实践，他们在与同伴分工合作的过程中，逐步懂得了合作的重要性，并由此主动去学习，掌握与人沟通、交流、合作的技巧。

4. 培养了学生的问题意识

"学而不思则罔"，人贵有疑，没有发问的精神就没有发展与创新的可能。在小组合作学习中，学生对别人的观点并非一味盲从，而是敢于质疑。从文本到文人，从知识到能力，学生的发问多起来，对有些问题的探究直接促进了知识的积累和能力的培养。合作学习已真正变为科学意义上的有效的学习方式，在小组的构成、组员的分工以及合作过程的设计等方面，课题组都有了全方位的、科学的认识与改变，给实验班师生提供了科学、系统、有效的合作学习方式。

（三）学生综合素养的提升

在"小组合作学习探究"实验中，课题组发现，学生的上课兴趣得到了极大的提高，大部分同学能认真对课堂内容进行思考，并积极将自己的思考结果和大家交流。尤其是很多平时没有机会表达自己的比较内向的学生，在合作学习这一平台上找到了属于自己的舞台，可以尽情展示他们智慧的结晶。学生的精神状态、责任意识、观察分析、综合表达、审美感受等综合素质也在合作中得到了较大提升，教育教学质量大幅提高。

（四）教师队伍专业化发展进程加快

通过课题研究，实验教师在观念、教法、学法、有效合作意义、专业化水平等方面均有长足的发展与进步。这促进了教师对有关小组合作学习理论知识的学习，对有关教学案例的分析，对每次考试成绩的分析，对某些问题及其对策的思考，提高了教师的课堂掌控能力。教师的教学艺术不断成熟，上出了很多精彩的公开课。实验期间，教师进行了大量的调查研究工作，积累了不少第一手资料，为进一步研究如何提高学生的语文素养提供了有利条件。

（五）班级合作凝聚力得到了增强

由于学生的自主学习能力、课堂展示能力、合作探究能力、语言表达能力、快速思维能力等都得到了普遍的提升，教学效果明显，在学校及年级部产生了较大的影响，很多教师都会选择课题实验班进行教学。在近两年的时间里，有多位专家到实验班了解课题开展情况：全国著名教育家冯恩洪听取了主持人黄开斌老师的语文课《短歌行》；湖北荆州北门中学校长吴秉新在实验班教学了三节示范课，贵州省高中语文名师工作室主持人唐再文多次带成员和学员到班听课；贵州省高中语文名师工作室主持人代泽斌也到实验班与学生交流课改感受；本校教师秦智红、张继丹、魏菲、黄大军、陈艳、冉敏、陶娅等选择实验班教学公开课；还有众多教师不定时到本班听课，了解课堂教学操作环节，不断提高课改效果。

（六）学生的学习成绩得到了明显的提升

在同类6个班级中，实验班学生的各科成绩均排名在前，学生的学习积极性非常高。学生课前充分预习；课堂上积极讨论、分析思考，精彩展示，质疑对抗；课后作业认真完成，自己命题检测。同学们对学习充满激情，在快乐中享受学习的乐趣。

### 四、合作学习范式的困难和存在的问题

（1）科学合理的评价体制有待进一步完善。目前，师生在教育与学习方面的观念正在逐步转化，有效合作的评价机制正在逐步建立，但还需要进一步完善，还要从不同层面、多角度地加以改善，力争对学生的学习状态、能力、行为、习惯以及其他系列活动都有较为科学合理的评价。

（2）如何协调各科之间的关系，让学生课前有时间完成课文阅读及导学案的自主学习部分？如何让每个学生都能在自主学习的前提下，找出难点、提出疑惑，而不是人云亦云？

（3）在学生合作学习过程中，教师如何更好地把握介入的时机？

（4）教师如何及时、适度地组织和调控合作学习过程中出现的突发性问题？

这些还需进一步研究。

### 五、合作学习范式的展望

小组合作学习得到了学校及县领导的认可，并在学校进行推广。2016 年石阡县在高中全面推行新课改，使我们充分认识到教育的发展决定了教学改革不是一个人的事情，而是集体智慧的结晶。只有集体共同努力，才能成功面对和解决教学中的很多问题；只有集体合作，共同探究，才能有最佳成效。"在教育界有胆量创造的人即是创造的教育家，有胆量开辟的人即是开辟的教育家，都是第一流的人物。"（陶行知《第一流的教育家》）随着新课程改革的不断推行，素质教育的不断深入，我们将进一步扩大课题组成员，吸收不同学科的老师参与进来。进一步从理论和实践中进行论证，跟踪完善各种方案，解决在研究实施中存在的问题。在课题组全体人员的共同努力下，有效合作还将进一步得到有效地研究，合作学习能力研究还将进一步做深入的、科学的、系统的理论与实践研究，使小组合作学习达到高效，全面提高教育教学质量。

**参考文献：**

［1］代泽斌. 流动的风景［M］. 北京：航空工业出版社，2019.

# "少教多学薄积厚发"教学范式的运用和思考

贵州省铜仁市第二中学 舒滞

【摘要】捷克教育家夸美纽斯在他的《大教学论》一书中提出"一种伟大的教学法"——将一切事物交给一切人的无所不包的艺术，其主要目的是"使教员可以少教，学生可以多学，使学校可以成为有更少喧闹、更少令人厌恶的事、更少无效的劳作，而有更多闲逸、更多乐趣和扎实进步的场所"。代泽斌老师在《"少教多学薄积厚发"教学范式构建的研究与实践》一文中写道："'少教多学薄积厚发'即教师对教学内容根据学情取舍、学生在老师的主导下多学多思多行动，教与学和谐共生，教学相长，学生学习习惯和学习效果正向发展。学生与老师每一天都有一点进步、收获，慢慢地积累，越积越多，最后形成良性循环。"如果说捷克教育家夸美纽斯在他所处的时代提出的"少教多学"是一种理想课堂的话，那么代泽斌老师对于"少教多学"给出的则是更为具体的方向和操作的方法。本文将对代泽斌老师"少教多学薄积厚发"教学范式的理念与模式如何应用到高中语文教学进行探讨。

【关键词】少教多学 薄积厚发 运用 思考

## 一、转变教学中的师生角色

高中语文教学过程中语文老师都喜欢讲，课堂上口若悬河，滔滔不绝，把作者、背景讲得天花乱坠，把情感、字词分析得头头是道，一首短短的诗歌有时要花上三四节课甚至一周，仍意犹未尽。老师的口才和才华得到了展现，情感和情绪得到了释放，而学生只需倾听，无须思考，无须动笔，无须训练。老师在课堂上成了绝对的主角和焦点，学生不是配角，甚至连群众演员都算不上，完全成了观众和听众，课本、笔记本、笔成了摆设。其结果可能是学生觉得这位老师讲得好，而真正学到了什么却无从谈起。因此要改变过去高中语文教学的传统，实现少教多学，必须转变师生之间的角色。"少教"不是不教，是将时间还给学生，教师在教学中起引导、指导、辅导的作用；"多学"，不仅仅是学生的多学，不仅仅是把课堂的时间还给学生，还是老师与学生的共同学习。这实际上对语文教学提出了更高的要求，学生课下要查阅跟课文相关的资料，老师备课除了要查阅相关资料外，还要设计预设的情境，预设的问题，预设的"意外"等等。而后，在课堂上师生将彼此学到的东西进行分享。一篇课文，一首诗词，一个问题，一个字词对于学生来说可能有不同的理解，当学生给出不同的见解时，老师要给予及时的表扬或及时的纠正；对老师来说也同样如此，但不能将自己的想法、观点强加给学生，要与学生共同探讨。这样"学生与老师每一天都有一点进步、收获，慢慢地积累，越积越多，最后形成良性循环"。

## 二、"活动"推进课堂教学

"活动"推进课堂教学，是指为达成教学目标，在教学中通过师生共同参与教学活动环节来推进教学的过程。这个"活动"可以设计一个，也可设计多个，活动可以预设，也可根据课堂的应变而定，有些是老师完成，有些是学生完成，有些是教师共同完成。归结起来为五个环节，即学、问、思、讲、练。在此基础上又提出四点要求，即"创设一个好情境""提出一个好问题""挖掘一个新亮点""给出一个好评价"。"学、问、思、讲、练"贯穿于课堂中，而四点"要求"，无须面面俱到。

五个环节，"学"强调的是学生的自主学习，指根据老师的要求在课下学习相关内容，或在课堂上完成老师布置的学习内容；"问"既指老师的提问，又指学生的质疑；"思"即思考，它贯穿在整个课堂中，既有老师的思，也有学生的思；"讲"包括老师的讲，主要以答疑、评价为主，也包括学生的讲，即表达，主要包括提出问题，互为答疑，互为评价，或提出自己独到的看法、观点。"练"，即练习，可放到课堂上，也可放在课下，也可没有。

四点要求，"创设一个好情境""提出一个好问题""挖掘一个新亮点""给出一个好评价"即三"好"一"新"，则对"学、问、思、讲、练"提出了更高的要求，这个要求既是针对老师的，也是针对学生的。"学、问、思、讲、练"，三"好"一"新"，在课堂上既可通过班级小组合作完成，也可个人独立完成，但主要以班级小组合作的形式完成。例如，在"问"这个环节，学生的问题如果是一般的、简单的问题，在学习小组内就可以解决了，而深层次、观点新的问题则需老师和各小组共同完成。这就避免了一些简单问题、知识性的问题出现在课堂上。同时老师提的问题不能过于简单，不能泛化，要有一定的目的，有探讨的价值、探讨的意义。"讲"这个环节尤为重要，老师一定要把控讲的时间，时刻记住自己参与者的身份，不到学生讲不清楚的地步，老师坚决不讲；课堂上的评价，不到学生实在囿于自己学识或立场错误不能客观公正或很好地评价的地步，坚决不做评价。

下面通过笔者高中语文教学中的例子来说明。

有一次，笔者在讲《归去来兮辞》这篇辞赋的时候，有一位同学就提出了一个疑问，他说："老师，《归去来兮辞》这篇辞赋，陶渊明虽然将归隐写得很洒脱，写得很逍遥，写得很美，但我在读的时候，却感觉不出，我觉得他归得并不洒脱，归得并不自在，归得并不逍遥，他的内心深藏着一份孤独，一份他人无法理解，自己无法排解的孤独。"这样的问题是我没有预料到的，我一时不知如何回答。但我意识到这位学生一定有自己的想法和看法。我说："那你谈谈你的看法。"而后这位学生从文章中出现一个"独"和三个"孤"字谈起，"奚惆怅而独悲？""抚孤松而盘桓""或棹孤舟""怀良辰以孤往"，谈得头头是道。

他说："'奚惆怅而独悲？'他越是反问自己，越可让人看到他的感伤，他的悲哀。一个"独"字，便更可看出感伤之浓，悲哀之深。诗人'抚孤松而盘桓'，真的是被眼前之景所陶醉而流连忘返吗？并非如此。'景翳翳以将入'让诗人的产生的却是'夕阳无限好，只是尽黄昏'之感，毕竟陶渊明辞官归隐回到家的那一年已42岁，人生最宝贵，最黄金的年华已逝。'孤'字和'盘桓'写尽了诗人的彷徨、迷茫和失落。'或命巾车，或棹孤舟，既窈窕以寻壑，亦崎岖而经丘。'诗人驾着车，有时划着船，游山玩水，去欣赏美景。其实诗人是苦闷的，忧愁的，游山玩水，欣赏美景，并不能看出诗人的洒脱自在和逍遥，而不过是消除自己的苦闷和忧愁罢了。他一人独来独往，没人陪伴，无人倾诉。'怀良辰以孤往，或植杖而耘籽。登东皋以舒啸，临清流而赋诗。聊乘化以归尽，乐夫天命复奚疑！'好吧，在美好的时间，还是独自一人出去，有时挂着拐杖在田地里除除草，或登上水边的高地吹吹口哨，或面对这清澈的河水吟诗作赋，暂且顺应生命自然的变化，走到生命的尽头。一切由命运来安排，还有什么值得怀疑呢！在最后一段的抒情中，诗人再次用到'孤'字。这个'孤'字，与上文的三个'孤'或'独'字不同，是一个领字，一直领到段落的结束。可见诗人对于生命和生活无可奈何的绝望，他把自己的境遇归结为上天的安排，命运的作弄，他的孤独也就达到了最高点。"

我相信这个学生在课下是做了很多功课的，这种功课主要还是靠自己的独立思考和瞬间的悟，不是老师能教出来的。在学生的质疑和表达中，我得到了启发，后来我写了一篇论文《归去来兮辞——一曲归去的孤独之歌》发表在 2018 年第 28 期的《试题与研究》上，文章主要的观点还是这位学生的，但我做了些深入的探讨和研究。

还有一次讲《边城》时，有个小组对文中的一句话不太懂，在课上向我提问："落日向上游翠翠家中那一方落去，黄昏把河面装饰了一层薄雾。翠翠望到这个景致，忽然起了一个怕人的想头，她想，'假若爷爷死了？'为什么翠翠会有'假若爷爷死了'这个想法？"我当时一怔，心中并没有很好的答案。但我没有慌张，我说："我们再次回到文中来看这句话，并请这位同学读一读这一段。"在这位同学读的过程中，我的答案已渐渐形成。我从文中的情景谈起，而后通过类比，从人物关系、人物经历展开："此时正是黄昏时分，正是归家的时候，因爷爷喝醉了酒，忘记了翠翠，先回了家，而剩下翠翠在看龙船的地方等他。翠翠从未独自离开过爷爷，也未在离开家的另一个地方待过这么长的时间，翠翠此时不是害怕，而是孤独。在孤独中人总会冒出很多的想法，很多的思绪。就像人独在异乡，孤独的时候会想念家乡，就像人离开自己的心上人，在孤独的时候思念恋人。翠翠想法的不同，主要是由于她的简单而纯朴的生活经历，她从小就死了爹娘，跟爷爷相依为命，她没有接触太多的社会，太多的生活，她的生命中就只有这个与之相依为命的亲人，而这个亲人已渐渐老去。所以这种强烈的依赖感，加上此时正值黄昏时分，冒出这种想法也就自然而然，顺理成章了。"在回答同学的问题时，实际上也告诉了同学们理解一段话，一句话，甚至一个词的方法，就是不能脱离情境，不能脱离人物关系、人物经历。

"活动"推进课堂教学，"学、问、思、讲、练"其实不能割裂开来，它是一种你中有我，我中有你，相辅相成的关系，而"创设一个好情境""提出一个好问题""挖掘一个新亮点""给出一个好评价"虽然可以预设，但其实更在于课堂推进中的"意外"。在这两者的作用下，同学们课上课下有事情可做了，课堂气氛变得活跃了，有些问题也得到了解决。当然，这里面还有"读"，"读"也要贯穿在整个的课堂中，是绝对不能被忽略的。

### 三、"少教多学薄积厚发"再思考

从前上课总是按照自己设定的目标讲完一篇课文，再做做练习就结束了，从未去反思过自己的课堂教学，其结果是上了三年、六年甚至上了十几年还是备一样的课、上一样的课，不懂的地方还是没搞懂，不清楚的地方还是不清楚。"少教多学"打破了这种常规，改变了这种习惯。"少教"为学生留出了"学""思""问""练"的时间，实现了"多学"；"少教"为老师留出了"学""思""问"的时间，也实现了"多学"；这就逼着学生和老师都要"活"起来，不能死板和僵化；这就逼着学生和老师都要"动"起来，不能懒惰和懈怠。对老师来说，更要"动"起来，除了"学""思""问"还要"写"，写下教学心得，写下教学反思，完善教学设计。通过不断地"少教多学"，"学生与老师每一天都有一点进步、收获，慢慢地积累，越积越多，最后形成良性循环"，也就真正实现了"薄积厚发"。

**参考文献：**

[1] 夸美纽斯. 大教学论教学法解析 [M] . 任钟印，译. 北京：人民教育出版社，2006.

[2] 代泽斌. 流动的风景 [M] . 北京：航空工业出版社，2019.

# "少教多学"在高三语文一轮复习中的策略

贵州省铜仁第一中学　石莉艳

【摘要】语文学科是基础教育课程体系的一门重点教学科目，有自身的知识系统。在高三语文一轮复习中，学生基础必须扎实牢固，在考试中才能稳中有胜。在一轮复习的教学中应该以"少教多学薄积厚发"为教学范式，努力探寻教授各个知识点的具体策略，提高学生的学习兴趣，打开学生的解题思路，培养学生的自信心理。

【关键词】高三　少教多学　策略　核心素养

高考复习的过程中，高三语文第一轮复习是学习时间较久、复习内容较多、要求较细致的一个重要阶段。在教学中，教师不仅要注重基础知识的巩固，还要注意学生的学习兴趣。在教学中如何提高学生的学习兴趣，如何提高学生解答问题的能力，这是我们老师必须首先思考的一个问题。"少教多学薄积厚发"教学范式给高三一轮复习指明了方向。

## 一、吸引学生，提高学生的学习兴趣

"知之者不如好之者，好之者不如乐之者。"学习中有三种人：一是懂得学习的人，二是喜欢学习的人，三是乐于学习的人。兴趣是学生最好的老师。教师要在课堂教学中培养学生学习的兴趣。学生如果对所学知识感兴趣，那么他在课堂上就不会处于被动的地位，会变被动为主动，把学习当成一件乐事。当学生在快乐中学习时，他不仅能够提高学习的效率，还能够加深对知识的理解，能够在学习中得到自我肯定和自我满足。

学习有知、好、乐三层境界，教师则要让学生走入乐境之中。"少教多学薄积厚发"教学范式告诉我们要坚持以学生发展为本的教学目标，激发学生的主体学习兴趣。在一轮复习中，知识内容的讲解要有设计感，这样才能提起学生的学习兴趣。

（一）以知识点"古代诗歌鉴赏之人物形象"导入设计为例

提高学生兴趣的方法：图文猜谜法。

幻灯片展示图片（图文结合），让学生图文结合猜人物。

长嘴大耳，圆身肥肚，提一柄九齿钉耙。（猪八戒）

战袍金光闪闪，头戴金冠，手持金箍棒。（孙悟空）

罥烟眉，含情目。泪光点点，娇喘微微。（林黛玉）

三角眼，吊梢眉，唇未启、笑先闻。（王熙凤）

所选取的人物形象出自小说，"图文结合猜人物"能勾起学生的好奇心，去回忆熟知的小说，很快就进入"人物形象"这个话题。通过老师的引导，学生也明确了自己的学习目标：掌握人物形象分析的方法。

（二）以知识点"散文：理解重要句子（修辞句）的含意"导入设计为例

提高学生兴趣的方法：图文故事法。

以"龟兔赛跑"的故事原型重新设计一个"新龟兔赛跑"的故事，在故事的对白中让学生去分析掌握常用的修辞手法。

兔子和乌龟又进行了一次比赛，枪声一响，兔子像一支离弦的箭！（比喻）兔子努力奔跑，心想：难道因为一次粗心，就认为我是失败者？（反问）于是，兔子边跑边喊："小乌龟你以为爷今年还会在大石头旁睡觉吗？（拟人）兔子不轻敌！兔子不睡觉！兔子不做任何停留！"（排比）说完，它一个箭步路过了高山！（夸张）兔子心想：去年比赛，中途睡觉，失荆州。今年竞争，全程狂奔，定中原。（对偶）兔子回过头对乌龟大喊："小乌龟，这次比赛，要你知道只有来处，没有归途（龟兔）!"（双关）动物们听到兔子的话，喊道："乌龟，加油！不要给兔子机会!"（呼告）然而，兔子跑了，越来越快，越来越快，要接近终点了！（反复）在这次比赛中，长耳朵获胜了！（借代）

图文结合讲故事的方法可以吸引学生的注意力，巧妙地把各种修辞融入故事。图片故事吸引了学生，学生既听了故事，也理解了各种修辞手法的内涵。课堂生动有趣，不仅能够提高学生学习的兴趣，同时也为散文修辞句的分析打下了理论基础。

如果不以学生为学习的主体，不考虑学生的性格等方面的特点，只是为了传授知识却没有吸引学生的注意的话，那么学生在学习上将会失去学习的主体地位，更不用说提高学习的兴趣了。兴趣是最好的老师，即使是在讲解题型时，教师也是要以学生为主体，激发学生的学习兴趣。

**二、启发学生，打开学生的解题思路。**

"君子之教喻也。"《学记》一文告诉我们老师在教学过程中要去启发学生，留有余地让学生去思考。通过教师的启发，学生的思路得到打开，学生有足够的时间去思考。这样，不仅可以加深他们对知识点的印象，还可以让他们养成积极思考、用心探究、独立学习的习惯，使他们的智慧和思维得到真正的发展。

在高三一轮的复习中，讲解知识点时教师要善于启发学生，打开学生思路并鼓励学生自主分析提出问题且去尝试解决问题。

（一）以知识点"图文转换"导入设计为例

联想启发法：画作欣赏法。

展示西班牙画家主要代表毕加索的画作，画作配乐，让学生在音乐声中去欣赏毕加索的画作。互动交流，让学生说说其观感。教师总结画作风格：丰富的造型手段，即空间、色彩与线的运用和立体主义。毕加索曾言："我的每一幅画中都装有我的血，这就是我的画的含义。"让学生去想象、去联想——图画是有自己的生命和意义的，想要读懂它就要去了解去想象，在一定程度上让学生主动思考和交流。

展示荷兰画家凡·高的画作《向日葵》，学生根据自己的理解去解读向日葵的含义。学生会根据向日葵的特点及自己以往对梵高的理解去诠释其中蕴含的善良、真诚、友爱、感恩等情怀。

通过对两位作家画作的欣赏，学生明白了一个道理：要读懂图的含义，需要根据图画上的构图要素结合生活实际去联想与之相切合的图画内涵。在这个联想和想象的过程中，学生自主分析问题的能力得到提高，思路也打开了。

"少教多学"提倡教师创造性地"教"，创造性地设计教学内容和教学过程，帮助、激起、强化、优化学生的自主学习，启发学生，打开学生的解题思路。

（二）以知识点"图文转换"解题思路为例

仔细观察法：观察答案，找答题思路。

图文转换常见的四种题型是：流程图、徽标、图片、漫画。学生需掌握图文转换题目的解题步骤。图文转换题常见的提问模式是：请写出构图要素，并说明图形寓意。通常的教学法是让学生自己先做题，然后教师再讲解题，再总结答题思路，而后学生再做相应的习题。通常学生在没有示范的前提下自己先去做题，会处于茫然不知所措的状态，且描述画面的时候逻辑性不强。教师在遇到这种情况时，不妨换一种教学思路，反其道而行之。先给出题目的答案，根据答案来找答题思路，再让学生做相应的练习。这样学生在做题时就有了方向，减轻了学生对这类题型的焦虑感，增强了学生的自信心，能够帮助学生解题，让学生在做题时去优化自己的答案。

以徽标类题型为例：

题目要求：中国维和部队的标志，请写出构图要素，并说明图形寓意，要求语意简明，句子通顺，不超过 80 个字。

（1）教师展示答案。徽标由"中国维和"四个汉字，一只胸前有"中国"二字、爪子抓着一根橄榄枝、展翅翱翔的白鸽，白鸽背上的解放军军徽和地球组成。全图寓意着中国维和部队维护世界和平、地球和平的崇高使命。

（2）学生观察答案。学生在这个过程中，结合答案观察徽标，从答案中找到答题思路并进行总结。

（3）学生总结：先说构图要素，在叙述时要有一定得有逻辑顺序，一般情况是从部分到整体。再说寓意，寓意要结合构图要素，构图要素具有象征意义。

（4）教师再总结：

①读懂徽标（整体到部分）

②分析寓意（象征）

③组织语言（分步进行：先说构图要素，再说寓意）

学生从答案中找到方向后，再完成同类型的题就不会觉得困难，不会觉得丈二和尚摸不着头脑了。学生的解题思路被打开了，同时也提高了解题的兴趣，学生解题的自信心也增强了。这比给学生题目，直接让学生做题的效果要好得多。

前进不仅要有速度，也要有正确的方向，解题也是如此。解题思路正确，前方就不会迷茫，解题速度才能提高。启发学生，打开学生的解题思路是高三语文一轮复习的一个重要教学环节。

### 三、激励学生，激发学生达到"自能"的境界

"教是为了不教"，这是教育家叶圣陶的教育思想。教的目的就是不教。语文学科的核心素养对教师和学生都提出了新要求。教师着力去达到这些目标，其目的就是为了让学生能都达到"自能"的境界。要以"少教多学薄积厚发"教学范式为指导，在课堂上要激励学生积极学习、深度学习，达到独立学习的"自能"境界。

以知识点"高考作文发展等级：有文采（名句积累）"的训练为例：

有效利用课堂五分钟：

一篇优秀的高考作文不仅立意要准确，内容上也要深刻、丰富且有文采，并有创新性。

具体方法：

（1）准备经典诵读材料。以半个月为一个周期，每期内容由教师根据学生的写作情况定。可以是著作中的名句，也可以是一些富有哲理性的名言等。

（2）自主选择。诵读内容由学生根据自己的喜好来选择，诵读并识记两到三句。

（3）分享名句。选择自己最有感悟的句子来分享（时长 5 分钟）。

学生在课堂五分钟环节去分享自己自主学习的成果，展示自己的风采，既积累了名句，又在一定程度上提高了表达能力，更增强了自信。自主选择的效果比直接让学生去识记名句的效果要好得多。

学生的学习兴趣需要培养，学生的解题思路需要打开，同时学生也需要激励。激励不是单纯地表扬学生，而是要给学生一个合适的舞台和适时的展示机会，让学生在合适的舞台上得到锻炼和培养，让学生用自信的状态，达到"自能"的境界。

### 四、结语

语文是基础性比较强的一门学科，高三语文一轮复习是学生对基础知识进行全面梳理和复习的阶段。所以我们在教学的过程中要"少教多学"，让学生有学习的兴趣，让学生有解题的思路，让学生有必胜的信心。

**参考文献：**

［1］钱玄．礼记［M］．长沙：岳麓书社，2001.

［2］代泽斌．流动的风景［M］．北京：航空工业出版社，2019.

［3］郑国民，关惠文，任刚．基于学生核心素养的语文学科能力研究［M］．北京：北京师范大学出版社，2017.

# "少教多学"范式在"极值点偏移问题"教学中的应用

贵州省铜仁第一中学 王钰

【摘要】高考导数压轴题的题型百花齐放,极值点偏移问题就是其中的一种,一般来说此类题目难度较大。本文针对简单的极值点偏移问题进行教学方式的探讨,采用代泽斌老师的"少教多学薄积厚发"范式进行教学,寻找学生的最近发展区,从超越函数图象入手,发现极值点偏移问题,学会用对称化构造和对数平均值不等式解决简单的极值点偏移问题。

【关键词】少教多学 极值点偏移 对数平均值不等式 对称化构造

极值点偏移问题,常作为高考压轴题出现,想要突破这个题目并不容易,即使知道做法,也不见得能做得对,这对学生的学习方式和老师的教学方式提出了新的要求。正在笔者为这个内容的教学方式发愁时,代泽斌老师的"少教多学"范式,如同雪中送炭,给了我启发。借助代泽斌老师的"少教多学薄积厚发"范式,笔者采用"有效记忆—有效理解—有效思考—有效运用—有效创新"的模式对这一内容进行了教学设计,这节"示范课"得到了听课老师和同学们的一致好评。新课程标准要求我们要做到以学生的学为主,老师的引导为辅,贯穿数学六大核心素养。

先看一道 2016 年全国 Ⅰ 卷的题目:设 $x_1$,$x_2$ 是函数 $f(x) = (x-2)e^x + a(x-1)^2$ 的两个零点,求证:$x_1 + x_2 < 2$ 。我们知道一般压轴题题目字数越少难度越大,极值点偏移问题往往包含的知识点比较多,涉及极值的定义、零点存在性定理、导数的应用以及基本不等式。这样的问题需要我们针对学生的"最近发展区"进行教学设计,让教师"少教",学生"多学",从而达到"薄积厚发"事半功倍的效果。

### 一、"薄积厚发"——认识极值点偏移问题

在这堂课之前，需要先上一节铺垫的课。在这节先行课中，我们需要先找到学生的"最近发展区"，从一个容易的超越函数 $f(x) = \dfrac{x}{e^x}$ 的图象入手了解什么是极值点偏移问题。画这个函数的图象需要我们用导数来辅助，首先对函数 $f(x) = \dfrac{x}{e^x}$ 进行求导，可以得到函数在 $(-\infty, 1)$ 上单调递增，在 $(1, +\infty)$ 上单调递减。同学们会画出三种图象，如图1、图2和图3所示，这时我们提出疑问，这三种图象里的哪一个是正确的？此问题的提出可以引发学生的思考，引起学习兴趣。

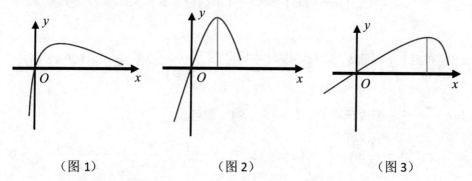

（图1）　　　　　　　　　　（图2）　　　　　　　　　　（图3）

为了验证图象的准确性，使用几何画板画出了图4。

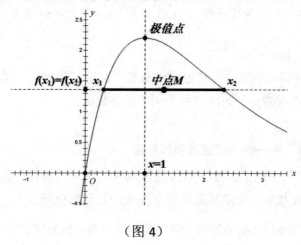

（图4）

从这4个图象来看，我们发现图2是一个轴对称图形，它的极值点和对称轴重合，没有发生偏移；图1的极值点相对于对称轴产生了左偏；图3相

对于对称轴发生了右偏；从图 4 中可以看出函数 $f(x) = \dfrac{x}{e^x}$ 发生了左偏移。这是一种感性上的认识，而数学更讲究理性认识，因此要证明极值点发生了左偏。

这类需要我们探索或者证明极值点相对于"对称轴"发生了偏移的问题，通常被叫作极值点偏移问题。探索极值点偏移问题，可以帮助我们把函数 $f(x) = \dfrac{x}{e^x}$ 的图象画得更准确。

如果学生学有余力，老师可以补充一道证明对数平均不等式的题目 $\dfrac{a-b}{\ln a - \ln b} < \dfrac{a+b}{2}$。我们利用分析法，要证 $\dfrac{a+b}{2} > \dfrac{a-b}{\ln a - \ln b}$，只需证明

$$\frac{1}{2}(\ln a - \ln b) > \frac{a-b}{a+b}(不妨设 a > b > 0)$$

右侧上下同除 $b$，即只要证明 $\dfrac{1}{2}\ln\dfrac{a}{b} > \dfrac{\dfrac{a}{b}-1}{\dfrac{a}{b}+1}$，令 $\dfrac{a}{b} = x > 1$，$f(x) = \dfrac{1}{2}$

$\ln x - \dfrac{x-1}{x+1}$，只要证明 $x > 1 \Rightarrow f(x) > 0$，即可。

$$\because f(x) = \frac{1}{2}\ln x - \frac{x-1}{x+1}(x > 1), \therefore f(x) = \frac{1}{2x} - \frac{2}{(x+1)^2} = \frac{(x-1)^2}{2x(x+1)^2} > 0$$

当 $x > 1$ 时，$f(x)$ 为增函数，$\therefore f(x) > f(1) = 0 \therefore f(x) > 0$

$\therefore \dfrac{a+b}{2} > \dfrac{a-b}{\ln a - \ln b}$ 成立。

对数平均不等式在解决高考题目中有着"化腐朽为神奇"的作用，例如 2010 年的天津卷导数题，2018 年的全国 I 卷导数题。

### 二、"少教"——解决极值点偏移问题

"少教多学"中的"少教"即启发性地教、针对性地教、创造性地教和发展性地教，在数学中更多的是体现在发现问题和解决问题上，学生需要运用所学到的数学知识去解决问题。针对我们前面提出的如何证明 $f(x) = \dfrac{x}{e^x}$ 的极值点发生左偏的问题，我们建立一个数学模型，例如函数 $f(x) = \dfrac{x}{e^x}(x \in$

$R$），如果 $x_1 \neq x_2$，且 $f(x_1) = f(x_2) = m$，证明：$x_1 + x_2 > 2$（2010 年天津卷）。

首先我们使用对数平均值不等式去证明，可以将复杂的问题简单化，证明过程如下：

已知 $f(x_1) = f(x_2)$，则有

$$\frac{x_1}{e^{x_1}} = \frac{x_2}{e^{x_2}}$$

考虑用对数平均值不等式，故两边同时取以 $e$ 为底数的对数

$$\ln x_1 - x_1 = \ln x_2 - x_2$$
$$\ln x_1 - \ln x_2 = x_1 - x_2$$

向对数不等式转化

$$1 = \frac{x_1 - x_2}{\ln x_1 - \ln x_2} < \frac{x_1 + x_2}{2}$$

$$x_1 + x_2 > 2 \quad \text{得证。}$$

使用对数平均值不等式之后，这道题就变得相对比较容易了。此时，老师继续提出问题：已知函数 $f(x) = e^x - ax(x \in R)$，有两个零点 $x_1 < x_2$，证明：$x_1 + x_2 < 2\ln a$。此时就很难有学生能看出这道题可以使用对数平均值不等式，那么我们又该怎么做呢？有没有针对这类极值点偏移问题的通法呢？

答案是，有。可以构造对称函数来解决极值点偏移问题，利用导函数画出 $f(x) = e^x - ax(x \in R)$ 的函数图象（如图 5 所示），证明过程如下：

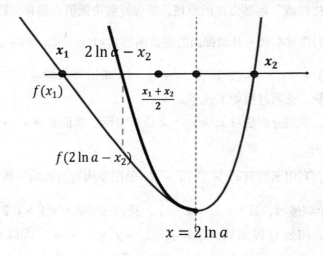

（图 5）

证明：要证明 $x_1 + x_2 < 2\ln a$ ，只需证明

$$x_1 < 2\ln a - x_2$$

已知 $x_1 < 2\ln a - x_2 < 2\ln 2$ ，所以函数 $f(x) = e^x - ax(x \in R)$ 单调递减，只需证明

$$f(x_1) > f(2\ln a - x_2)$$

又因为 $f(x_1) = f(x_2) = 0$ ，所以只需证明

$$f(x_2) > f(2\ln a - x_2)$$

所以只需证明

$$f(x_2) - f(2\ln a - x_2) > 0$$

下面我们构造函数 $F(x) = f(x) - f(2\ln a - x)$ ，其中 $x > 2\ln a$ ，只要 $F(x) > 0$ 即可。$F(x) = f(x) - f(2\ln a - x) = (e^x - a) - (e^{2\ln a - x} - a)$ ，化简可得到 $F(x) = e^x - e^{2\ln a - x}$ ，故 $F'(x) = e^x + e^{2\ln a - x} > 0$ 恒成立，那么函数 $F(x) = e^x - e^{2\ln a - x}$ 在 $x > 2\ln a$ 上单调递增，最小值在 $x = 2\ln a$ 处取到，且 $F(x) = e^x - e^{2\ln a - x}$ 的最小值等于 $0$ ，所以原式得证。

### 三、"多学"——学生学会简单的极值点偏移问题

对于这类问题，同学们第一次接触可能会比较陌生，感到困难。要想把极值点偏移问题处理好，就需要帮助学生找到最近发展区，把学生容易达到的"小目标"作为一个解题步骤，帮助学生们理解极值点偏移问题的实质，弄清"对称化构造"解题方法的原理，掌握好解决极值点偏移问题的通法。

现在我们再对本文一开始提出的超越函数 $f(x) = \dfrac{x}{e^x}(x \in R)$ ，如果 $x_1 \neq x_2$ ，且 $f(x_1) = f(x_2) = m$ ，证明：$x_1 + x_2 > 2$（2010 年天津卷）进行分析，并总结解题步骤。证明过程如下：

第一步，采用分析法对 $x_1 + x_2 > 2$ 进行变形，要证 $x_1 + x_2 > 2$ ，只需证明 $x_1 > 2 - x_2$ 。

第二步，利用函数 $f(x) = \dfrac{x}{e^x}(x \in R)$ 的图象构造对称的函数，根据函数在 $x < 1$ 上单调递增，且 $1 > x_1 > 2 - x_2$ ，我们只需证 $f(x_1) > f(2 - x_2)$ 即可。

第三步，构造对称函数。已知 $f(x_1) = f(x_2) = m$ ，所以只需要证明 $f(x_2) > f(2 - x_2)$ ，即证明 $F(x) = f(x) - f(2 - x)$ ，当 $x > 1$ 时，$F(x) > 0$ 恒成立。

第四步，证明 $F(x) > 0$ 恒成立。$F(x) = f(x) - f(2-x) = \dfrac{x}{e^x} - \dfrac{2-x}{e^{2-x}}$，

要求极值点需要先得到函数 $F(x)$ 的单调性，我们对 $F(x) = \dfrac{x}{e^x} - \dfrac{2-x}{e^{2-x}}$ 求导，

并根据导数的正负判断单调性可知，$F(x)$ 在 $(1, +\infty)$ 上单调递增，所以当 $x = 1$ 时，可以得到最小值0，但是1取不到，所以 $F(x) > 0$ 恒成立。

第五步，下结论。

把整个问题拆分成5个小步骤，让学生根据自己的最近发展区，逐步弄清楚什么是"构造对称函数解决极值点偏移问题"，为什么要进行"对称化构造"，吃透极值点偏移问题的本质。这样的教学模式才符合"少教多学"的本质，让学生在教师每一个步骤的引导下深度学习，发现自己能够"够得着"，就会产生浓厚的兴趣从而达到积极学习的目的，最终让学生能够根据自己的"最近发展区"掌握"少教多学"的范式，学会自己独立学习。

最后让学生独立思考如何解决2016年全国I卷的高考题：设 $x_1$，$x_2$ 是函数 $f(x) = (x-2)e^x + a(x-1)^2$ 的两个零点，求证：$x_1 + x_2 < 2$。

### 四、教学反思——"少教多学"范式在本堂课中的重要应用

"少教多学薄积厚发"范式对老师提出了更高的要求，要求教师对教学内容根据学情取舍，学生在教师的引导下多思考多行动，教与学和谐共生，教学相长。依据人的认知规律，由浅入深，由形象到具体，由知识到智慧，由运用到创新。其路径是"有效记忆—有效理解—有效思考—有效应用—有效创新"，"前四者"是低阶思维低阶能力，而"创新"是高阶思维能力。

有效记忆是学生学科素养形成的奠基石，有效理解是在记忆的基础上理解记住的知识。本堂课中需要记忆的知识点是大量存在的，而且记忆需要理解地记忆。本节课的最基础的一个知识点，"导数的正负能判断原函数的单调性"便是如此。这个知识点是需要有效记忆的，但如果只是机械地记忆这句话，学生会记不住，因为这句话需要学生理解导数本质（即函数切线的斜率），即使记住了，也不会运用。数学中大多数知识点是需要理解与记忆相辅相成的，比如本次教学中核心问题的极值点偏移问题，我们在解决了这一问题之后，学生就形成了极值点偏移问题的概念，也就形成了有效记忆，再结合函数图象去理解，这样学生以后在画超越函数图象时便能够把极值点偏移考虑进去，这就形成了有效理解。

同样在通过数形结合理解了极值点偏移之后，我们就记住了这一概念，下一步便是有效思考了。我们对第一次所画图形进行思考，先是发现作图并不准确这一问题，从发现的问题中再次思考，作图不准确的原因，从而发现了极值点偏移问题。最后我们利用几何画板这一工具验证了函数 $f(x) = \dfrac{x}{e^x}$ 确实存在极值点偏移现象，用对数平均值不等式和对称化构造的方式解决了极值点偏移问题。一开始发现大部分学生所画的图是不够准确的，这是因为还没有形成极值点偏移的概念，这节课之后，我相信绝大部分同学在画超越函数图象的时候，一定能够注意到函数图象的极值点是否发生偏移，并针对极值点相对于对称轴发生左偏移还是右偏移进行思考，运用已学到的知识点解决新问题。

这就是下一个层次有效运用。有效运用在本次教学中，可以狭义地理解为证明极值点偏移问题。这类问题对学生的要求更高了，我们要将前面的记忆、理解和思考转化为运用。第一次证明极值点偏移问题，难度很大，所以帮助学生找到他们的最能近发展区，将复杂的问题分成 5 个小步骤。以后逐步理解吃透本质，以后在遇到类似的超越函数图象问题的时候，就可以独立地去解决图象的极值点偏移问题。

最后一个层次是有效创新。创新要求在现有的思路和知识上，提出新的见解和思路。像我们的极值点偏移问题，就可以产生题目的创新和解法的创新。数学中常用的一题多解，就是解题方法的创新，构造对称函数法是解决极值点偏移问题的通法，但是对于有些题目，我们采用对数平均不等式的方式，可以"化腐朽为神奇"，让复杂的极值点偏移问题变得简单易懂。比如我们对对数平均值不等式的证明，除了用换元法证明，还可以用反比例函数的定积分来证明。同样，题目也可以创新，已知函数 $f(x) = x\ln x (x \in R)$ 的图象与 $y = m$ 相交于不同的两点 $(x_1, y_1), (x_2, y_2)$，证明：$x_1 x_2 < \dfrac{1}{e^2}$。除了极值点偏移以外，还有拐点偏移问题，只要吃透本质，这类题目都会迎刃而解的。

**参考文献：**

[1] 代泽斌. 流动的风景 [M]. 北京：航空工业出版社，2019.

[2] 代泽斌. 利用"最近发展区理论"让潜力变成实力 [J]. 基础教育参考，2016（20）：26 - 27.

# "少教多学薄积厚发"教学范式
# 在议论文写评改教学中的运用
## ——以 2019 年、2020 年全国Ⅲ卷作文为例

贵州省铜仁市第二中学 瞿瑜

【摘要】"少教多学"并非新潮的教学思想，它可以追溯到很久远的年代。"少教"即启发性地教、针对性地教、创造性地教和发展性地教；"多学"，指学生在教师的引导下走向深度学习、积极学习、独立学习。而"'少教多学薄积厚发'教学范式"则是在"少教多学"教学模式的基础上，强调知识需要慢慢积累，在关键时刻喷薄而出。该范式不仅运用于常规课文教学中，在作文写评改教学中也发挥着积极的作用。

【关键词】少教多学 薄积厚发 作文写评改 成果展示

2013 年，我成为一名语文老师。初入教坛，恨不能将所有知识倾注学生身上，这或许是所有年轻教师的通病。后来有幸了解到"少教多学薄积厚发"教学范式，在范式的影响下，慢慢将课堂还给了学生，让学生成为课堂的主体。在"少教"的过程中，既发挥了学生的主观能动性，也适当释放了教师的压力，减轻了教师肩上的负担。高考作文分值为 60 分，占据语文的小半壁江山，其重要性不言而喻。因此，怎样将"少教多学薄积厚发"教学范式在作文写评改教学中巧妙运用，值得我们深思和探究。

## 一、"少教多学薄积厚发"教学范式在作文写评改活动中运用的理论依据

"少教多学薄积厚发"教学范式的路径是"有效记忆—有效理解—有效思考—有效运用—有效创新"。即在教师的主导下，以学生为主体，将每一个步

骤运用于作文写评改活动中，通过作文分数的呈现与学生课后反馈两种形式，对比两个实验对象所取得的成果，然后得出结论。

### 二、"少教多学薄积厚发"教学范式在作文写评改活动中运用的具体内容

（一）实验对象

我任教的高三（12）班与高三（24）班是本年级一类班级，语文基础与语文素养都较好，月考平均分、优良率、及格率基本持平，故将两个班级作为实验对象比较具有参考价值。本次实验作文以2019年、2020年全国Ⅲ卷作文为例，高三（12）班使用"少教多学薄积厚发"教学范式对作文进行写评改指导，而高三（24）班使用传统模式教学，两个班完成修改后将作文誊抄好并重新打分，再将实验成果公布，进而优选出更适合学生，更能激发学生潜力，并将潜力转化为实力的教学方式。

（二）方法步骤

2019年全国Ⅲ卷作文一反常态，作文试题选取一则漫画，通过特定情景引入。漫画中学生坐在教室里认真看书，老师站在教室里看学生，这是老师和学生的最后一堂课，漫画中还有一段由老师之口说出的文字："你们再看看书，我再看看你们。"2020年全国Ⅲ卷作文则是以高三毕业生的身份给高一新生写信的形式进行写作。

高三（24）班采用传统教学模式，由教师指导学生制定写作思路后，再让学生动笔写作，最后将学生已经写好的作文进行评分并修改。高三（12）班则使用"少教多学薄积厚发"教学范式对作文进行写评改指导，具体方法如下：

第一步：将学生分成八个小组，每组八名成员，八名成员中，选出一名成员担任作文写评改组长，由写评改组长负责安排任务：①全组成员共同讨论，制定出作文写作思路，再把高一至高三每周积累的素材融入作文进行写作，也就是"少教多学薄积厚发"的教学范式的有效记忆和有效理解；②作文完成上交后，写评改小组再制定出评改标准和评改方案。作文评改标准可以通过小组讨论的形式，在高考作文评分标准的基础上有适当创新，但不能偏离高考作文评分标准；③学生从作文标题、作文字数、作文内容、作文文采、作文结构、作文书写等六个板块对本班学生作文进行评分和修改，每个板块10分，总分60分。这是"少教多学薄积厚发"的教学范式的有效思考

和有效运用。

第二步：将本班作文按每组八份随机分发给各组组长，评改形式为每篇作文必须有三个学生严格按照作文评分标准评分并修改，最后求取平均分才为有效分数。

第三步：各组组长将作文评改情况登记在作文评改纸上，并选出一名代表对本组评改情况进行全班分享。

第四步：本班学生拿到作文评改结果后，将评改后的作文进行再次创作，并誊抄在作文纸上。这是"少教多学薄积厚发"的教学范式的有效运用和有效创新。

第五步：教师将高三（12）班与高三（24）班的作文再次打分，最后将打分结果统计出来，并算出平均分与优良率。

（三）效果方面

第一次作文训练后，学生的作文分数如下：

| 班级 | 修改前各部分平均分 | | | | | | | 修改后 |
|------|------|------|------|------|------|------|------|------|
| 高三（24）班 | 46.4 | | | | | | | 47.1 |
| 高三（12）班 | 作文标题 | 作文内容 | 作文结构 | 作文文采 | 作文字数 | 作文书写 | 总分 | 45.8 |
| | 6.6 | 8.0 | 7.0 | 7.1 | 9.1 | 7.1 | 44.9 | |

第二次作文训练后，学生的作文分数如下：

| 班级 | 修改前各部分平均分 | | | | | | | 修改后 |
|------|------|------|------|------|------|------|------|------|
| 高三（24）班 | 45.7 | | | | | | | 46.8 |
| 高三（12）班 | 作文标题 | 作文内容 | 作文结构 | 作文文采 | 作文字数 | 作文书写 | 总分 | 49.2 |
| | 7.6 | 7.8 | 7.9 | 7.5 | 10 | 7.3 | 48.1 | |

第一次作文训练后发现传统模式指导写作分数要明显高于使用"少教多学薄积厚发"的教学范式指导的写作分数，面对此结果我也产生过困惑，是否传统教学模式更适合学生呢？但认真分析后，发现分数不尽如人意的原因是"少教多学薄积厚发"的教学范式下的作文评改方式更加精细化，故每个

部分相对于教师宏观评分更为严苛。有了第一次的经验，第二次作文训练时，学生轻车熟路，最后作文呈现了一个可喜的分数。实践证明："少教多学薄积厚发"的教学范式在议论文写评改教学中的作用是值得肯定的。

除了分数上的提升，我发现"少教多学薄积厚发"教学范式下的作文课，学生积极性更强，参与度更高，尤其是作文修改环节，学生不仅将作文里出现的错字、语病甚至标点符号进行了修改，还在评语上写出了对作文的有效建议。

在两次作文训练过程中，高三（12）班的何家乐同学表现优异，他在高一、高二时，语文成绩一直在及格边缘徘徊，尤其是作文，从未达到45分，而在这两次作文训练中，他主动承担作文写评改组长的任务，第一次的作文分为45分，第二次为49分。高三（12）班的雷彬同学其他学科都很突出，但年级排名却不占优势，究其原因是他的语文成绩一直处于中等水平，这两次作文训练使他的作文分数有了较大提升，在高三一模考试中，他的作文56分，总分134分，语文单科年级第一，总分621分，成功跻身年级前十。

### 三、成果反思

这个世界唯一不变的是"变"，我们的教学理念要变，我们的教学方法更要变，打破传统已经势在必行，否则我们的教育教学将陷入沼泽，成为一潭死水。作为一名年轻教师，总会犯一些教学错误，例如害怕学生学得太少，因此总是滔滔不绝，恨不能将所有知识灌输给学生，殊不知我们的"满堂灌"只是让老师心安罢了，学生却倍感"心烦"；害怕学生课堂跑偏，因此总是试图把控整节课堂，老师的"强势"导致的结果却是学生在语文课上兴趣渐失，本来最有趣的课堂变成了最无趣的课堂。"少教多学薄积厚发"教学范式不仅在作文写评改教学中作用显著，在其他教学活动中也发挥着积极的作用。怎样使这种模式更好地运用于教学中，以下是我的一点感悟。

（一）大胆打破传统教学模式，辩证看待"少教多学薄积厚发"教学范式

传统教学"满堂灌"固化模式下，学生并未如教师预期中一样取得优良的成绩，可见这种教学方式必须改变，但改变不意味着全盘否定，有些值得保留的精髓依然要在当前课堂中体现。比如语文教学中的高中必背篇目，需要教师监督背诵，时常默写，亲力亲为，才能在高考中拿满6分。"少教多学

薄积厚发"教学范式在语文教学中的作用确实显著，但我们也要根据学情适当取舍，灵活调整教学方法。

（二）新事物发挥作用具有一定滞后性，不要因为一次失败就急于否定其合理性，可能是理念理解不对或方法掌握不佳

正如两次作文训练，第一次并未取得预期效果，第二次训练后，效果才显现出来，那第一次的作文训练是徒劳的吗？显然不是，正是因为第一次的大胆尝试和经验积累，才有了第二次成功的可能，这也印证了"薄积厚发"的教学理念。因此，给新事物足够成熟的时间，同时也是给自己一个自我解放的机会，多次试验后还能存活，就说明新事物有强大生命力。

（三）"少教多学"不意味着"不教"

课堂上我们老师解放了，但课下我们依然需要好好备课，才能在以学生为主体的课堂中发挥老师作为主导的作用，如果完全放手给学生，教师的参与度小，那么教师在课堂上的存在感就不复存在了，教师的价值又体现在哪里呢？教师必须认真备课，才能游刃有余地指导课堂并应对课堂出现的各种教学突发事件。

教学方式是每位站上讲台的教师需要研究的永恒课题，这也意味着我们作为传道授业解惑的人，必须树立终身学习的理念。要想给学生一碗水，自己要有一桶水，这就需要我们有广博的知识，专业的教学技能，和对于教育事业的一份情怀，少了任何一种，教育教学工作都开展不起来。因此，我们要抓住每一次成长的机会，多去聆听优秀前辈的精彩讲座，蓄积自身力量，快速成长，也要多去倾听后辈诚恳的建议，经常给自己注入新鲜血液。更要时刻反思自己，切不可在教学活动中犯经验主义毛病，而应始终如一谦卑谨慎地守护那颗从教初心，积极应对教育教学改革，时时更新教学理念和方法。借屈子的话勉励自己：路漫漫其修远兮，吾将上下而求索。

**参考文献：**

［1］代泽斌. 提升语文素养是实现"少教多学"的有效路径［J］. 基础教育参考，2015（12）：40－43.

# "少教多学薄积厚发"教学范式
# 在三角函数的深度学习中的运用

贵州省铜仁第一中学　吴圮

【摘要】"少教多学薄积厚发"教学范式由全国教学名师、贵州省高中语文名师工作室主持人代泽斌于 2014 年通过实践提炼出来，2015 年起该范式得到实践并推广。该范式即教师对教学内容根据学情取舍、学生在老师的主导下多学多思多行动，教与学和谐共生，教学相长，学生学习习惯和效果正向发展。核心素养是最受教育界关注的焦点，教师以核心素养为基础来进行教学，目的是提升学生的学科素养。教师在进行数学教学时，需要注重时效性，可以把"深度学习"作为教学策略，让学生更好地融入课堂。深度学习是"少教多学薄积厚发"教学范式的升华。

【关键词】少教多学　薄积厚发　核心素养　数学学科　深度学习　运用

## 一、学习背景

"少教多学薄积厚发"教学范式由全国教学名师、贵州省高中语文名师工作室主持人代泽斌于 2014 年通过实践提炼出来，2015 年起该范式得到实践并推广。该范式即教师对教学内容根据学情取舍、学生在老师的主导下多学多思多行动，教与学和谐共生，教学相长，学生学习习惯和效果正向发展。核心素养是最受教育界关注的焦点，教师以核心素养为基础来进行教学，目的是提升学生的学科素养。教师在进行数学教学时，需要注重时效性，可以把"深度学习"作为教学策略，让学生更好地融入课堂。在践行核心素养教育理念的基础上，教育工作者应当以科学严谨的态度与发展的眼光进行教案设计，在每一次教学过程中，都能给同学们开拓不一样的数学核心素养空间。

三角函数属于基础初等函数之一，是初、高中数学的主要学习内容之一。三角函数的覆盖范围较广，思维认证方式也十分丰富。在三角函数学习过程中，可以融入核心素养教育进行三角函数的深入学习，以提高学生的学习能力与思维创新能力。

### 二、案例描述

三角函数的内容十分广泛，下面仅围绕函数的奇偶性来进行分析与研究。函数的奇偶性是函数的一个特殊形式，掌握函数奇偶性可以提高学生的思考理解能力、研究创新能力，因此它在数学中有着极高的地位。

首先，教师进行教学目标的设计：①让学生们熟练掌握三角函数的含义与运用；②增强同学们的团队意识，养成合作学习的好习惯。

然后，教师进行教学计划的整理：①奇偶函数的图象特征与性质的研究；②对称中心与对称轴的研究。

最后，在核心素养的基础上，带动学生进行三角函数中奇偶性的深度学习。

案例1：进行奇偶函数的图象特点与性质研究。

师：奇函数和偶函数的图象特点是什么？我们首先对黑板上两张麦当劳的图形进行观察分析。能不能找出其特点呢？大家可以进行分组讨论。

5分钟后。

学生：图A是两边对称图形，图B是$y$轴对称。

师：数学中的对称美由此体现，那么$y = 3x$与$y = x^2 + 2$的图象的特点是什么呢？

学生：奇函数$y = 3x$的图象是一条过原点的直线，而且是以原点为中心的对称图形；偶函数$y = x^2 + 2$的是抛物线，顶点是（0，2），开口向上，关于$y$轴对称。

师：没错，那么$y = 4x$与$y = x^2$的图象有没有相似之处呢？

学生：$y = 4x$的图形同样是以原点为中心的对称图象，而$y = x^2$则是关于$y$轴对称。

师：那我们是否可以得出以下结论：对称图形中，中心是原点的图形是奇函数；而偶函数则是关于$y$轴对称。

学生点头，表示认同。

师：现在我们已经知道了奇偶函数各自图象的特征了，那么你们是否可以画出函数 $y = \dfrac{3}{x^2}$ 的图象呢？

学生 A：可以用描点法。

教师让学生 A 来到讲台上，利用描点法将图象画了出来，并且对称的画出另外的部分。

案例 2：对称中心与对称轴的研究。

教师：我们之前已经学习了正余弦函数周期性、定义域与奇偶性等知识学习，那么大家可以与函数图象相结合，再看看是否还有别的特点。首先，我们看正弦函数。

学生 A：正弦函数图象关于原点对称，所以是奇函数。

学生 B：正弦函数关于直线 $x = \dfrac{\pi}{2}$ 对称。

学生 C：正弦函数也是周期函数，所以 $y = \sin x$，是关于直线 $x = -\dfrac{3\pi}{2}$，

$x = \dfrac{\pi}{2}, x = \dfrac{5\pi}{2}, x = \dfrac{7\pi}{2}$ ……的对称，还是关于 $(-2\pi, 0)$，$(0, 0)$，$(2\pi,$

$0)$，$(4\pi, 0)$ ……的对称，而且它们都相差 $2\pi$ 的倍数。

学生 D：我认为是关于直线 $x = -\dfrac{\pi}{2}, x = \dfrac{\pi}{2}, x = \dfrac{3\pi}{2}, x = \dfrac{5\pi}{2}$ ……的对称，

还有关于 $(-\pi, 0)$，$(0, 0)$，$(\pi, 0)$，$(2\pi, 0)$ ……的对称，它们都相差 $\pi$ 的倍数。

师：说的很对。那接下来我们来分析余弦函数的对称轴与对称中心。首先，谁能找到 $y = \sin 2x$ 的对称中心与对称轴？

大家各自进行分组讨论之后。

学生 E：与函数图象相结合，可以看出其的对称中心是 $(-\dfrac{\pi}{2}, 0)$，$(0,$

$0)$，$(\dfrac{\pi}{2}, 0)$，$(\pi, 0)$ ……，而 $x = -\dfrac{\pi}{4}, x = \dfrac{\pi}{4}, x = \dfrac{3\pi}{4}$ ……是其对称轴。

师：那么 $y = \sin(2x + \dfrac{\pi}{2})$ 呢？

学生 F：利用五点法来进行函数图象的绘制，二者之间的相同点是对称中心和对称轴，其对称中心是 $(-\dfrac{\pi}{4}, 0)$，$(\dfrac{\pi}{4}, 0)$，$(-\dfrac{3\pi}{4}, 0)$ ……而对称

轴则是 $x = -\dfrac{\pi}{2}$，$x = 0$，$x = \dfrac{\pi}{2}$ ……

师：大家都说的非常好，还有什么其他发现吗？

学生 G：老师，我们小组也找到规律了，图象与轴交会的那一点就是对称中心，而函数最大值和最小值的变量取值就是对称轴。

师：同学们今天都说的非常好，在大家共同讨论交流下大部分同学已经完全掌握了三角函数的内容，希望大家可以在课后多多巩固与拓展。

### 三、案例分析

上课时，学习主体是学生，教育主导是教师，而教材则是学习的依据，教师需要牢记这个原则进行教学设计。上课时，老师通过一些小问题来激发学生的上课兴趣，并鼓励学生积极踊跃参加实践活动；当遇到问题时，要教育学生不放弃不逃避，而是在教师的引导之下，与同学合作解决问题。这样可以展现"少教多学薄积厚发"，从而引向深度学习。

例如上述案例，教师利用"少教多学薄积厚发"教学范式的形式来促成学生三角函数中奇偶性的深度学习，轻松有趣的课堂氛围提高了学生的深度学习的积极性，学生在学习过程中不仅收获了知识，而且对奇偶函数有了更深刻的理解与研究。在学习时，学生团结合作，互相交流，在完成教师制订的学习计划外，还完善了自身核心素质的培养。

### 四、案例反思

在上课过程中，要实现"少教多学薄积厚发"，教师要时刻关注学生学习习惯和能力的培养。

首先，要让学生带着思考进行阅读，制定好阅读目标与阅读量，不过分追求时长与阅读数量，要根据学生的实际情况进行阅读，以求达到最好的阅读效果，完善教学目的。

其次，教师需要带领学生进行学习上的沟通与交流，课堂中轻松活跃的交流可以解决学习中遇到的难题，提高学生的合作能力、探知能力与表达能力。

数学探究性极强，教师要注重学生学习的过程，这个过程充满了不稳定因素，就算教师的教学计划准备得再充分，在上课过程中也会出现一点小问题。在这个时候，教师需要有灵活的应对能力来进行问题的处理，最后教师应当对学生的思维活动给予正向、积极的评价。

相比死记硬背的传统教学模式，教师应当紧跟时代发展，运用"少教多学薄积厚发"教学范式教学，在学习的过程中激发学生的创新意识与学习意识，培养学生的创新精神与实践能力，若是将传统教学模式中的精华提取出来与探究式教学相结合，必定会带来事半功倍的效果。

（注：本文属于全国教育科学"十三五"规划 2020 年度教育部重点课题"基于核心素养下的高中数学深度学习案例研究"正在研究的子课题之一。总课题负责人：铜仁市教育局教科所长唐文建。）

**参考文献：**

［1］代泽斌 . 流动的风景 ［M］. 北京：航空工业出版社，2019.

［2］叶志娟 . 基于数学抽象素养的高中数学深度学习——高中生数学抽象素养培养策略的行动研究 ［J］. 高考，2017（12）：120 - 121.

［3］鲍海起 . 基于深度学习的合作达标教学策略研究 ［J］. 现代教育，2017（05）：38 - 40.

［4］汪园娣 . 基于数学核心素养的深度学习实践初探——以"函数的零点"教学为例 ［J］. 上海中学数学，2018（Z2）：12 - 15，55.

［5］蒋安娜，唐恒钧 . 数学深度学习：内涵、实践模式与展望——基于文献的分析 ［J］. 中学数学杂志，2018（01）：1 - 4.

［6］丁小红 . 把握深度学习本义，促进核心素养培育——以高中数学学科教学为例 ［J］. 数学教学通讯，2018，670（33）：5 - 6.

［7］黄祥勇 . 数学核心素养导向下的深度教学 ［J］. 数学通报，2018，57（07）：29 - 32，63.

# "少教多学"在"电流的测量"教学中的应用

贵州省铜仁学院附中 王桂红

【摘要】"少教多学"就是采用针对性、创造性及启发性的教学方法引导学生自主独立、积极地学习。本文主要介绍了在贵州省代泽斌智库专家混合式研修工作坊研发的"少教多学"教育教学理论引领下,初二物理电流的测量的教学,推出初二物理电流测量的"少教多学"教学范式模式,并结合笔者的教学实践,详细讨论了"少教多学"引领下的电流的测量教学的具体操作方法。

【关键词】少教多学 电流的测量的教学 合作探究

要在教学中取得好的教学效果,就必须根据教学大纲的要求,掌握好教材,吃透教材,最重要的是按照每堂课的教学内容本身的逻辑性,设计好便于学生展开思维的教学模式,然后用学生容易接受的语言进行授课。但长期以来,人们习惯于把教学理论理解为:以教为基础,先教后学,教师教多少,学生就学多少,教师怎么教,学生就怎样学。这种教学模式留下了一系列的顽疾。"教"控制"学","学"无条件地服从"教","教学"由共同体变成单一体。学生的自主性、独创性缺失,学生的逻辑思维能力、创新能力逐渐减弱。而"少教多学"这种教学方法,打破了传统的教学模式,真正做到了从学生的角度出发,以学生为教学主体。

## 一、对"少教多学"的理解

"少教多学"就是采用针对性、创造性及启发性的教学方法引导学生自主独立、积极地学习。教师在教学中要善于启发学生打开他们的思路,留给学生思考的空间,培养学生的学习、观察、思考、记忆、创新思维、分析与逻辑思维的综合能力。

"少教"并不是少教学或者不教学，让学生自己掌握，而是教师要做到以下几点：

（1）唤醒地"教"，教师必须唤醒学生的主观能动性，激发学生的潜能，使学生自主学习，自主探究、解决问题。

（2）有目的性地"教"，教师要基于学生的发展目的因材施教，进行差异化的教学。

（3）创新性地"教"，教师的教学方法与内容要与时俱进甚至超时俱进，激励学生创新学习，具备创新素养和能力。

（4）顺势而"教"，教师要根据学生的"最近发展区"，让学生的"潜力变成实力"，达到学生的愿景。

而多"学"则有以下几个特点：

（1）"积极学习"，即学生全身心地参与学习、探究问题、解决问题，并在生活实践中运用所学内容，使学习变成发自内心的活动。

（2）"深度学习"，即学生积极地探究、反思和创造，而不是反复记忆，能够批判性地学习知识，并将它们融入原有的认知结构中，能够在众多的知识间进行联系，并能够将已有的知识迁移到新的情境中解决问题。

（3）"独立学习"，即学生在学习过程中逐步摆脱对教师的依赖，自主选择、自主思考、自主领悟。

## 二、"少教多学"在电流的测量课堂中的应用

### （一）利用"少教多学"创设情景，将抽象知识生活化

电流这个概念比较抽象，并且是看不见摸不着，但真实存在的。虽然每家每户天天都用到电流，但学生并不理解，所以我们要把这节课的内容拉近学生的生活。本节课我利用了多媒体展示图片，用长江后浪推前浪、溪水涓涓的不同水流的强弱，来类比电流也有强弱之分。然后用生活中的闪电和路旁的路灯谁亮、原因是什么这些问题来启发学生，让学生思考。学生会想到是电流的强弱不同所致，然后用实验展示，灯泡在两节干电池和三节干电池的电路中亮度不同。这里采用唤醒式教学方法，培养学生用科学眼光来观察周围事物的兴趣，从而分析出灯泡的亮度不同是因为通过灯泡的电流不同，由此引出电流的强弱的这一物理意义，将电流这一抽象的概念生活化。

（二）激发学生的兴趣，让学生参与知识形成的过程，培养学生的探究能力和动手能力

电流表的使用是本节课的重点，也是难点，而电流表的连接也是学生们不太容易掌握的。如果教师按照传统的教育模式，即以教"一二三"的知识或"四五六"的技术为任务，学生学习的积极性、主动性、创新性就完全被磨灭了，学生就失去了学电流的兴趣。因此我让学生自己阅读，找到电流表的正确连接方法，然后找一个学生上来连接，让其余学生在下面连，等上来连的同学连完后，让学生们指出，这个学生连对的地方和连接时出现的问题。在这里充分体现了老师只是启发性地教，学生摆脱了对老师的依赖，自主思考、自主领悟，激发了探究的兴趣，满足了探究欲望，培养了探究精神。学生自己动手实验，自己判断正确与否，知识掌握更为牢固。

（三）给学生充分的自主思考的平台，发散学生的逻辑思维

"少教多学"的宗旨是教师在教学中只起引导作用，学生的学占主导地位，从而让学生在课堂收获最大的学习成效，教师不是捆绑学生的思想，而是解放学生的思想。因此，物理老师应将课堂上的主动权交给学生，利用多样化的教学手段，给学生一个自主思考的平台，让学生的逻辑思维得到充分发展。

我在电流的测量这堂课的教学中一直都只是起引导作用。第一处是情景引入中通过比较灯泡的亮度，让学生自己思考亮度不同的原因，并理解电流有强弱之分；第二处在电流表的使用和连接中，我让学生自己连接自己分析，在同学们分析完之后稍加指点，使学生们学会怎样正确连接和使用电流表，并记忆深刻；第三处是我给出几个实物图和电路图，让学生思考并判断电路连接是否正确，解决学生对电流识别不清的问题；第四处是提出怎样判断电流表的测量对象，用什么方法最简单并且时不会出错，学生们讨论思考，并且说出不同的方法，我加以归纳，让学生以后在判断电流表的测量对象时不会出错。如此一来，学生学会了独立思考、解决问题，达到了学生"多学"的目的，教师只引导，只帮助，达到了教师"少教"的目的。

总之，要搞好教学，必须上好每一节课。物理教师要运用"少教多学"的模式，激发学生学习的兴趣，调动学生参与学习活动的积极性和主动性，激发学生创新的欲望，增强学生的创新能力和逻辑思维能力。老师在学生

学习的过程中只起辅助引导作用，从而打造一个师生共学、共赢的有效课堂。

**参考文献：**

［1］代泽斌. 风景中的我们［M］. 北京：中国书籍出版社，2017.

［2］代泽斌. 流动的风景［M］. 北京：航空工业出版社，2019.

# 因材施教　初见成效

## ——"少教多学"范式下的教与学实践

贵州省铜仁市第八中学　肖庆林

【摘要】"少教多学"是一种教与学的理念，也是对"因材施教"的继承和发展。在学生中特别是在"困难学生"中运用并开展教育教学，引导他们学习，获得了不错的效果，为学生的长足发展和老师的专业成长带来了很大的进步。

【关键词】因材施教　少教多学　困难学生　教与学

新课程理念的不断推进与发展，引发了课堂教学的必然变革，也给老师的"教"和学生的"学"提出了新的课题。虽是新课题，但也是继承发展以及推陈出新，我们在几千年前至圣先师孔子那里找到了答案，他提出和践行的"有教无类、因材施教、教学相长"的思想促进了中华民族的不断发展乃至世界教育的进步。

"因材施教"这条至理名言给了我很大的思想启发，我在教育、教学、管理中如实践行，并取得了很好的效果。

### 沧海茫茫向天望

我从教 10 多年，从乡镇到区县，从农村到城市，可以说什么环境、什么班级、什么层次的学生都教过了，谈不上什么经验理论，但也有一些触动。教了很多届的"后进生"，我得到极大锻炼，在这个过程中我可以很好地进行教学反思。"学然后知不足，教然后知困"，我在教育教学工作中真正体会了什么是"因材施教"。2018 届高三（15）班是一个很好的例子。我从高二开始接管这帮孩子，当我第一次走进教室时，就迎来了雷鸣般的掌声、口哨声以及敲桌子的声音，我心中感觉有点不妙，那掌声中带着几分调侃，哨声中含有几分不屑，敲桌声更是一种无礼，我故作镇静笑脸相迎，点头敬礼，双手示意学生坐下。我对该班学生的总体印象就是"脏、乱、差"：卫生脏，天天被扣分；寝室乱，不想进去；学习差，没有一个有升学的希望。我开始陷入绝望的境地，我还有一个幼稚的想法，怎么老是让我来接这种班级呢？而且是中途来接这种班级，我很郁闷，但后来我明白了这是学校对我的信任，是领导在有意地锻炼和栽培我。于是我向老教师请教，向名家看齐，向书本学习。领导也给我做工作说："你如果把这种班级带好了，你就是高水平的人了，也才能体现出你的能力。"我也想通了，学生也是人，要把他们当人看，人做好了事情就做好了，我的工作也做好了，我想我虽没有立下军令状，但我却要有"横刀立马、开弓离弦"的勇气和魄力，只许成功，不许失败，一旦失败，全部失败。面对学生抽烟、谈恋爱、上课睡觉诸多问题，我没有责骂、没有叫家长、没有上报学校……从绝望到有望再到希望，我没有柏拉图那"我是谁，我从哪里来，我到哪里去？"的深邃哲理，没有钱学森那"中国什么时候能培养出建设创新型国家急需的创新型杰出人才？何时能培养出国际大师？为啥中国没有一流大学？"的责任担当，但我会在"培养什么人、为谁培养人、怎么培养人"的育人理念下开展工作，我思考出了：我必须去办，我按目标办，我要怎么办。

## 我以我血荐轩辕

我在接下来的日子里积极展开了"问题策略的分析"，我在想：他们为什么会常常把科任老师气哭，会把班主任"炒鱿鱼"，会和领导"藏猫猫"。这些问题一直等着我去解决。最后我通过调查研究发现一些蛛丝马迹，他们成绩差是因为晚上聊天、玩手机，他们上课睡觉是觉得升学无望，他们卫生差是因为对生活没有激情和信心……据此我制订了"班级管理中如何提高主观自我管理和客观监督管理"策略并进行了校本课题研究。班级管理中要增强学生的自我管理能力，就必须明确班级的理念和奋斗目标中，让学生把自己的奋斗目标融入本班大的奋斗目标和理念中，让学生拥有正确的理念，充满人生的希望，制定合适的目标，然后实行目标管理，要做到时时、事事、处处都必须有目标。如我的班级理念是"德、智、体"三个字，这三个字有着丰富的内涵，也是我们国家的教育方针。首先是"德"字，具体阐释为"立人先立德，德为天下先，要有公德心，三思而后行，知行合一"。其次是"智"字，具体阐释为"知日学习，循序渐进"。再次是"体"字，具体阐释为"身体是革命的本钱，身体力行"。这三个字的班级理念，我请了我的师长、铜仁市书协的卢勐老师题字，装裱挂于教室，让学生铭记和践行。我把班级的目标归纳为"三心三生，立功立人"。首先是"三心"，具体阐释为"对长辈要有孝敬之心、对同伴要有敬畏之心、对自己要有责任之心"。其次是"三生"，具体阐释为"生命要自尊、生活要自理、学生要自强"。再次是"立功"，具体阐释为"要努力学习建功立业，实现自己的价值，有意义的活着"。最后是"立人"具体阐释为"要成为一个人格完善、正常的社会人"。为了进一步加深学生对理念的认识和目标的明确，我还根据新出台的中学生守则编写了新的"弟子规"，来不断地熏陶和影响学生，具体内容如下：

### 新编弟子规

#### 思想

人立天地精气神，爱党爱国爱人民，道义法律和规矩，理想信念莫空行，
计划想法必完成，多思大义平和仁，自信踏实写青春，积极主动乃完人。

#### 生命

珍惜生活爱生命，勤俭节约护家园，讲究卫生重仪表，文明进餐静集会，
按时作息好精神，防火防电避意外，吃穿不挑好身体，自强自律健身心，

#### 学习

好学多思肯钻研，听说读写好习惯，按时完成要预习，静思合作需坚持，
掌握方法见效率，预习复习重积累，虚心请教助他人，总结反思行成文。

#### 人事

良好习惯靠养成，尽职守则担义务，你好谢谢对不起，出门进屋告长辈，
和谐称赞争荣誉，莫畏艰难勇攀登，规矩准绳常对照，修身齐家治天下。

一个班级有了这样的理念、目标和文化熏陶，学生就能够结合自己的实际情况制定适合自己的目标。以班级目标为总纲，以学生个人目标为子目标，同学们在人生之路上，只有拥有自己的理想，制定可行的计划，坚持实际的行动，不断地反思总结，才有可能实现人生理想，有意义地活着。理念再先进，目标再宏伟，文化再高雅，这只是纸上的东西，"纸上得来终觉浅，绝知

此事要躬行"，班主任、班集体要积极引导学生进行实践，更要让制度来为其保驾护航。陪伴是最好的教育，我把铺盖从家里搬到了学校的办公室，建立后进生的跟踪档案，进行陪伴；对于个体学生所犯的（只要不触碰底线）错误，我装聋作哑，个别谈心；对于全体学生共同存在的问题，我班上沟通；班会课变成了观看"视频纪录片"（当然是我有设想准备好的），而不是说教式的强调纪律；早读课变成了诵读《弟子规》《朱子家训》《颜氏家训》等国学经典。我进行了角色转换，不管在学习还是生活上我都站在学生的这边，把他们当成一个个活生生的生命来看待，课堂上借鉴名师李镇西的"有趣有效"原则，学生们用"异样"的眼光来审视我，我走进了学生的心，他们也慢慢地接受了我，亲其师就会信其道。

## 吹尽黄沙始到金

在教与学的过程中，我发现了领导的用人策略是对的，领导之所以当领导是有他的水平的，我想起了领导在叫我来接班时还讲过一句话："我之所以让你来接这个班是因为我知道你以前学过书画艺术，有艺术的水平、艺术的引领、艺术的修养。"我想着想着豁然开朗，醍醐灌顶，一下贯通，我要让学生"多渠道树信心、多渠道成人才、多渠道为社会"，我就学生的个性差异实施伟大教育家孔子的"因材施教"的教育理念，如王同学你字很漂亮可以去练书法，秦同学你喜欢乱涂乱画可以去学美术，张同学你作为女孩子那么高可以去学舞蹈，李同学你那么喜欢运动可以去学体育，孙同学你那么喜欢歌唱可以去学唱歌，白同学你那么喜欢演讲可以去学播音主持……学生们找到自信，树立了目标，开始了学习。我把我办公室的钥匙给学生们配了几把，把电脑的密码用便签条贴在办公桌上，让他们有空去查找资料、打印资料，师生一起搞好了"教与学"，他们被调动起来了，由"逼我学"变成了"我要学"，最后变成了"我想学"，同时我也在"因材施教"中"教学相长"。我制订个性学习计划，按照时间节点采用任务驱动，时时用"最近发展区理论"给他们算分数加油鼓劲，下午课外时间到操场带领学生跑步锻炼身体，同时还加强学生的"爱国教育、理想教育、励志教育、感恩教育、谈话教育"等。2018届高三（15）班的教学，我认为我成功了，结果是全班61人，53人考上本科大学，他们拿着人生的第一张"车票"开往春天里，在他们洋溢的笑容里，我感觉好幸福。读书的孩子们现在放假回来看我，我听到最多的一句话就是："肖老师，我真没有想到，我居然还能考上大学读本科，我太幸运了。"作为老师，我很幸福！作为班主任，我很幸运！

教与学是简单的、快乐的、有效的。面对这些"困难学生"，我们要悦纳他们，我们要痛定思痛找准个性目标，我们要示范引领，更要陪伴鼓励。现在想起来我真的很幸运，幸运有这么一个班级；真的很幸福，幸福有这一段难忘的奇迹；真的很幸会，幸会有这么一个好领导。我想起了网上流传的一段哲思佳语，"人生需要好老师、人生需要好平台、人生需要好圈子"。是呀！搞好教书育人的工作是我的责任担当与崇高使命。只有有了不懈的追求，社会才不断进步，民族才能伟大复兴，国家才会繁荣富强。我将继续踏着前进的步伐，把本职工作做好，继续在教育教学实践中"因材施教"，达到"教与学"的效果。不是每一只鸟儿都能振翅翱翔在高空，不是每一朵白云都能变成靓丽绚烂的彩虹，不是每一颗小苗都能长成参天的大树。虽然世间万事万物存在太多的差异，但每一生灵都有一颗追求光明的心，正所谓"苔花如米小，也学牡丹开"，我们有了这样的情节和胸怀，花开只需静待。学生的梦想实现了，我的梦想也实现了，我想我们每一个人的小梦想实现了，中华民族的伟大复兴梦的实现也就不远了。

**参考文献：**

［1］李毓秀. 弟子规［M］. 北京：人民教育出版社，2011.

［2］毛泽东. 毛泽东语录［M］. 北京：人民出版社，1964.

［3］代泽斌. 流动的风景——"少教多学"的探索与实践［M］. 北京：航空工业出版社，2019.

# "少教多学"在高中英语语法教学中的实践

贵州省铜仁第一中学　陆艳

**【摘要】**代泽斌老师于2014年提出的"少教多学薄积厚发"教学范式，2015年起得到实践并推广。在学习和尝试构建"少教多学"课堂时，我有很多收获，其中包括一些思考、困惑及实践。"少教"并不是简单地理解成减少教学时间。"少教"，是唤醒地"教"，我们教师要具备足够的能力和能量，才可能唤醒学生的主观能动性，激发学生的潜能，从而实现使学生自主学习、自主探究问题解决问题的目标效果；"多学"，指教师通过改进自己的教学思想和优化自己的教学设计，让学生乐学善思，使学生能够主动积极地学习。在英语语法教学中，我通过大量学习观察，发现一个规律：汉语和英语主要句子主干（主要）结构完全一样，而且有且仅有五种主干结构，从而设计了一个新的教学方法：通过创设情境进行中英句子互译，让学生从熟悉的母语汉语句子入手，快速地掌握英语五大句型的结构及长难句的翻译，极大地提高了学生学习语法的兴趣。这个尝试比传统的语法课堂教学效率更高。

**【关键词】**少教多学薄积厚发　唤醒　情境　兴趣效率

## 一、对"少教多学"理论的理解

代泽斌老师于2014年提出的"少教多学薄积厚发"教学范式，2015年起得到实践并推广。该范式即教师对教学内容根据学情取舍，学生在老师的主导下多学多思多行动，教与学和谐共生，教学相长，学生学习习惯和效果正向发展。学生与老师每一天都有一点进步、收获，慢慢积累，越积越多，便可绵绵发力、久久为功，形成良性循环。该教学范式包括"有效记忆—有效理解—有效思考—有效运用—有效创新"五个环节，记忆是所有环节的根本，创新是发展的最高境界。

在学习和尝试构建"少教多学"课堂时，我有很多收获，其中包括一些思考和困惑。"少教"并不是简单地理解成减少教学时间。"少教"，唤醒地"教"：我们教师要具备足够的能力和能量，才可能唤醒学生的主观能动性，激发学生的潜能，从而实现学生自主学习、自主探究问题解决问题的目标效果；"少教"，有目的性地"教"：教师要基于学生的发展目的，因材施教，进行差异化教育；"少教"，创新性地"教"：教师的教法与内容要与时俱进甚至要超时俱进，激励学生创新学习，具备创新素养和能力；"少教"，顺势而"教"：教师根据学生的"最近发展区"，使学生的"潜力变成实力"，达到学生的愿景。

"多学"，教师通过改进自己的教学思想和优化自己的教学设计，让学生乐学善思，使学生达到主动积极地学习、有深度厚度地学习、自力更生创新地学习、反思批判地学习的最佳境界。

在我看来：在高中英语教学课堂中实现"少教多学"，其实对我们教师提出了更高的要求，所以我们必须要坚持快节奏的学习以及时充电，掌握最新的高中英语教学理论。"少教"是目标，而"多学"是我们教师踏踏实实的行动，因为只有当我们教师的教法与内容能与时俱进甚至超与时俱进，我们才不会对"少教多学"产生认知偏差，才能避免价值失衡，从而达到真正理想的教学效果。

## 二、在高中英语具体教学中落实先学后教，少教多学

（一）主动学习，增加备课时间，创新教学方法

为践行"少教多学"，我加强了主动学习的节奏：参加暑期外研社举办的英语新教材培训；参加"'三新'背景下如何突破高中英语词汇学习的瓶颈——实践与思考"直播讲座学习；学习观看直播课程"主题式英语阅读教学中的资源选择和开发"等等。通过认真学习与思考，我逐渐对"少教多学"有了更多的理解，对实施这个新的教学模式为什么需要更多的备课时间有了切身的体会。比如：对定语从句的教学，我花了比按传统教学方法多两倍的备课时间，大胆创新了教学方法。通过采用口诀记忆定语位置的新方法，我特别开心地和学生一起感受到了老师"少教"学生更有收获的教学享受——同学们用较短的时间把他们认为最难学懂的定语从句攻克下了。他们不仅理解了定语从句的基本语法特征，而且能够较轻松进行语法练习。

（二）先学后教，以中文素养促英文学习

通过大量学习观察我发现一个规律：汉语和英语主要句子主干（主要）结构完全一样。汉语和英语有且仅有五种主干结构，因此我设计了一个新的教学方法：通过创设情境进行中英句子互译，让学生从熟悉的汉语句子入手，快速地掌握英语五大句型的结构及长难句的翻译，极大地提高了学生学习语法的兴趣。这个尝试比传统的语法课堂教学效率更高。

首先启发学生找规律。

汉语和英语这两门语言有很多不一样，比如汉语主要讲究"意"，而英语主要讲究"形"；汉语重语义而英语重结构；汉语多短句而英语多长句；汉语多分句而英语多从句；汉语多主动而英语多被动；汉语多重复而英语多变化等等。虽然汉语和英语存在很多不一样的地方，但这两门语言同样也有很多相似之处，其中最主要的是两门语言句子主干（主要）结构完全一样。汉语和英语有且仅有五种主干结构，即：

（1）主语 + 谓语：He smiles.

（2）主语 + 谓语 + 宾语：We love our country.

（3）主语 + 谓语 + 宾语 + 宾语：She gave me a new book.

（4）主语 + 谓语 + 宾语 + 宾补：You always make us happy.

（5）主语 + 系 + 表语：I am an English teacher.

只要我们抓住了这个特点，学生学习英语就变得更加有效。

然后，分组让学生自己创设情境大量说出中文句子，然后进行"汉译英"。用学生熟悉的母语来学英语语法的英语句子结构及句子翻译，比传统的反复读背英语句子的方法效率更高、学习的记忆更持久。

### 三、"少教多学"中关注新课改

虽然现在还未使用新课改的教材，但我早已开启新课改学习模式。因为，我认为为了更好地实践"少教多学"，必须提前学习新的教学理论。我利用课余时间学习了"英语读写整合教学"理论，因为该理论一直受到一线教师及教育研究者的关注。"读写整合"要求我们英语教师深层次利用教学文本，立足语篇，实现阅读与写作的迁移互动，提高学生的阅读与写作能力。通过拜读清华附中李佳亮老师的《基于英语学习活动观的以读促进写研究》，以及宁波市陈军老师的《基于英语学习活动观的高中英语文学作品读写教学模式》，我从课例层面学到了两种有效可行的英语读写整合活动的做法。

　　为了"少教多学",我把"读写整合"法用到了实际教学中,主要是放到每一单元 cultural corner 文章的教学中,改变了现在很多老师还在用的方法:只是把它当成一个可以通过阅读文本来拓展开阔学生视野、了解外国文化的窗口。

　　总之,"少教多学"学习与实践,让我找到了转变旧的、无效的或低效的教学观念的方向,还让我明白了学习的重要性和做一名"活到老,学到老"的好老师的价值。及时充电学习势在必行,我一直在学习的路上。

**参考文献:**

[1] 代泽斌. 流动的风景 [M]. 北京:航空工业出版社,2019.

下编 **03**

"少教多学薄积厚发" 的思考与建言

# 运用"少教多学"策略
# 培育学生政治认同的实践与研究

## ——以《中国特色社会主义最本质的特征》教学为例

贵州省铜仁第一中学　陈小明

【摘要】政治认同是高中思想政治学科核心素养的灵魂，也是对教育首要问题的回应。运用"少教多学"策略，能激发学生学习思想政治知识的兴趣，丰富思想政治课堂，促进学生深度思维，实现听党话跟党走的育人方向。

【关键词】少教多学　培育　政治认同

政治认同是高中思想政治学科核心素养的基本内涵之一，培养学生的政治认同是思想政治学科最根本的任务，也就是要培养学生对中国共产党和社会主义的真挚情感和理性认同，使学生拥护中国共产党的领导，坚定中国特色社会主义理想信念，弘扬和践行社会主义核心价值观。这与习近平总书记在 2018 年全国教育大会上的讲话精神高度一致，习近平总书记在讲话中指出，教育的首要问题是培养什么样的人，我们要培养德智体美劳全面发展的社会主义建设者和接班人。

党的十九大报告指出，"中国特色社会主义最本质的特征是中国共产党领导，中国特色社会主义制度的最大优势是中国共产党领导。"培养学生的政治认同，最重要的是让广大学生从内心深处认同中国共产党的领导，真正坚持和拥护党的领导，坚定不移地听党话，跟党走。高中思想政治必修二《政治生活》第五课《中国特色社会主义最本质的特征》为我们培养学生的政治认同提供了典型教学案例。

在传统的政治课教学中，许多老师习惯于照本宣科、满堂灌或者空洞地说教，不仅效果不好，甚至会引起学生的反感。如何在教学中落实《中国特色社会主义最本质的特征》的教学任务和目标呢？"少教多学"策略为我们提供了有益路径。"少教多学",从字面上理解即教师少教、学生多学,实质上是指教师在教学中要善于启发学生,打开他们的思路,不告诉他们现成的答案,以便给学生留下思考的余地,从而使学生养成独立思考的习惯,使他们的智慧和思维得到真正的发展。那么,在思想政治课教学中如何运用"少教多学"策略培育学生的政治认同呢?下面提出三点建议。

## 一、最大限度地激发学生学习思想政治的兴趣,提高学生的参与意识

兴趣是最好的老师,如果一个人对一件事感兴趣,他就会努力把这件事做好,思想政治课也是如此。但并不是每个学生都会对思想政治课感兴趣,我们必须正视这一点,尊重学生在心理、智力、个性等方面的差异。在教学中,自主、合作、探究等学习方式是备受学生青睐的,分组讨论、自由辩论收到了以往课堂预想不到的效果,最大限度地调动了学生的学习主动性、积极性,培养了学生的创造精神和实践能力,这是现实的要求和未来的需要。所以思想政治课教师可以根据学生好胜心强的心理特点,在备课时,首先要吃透教材的编写意图,创造性地使用教材,找准学生的"最近发展区",把教学活动建立在学生的认知发展水平和已有的知识经验的基础上,让学生在积极地参与中获得发展。

在《中国特色社会主义最本质的特征》这一课中,教材明确提出,要坚持党对一切工作的领导,老师在教学活动中,不能简单地告诉学生所有领域都要坚持党的领导,更要发展学生的思维,让学生思考为什么要坚持党的领导。为此,可以将学生分组,让学生深度参与教学活动,充分发挥他们的主体作用,基于已有的知识和对历史、现实的把握,通过自主、合作、探究等方式,让学生自己得出必须坚持中国共产党的领导的结论。

## 二、善于开发和丰富课堂

政治教师要改变"一人讲课,满堂安静"的思想认识。我们这门课的名称叫"思想政治",当然应该是思想放飞的课堂,是感情的奔流,是唇枪舌剑的辩论。传统的"老师提问,学生回答"的教学模式已不符合新的教学要求。这种模式其实是老师很霸道地剥夺了学生学习的空间权。每一个议题不同的学生思考,或同一学生在不同时间去思考,都会产生不同的思想升华。议题只有在学生各抒己见争论不休的氛围中才能理出深意,学生也才能更全面地掌握思考、解决问题的方法和技巧。这就要求教师要把学习活动的空间权交

还给学生。我想我们应做到"四统一"：在活动空间上，做到自动与互动和谐统一；在内容空间上，做到"入书"与"出书"和谐统一；在范围空间上，做到"入课"与"出课"和谐统一；在教学维度上，做到知识技能、方法过程、情感态度和价值观教育的和谐统一。

"你是准备替党说话，还是准备替老百姓说话？"曾经的一句雷语被我用在《中国特色社会主义最本质的特征》的课堂教学中。河南郑州市须水镇西岗村原本被划拨为建设经济适用房的土地，不料竟然被开发商建起了 12 幢连体别墅和两幢楼中楼。后来，中央人民广播电台记者赶赴郑州采访主管信访工作的市规划局领导时，这位领导竟质问记者："你是准备替党说话，还是准备替老百姓说话？"此言一出，"替谁说话"便引来一片声讨。我在教学中设置了两个问题："雷语体现了这位领导什么样的思想观念？""郑州市人民政府停止这位领导的工作，并对他进一步深入调查彰显了什么？"学生通过热烈讨论，深切体会到我们党以人民为中心的发展理念。

### 三、引导学生深度思维，大胆尝试，敢于创新

做教师，样样包办代替、填鸭式教学培养的是学生的惰性，扼杀的是学生的灵性。做教师，像唐僧，怕妖精，没创新，圈在圈中不敢走出去，这样的教学容易导致学生"高分低能"。思想政治课教学不能拘泥于课本，必须跳出课本，突出其时政性的特点，大胆创新，旁征博引，引导学生深度思维，相信学生的判断能力。

《中国特色社会主义最本质的特征》这一课关键是要培养学生坚持中国共产党领导的自觉。而在互联网时代的今天，学生接收到的信息未必都是正面的。面对信息时代的挑战，我们要敢于创新，勇于选择不同信息，相信学生能通过深度思维分析做出正确的判断和选择。

捷克教育家夸美纽斯在《大教学论》中谈到自己的教学理想时说："要找出一种教育方法，使教师因此可以少教，但是学生多学；使学校因此可以少些喧嚣、厌恶和无益的劳苦，独具闲暇、快乐及坚实的进步。""少教多学"作为一种古老而有具有时代魅力的教学思想，在思想政治课教学中必将焕发新的活力，在更深的层面促成学生政治的认同。

### 参考文献：

[1] 代泽斌. 流动的风景 [M]. 北京：航空工业出版社，2019.

# "少教多学"模式下小组合作学习模式的推广

贵州省铜仁第一中学　钟文婷

**【摘要】** 语文教学是潜移默化的知识传输和情感相通的过程，而语文的学习又是一种摆脱功利困境思维的深层次探索，鉴于此，无论语文教学还是学习，互助合作交流探讨就成为一种渐入佳境的便捷和实用的途径。高中语文重在强调情感的共鸣和艺术的品味，"奇文共欣赏，疑义相与析"成为实现语文润物无声和心灵互通的可行方式，即通过小组学习达到互利共赢的学习目的。

**【关键词】** 少教多学　小组合作　高中语文　课堂教学

少教多学，是一种能够充分实现教师引导学生实践的最具实效性的学习模式，它改变了古老的教师讲授学生坐听的模式，也改变了教学中学生把主要精力集中于听讲的学习套路，而转化为以老师为辅学生为主的新型学习关系，由学生被动思考转变为学生主动探究的符合学习规律的方式。它改变了以往学生只注重动脑而忽略动手的片面性学习思维，从此进入手脑并用的快速且高效的学习状态。所以"少教多学"成为颠覆传统教学模式、改善教育教学困境的一把利剑。

小组合作可以使同学们优势互补，使学生有机会在团队中表达自己的想法，并倾听他人的想法，以便可以集思广益共同进步。因此小组合作就成了课堂上践行"少教多学"模式的有效形式之一，学生真正成为学习的主体和实施者，在学习中有更多的选择空间和自由来完成课堂学习，实现在学习中体验快乐和享受知识交流的目的，真正让学习成为一个具有乐趣的思维感知及深化的过程。因此，教师不妨在高中语文教学时让学生进行小组合作，充分发挥小组合作在课堂教学中的价值，从而全面提高课堂教学质量。

### 一、巧用小组合作，优化高中语文阅读教学

在大语文时代的背景下，越来越多的师生认识到阅读的重要性。阅读不仅可以扩大学生的知识视野，而且可以培养学生的情感，从而提升学生的人文素养。通过小组合作，具有较强阅读理解力的学生会驱使阅读理解力欠缺的学生在合作交流中受到影响启发，每位学生都将在原有基础上得到发展和提高。因此，教师不妨利用小组合作来优化高中语文阅读教学，引导学生克服小组阅读中的困难。阅读中最困难的一点是学生不容易理解的知识，即需要学生花费更多时间和精力阅读的内容。由于学生在个人理解上存在困难，教师不妨引导学生进行合作讨论。

例如《烛之武退秦师》一文，这篇文章的重难点就是文中常见的文言实词和虚词的意义和用法及如何引导学生体会烛之武游说的艺术。在小组合作模式下，每一个学生都要总结出这篇文章中的实词和虚词，如文言文中的"以"，"以其无礼于晋""敢以烦执事""越国以鄙远""若舍郑以为东道主"等，不同句子中的"以"代表着不同的含义，当学生做好总结后，小组成员再聚到一起，进行相互之间的分享和交流，共同经历文言虚词和实词的学习过程。还有烛之武游说的艺术，学生可以在自主分析的基础上展开小组探讨。

### 二、巧用小组合作，优化高中语文写作教学

写作同样是高中语文的重要组成部分，如果学生具备了一定的写作能力，那么学生就能将他看到的、想到的、听到的和亲身经历到的，运用一定的语言清晰地表达出来，而学生的写作能力在一定程度上代表着学生的语文能力，因为只有具备清晰的逻辑思维能力和语言文字运用能力，学生才能写出精彩生动的文章。教师可以将小组合作清晰地运用到学生写作前和写作后，进而全面提升学生的语文能力。

首先，是写作前的小组合作。学生在写作之前，脑海中要有大概的写作框架，要确定好具体的写作素材，即写作提纲，写作提纲在一定程度上就反映出了学生的立意，如果学生的立意不明确，那么他的整篇文章就存在很大问题。

其次，是写作后的小组合作。学生的文章中，既有出彩的部分，也会有一定的小问题，在小组合作模式下，学生可以互相学习，互相评阅，共同提升。

### 三、巧用小组合作，优化高中语文古诗词教学

古诗词的鉴赏同样是高中语文的重要组成部分，而且古诗词具有较高的文学价值，是中华民族的文化瑰宝。但是古诗词的创作年代比较久远，学生理解、朗诵起来比较困难，如果教师能够模仿央视频道的《中国诗词大会》，组织学生展开古诗词方面的竞赛活动，那么就能充分调动起学生学习的积极性，就能让学生充分领略到古诗词的语言魅力。因此，教师可以巧用小组合作，优化高中语文诗词学习。

首先，教师可以引导学生以小组为单位，默写出尽可能多的含有"花"的诗句，默写出他们知道的所有关于送别的诗句，一定时间内正确写出诗句最多的小组获胜，教师要进行物质方面或者精神方面的奖励。小组竞赛模式下，学生会互相启发和影响，如关于"花"的诗句，有"稻花香里说丰年""牧童遥指杏花村""感时花溅泪""五花马，千金裘，呼儿将出换美酒"，等等。

其次，教师可以引导学生以小组为单位，展开古诗词方面的鉴赏探讨。古诗词中的每一个字都经过了诗人的精思熟虑，都恰到好处。如果学生能够准确地理解出古诗词中每一个字、每一句的精妙之处，那么学生就能更多地感受到古诗词中的奥妙。小组合作模式下，古诗词鉴赏能力强的学生会带动古诗词鉴赏能力欠缺的学生，每一个学生都会在原有基础上获得发展和提升。

### 四、鼓励学生自学质疑，展开小组交流

语文教师应当鼓励学生大胆质疑，积极培养他们的自主学习能力，为学生提供表达的机会，让他们对当前语文课程提出具体意见，如怎么学、学什么、学多久等。教师要在与学生交流的过程中发现问题、整合问题，利用学案导入为学生布置课前自学任务，让他们将此堂课的教学重点、知识难点划分出来，为接下来的小组讨论打好基础。学习小组的安排需要从学生的实际情况出发，教师要鼓励学生不断增强自身的合作意识，并在小组中挑选出组织能力强且具有一定威望的学生担任组长，带领其他组员共同完成学习任务。

学习小组的安排需要从学生的实际情况出发，教师要鼓励学生不断增强自身的合作意识，并在小组中挑选出组织能力强且具有一定合作意识的小组组长，能够听清教师的提问，听懂小组的分工要求，听明白其他同学的发言，

不随意打断或插嘴。在开始合作时，特别是低年级学生，具有个人心理特点，一节课注意力集中的时间较短，善于表现，不容易接纳别人的意见，不重视同学的发言。为此，要培养学生学会三听：一是认真听每位同学的发言，眼睛看着对方，要听完整，认真思辨，不插嘴；二是要听别人的发言要点，培养学生收集信息的能力；三是听后须思考，并做出判断，提出自己的见解，提高学生反思、评价的能力。在这样的要求下训练，引导学生学会反复琢磨、体会，认真倾听同学意见，不随意打断别人发言，提供学生发表不同见解的空间，以达到相互启迪、帮助的目的，学生不但养成了专心听的习惯，调动了主动参与的积极性，而且培养了相互尊重的品质，能体会他人的情感，善于控制自己的情绪。

小组讨论交流时，采用小组长指定轮流发言，小组成员围绕一个问题轮流发言（可先指定后进生发言）的方式，力求每个成员都参与交流，提高弱势群体的参与意识。讨论交流是合作学习解决问题的关键。每个成员表达了自己的想法后，意见不统一、理解不一致时，就需要通过讨论、争辩，达成共识，解决问题。教师指导时，按一定的步骤和方法进行，让不同层次的学生逐步学会讨论交流问题的技能。合作学习中，学生在独立思考的基础上，再通过共同讨论、相互启发，从而达到合作的目的。学生讨论问题后，各组由一人汇报自学或独立思考的内容，其他成员必须认真听，并且有自己的补充和见解。最后，还应将各自遇到的问题提供给全组成员讨论，对达成共识和未能解决的问题分别归纳整理，得出正确的结论。通过这样的讨论，可以培养学生的思考、分析、判断和表达能力。

在小组合作学习中，学生听课笔记、小组合作成员发言情况以及学习成果时常都需要记录，学会记录也成为一个人的一种外在表现能力。记录要求写字要工整、速度要快，另外记录别人发言时要概括、要浓缩。教师要让学生学会独立思考，要注意指导思考方法，从扶到放，激发学生思考的欲望，培养学生思考的能力。在交流的过程中，教师要正确引导学生以理服人，避免无意义的争辩，使用积极、文明的语言进行辩论，避免出现过激言语。合作交流中，同伴间的帮助远比教师的帮助效果好，要提倡学生在小组学习中互相帮助、互相鼓励。当小组代表发言精彩时，相关的组员也应受到奖励。在组织小组合作学习活动时，应使学生明白只有人人参与、团结协助，才能取得良好成绩，使学生意识到每个小组都是一个荣辱与共的群体，不和小组成员友好相处或拒绝帮助都是不可取的。

另外，积极开展小组合作评价。通过在高中语文课程中应用"小组合作"教学模式，教师可以成功从讲台中"解脱"出来，获得大量的辅导时间。在以学生为本的教学模式中，教师可以全程参与到学生的学习过程，密切观察学生在课堂上的动态化表现，从而给予他们一对一的指导和帮助。此种教学方式的确可以让课堂气氛变得轻松活跃，但教师要注意的是，让学生成为课堂主体，并不意味着放任不管、听之任之，而是从平等角度出发，通过正向引导帮助学生改正不良行为。基于此，在高中语文课堂中，教师要不断调整课堂评价方法，采用组内互评、师生互评、生生互评相结合的方式，引导学生将学习过程中出现的问题整合到一起，及时给出具体的解决方案。

### 五、结语

总而言之，"少教多学"模式下的的教学理念，更能够发挥学生学习的主动性和探究性，而小组合作是一种能够较好贯彻"少教多学"理念的学习形式，更是适合高中语文的教学模式。教师可以巧用小组合作，优化高中语文阅读教学、写作教学和古诗词教学，提高学生的学习兴趣和自主学习能力，进而全面提升学生的语文素养。

**参考文献：**

［1］仲冬生．小组合作学习在高中语文教学中应用的探讨［J］．读与写（教育教学刊），2014，11（11）：99.

［2］郑华伟．高中语文教学中小组合作学习策略研究［J］．教育教学论坛，2014（33）：167，170.

［3］代泽斌．提升语文素养是实现"少教多学"的有效路径［J］．基础教育参考，2015（12）：40－43.

［4］代泽斌．利用"最近发展区理论"让潜力变成实力［J］．基础教育参考，2016（20）：26－27.

［5］代泽斌．流动的风景［M］．北京：航空工业出版社，2019：11.

# "少教多学薄积厚发"教学范式与
# 最近发展区理论的实践与研究

贵州省铜仁第一中学　周哲光

【摘要】本文在"少教多学薄积厚发"教学范式的基础上，运用维果茨基的最近发展区理论，阐述了最近发展区理论在高中教学中的作用，并结合具体实例，分析了最近发展区理论实践带来的成果。

【关键词】"少教多学薄积厚发"教学范式　最近发展区　实践

"少教多学"即高效教学，是教学改革要追求的理想境界。"少教多学"教育教学思想的内涵之重要毋庸赘述，而在教学操作层面上的"策略与方法"，虽然也是"条条大路通罗马"，但至今却仍然是课改攻坚的焦点所在。

"少教多学薄积厚发"教学范式是贵州省高中语文代泽斌名师工作室探究出来的，是代泽斌老师研修团队的集体结晶。贵州省高中语文代泽斌名师工作室从 2014 年成立之日起，就在一直探索研究，并将这一理念逐步推广，学校、省内、省外诸多学校和老师都在践行这一教学范式，并取得了一定的教学成效。本文拟以"少教多学薄积厚发"教学范式为基点，运用维果茨基的最近发展区理论，践行这一范式。

## 一、最近发展区理论在高中教学中的作用

"少教多学薄积厚发"教学范式旨在将学生的主体地位在教学中凸显出来，让学生真正做课堂的主人。这样的教学范式，将学生的自主学习和自我学习管理推向了一个顶峰。学生在学习过程中，对自己的学习状态进行定位，学会自主提出问题、思考问题、解决问题，学会自我反思，挖掘自身的潜能。

维果茨基的"最近发展区理论"与"少教多学薄积厚发"教学范式非常

契合，将维果茨基的"最近发展区理论"引入高中教学，能够更好地实现学生自主学习的目的。维果茨基的"最近发展区理论"认为学生的发展有两种水平：一种是学生的现有水平，指独立活动时所能达到的解决问题的水平；另一种是学生可能的发展水平，也就是通过教学所获得的潜力。两者之间的差异就是最近发展区。教学应着眼于学生的最近发展区，为学生提供带有难度的内容，调动学生的积极性，发挥其潜能，超越其最近发展区而达到下一发展阶段的水平，再在此基础上进行下一个发展区的发展。

高中学段的学生正处于思维发展的关键时期，每个学生都有自己的潜能，只是没有被挖掘出来。代泽斌老师研修团队利用维果茨基的"最近发展区"理论制定了学生自我能力检测体系，让学生清晰地认识自己的最近发展区。学生通过对最近发展区的探索，清晰地认识到自己的潜能，而且懂得去分析如何挖掘自己的潜能，清晰地认识到自己各个阶段的知识储备状态和能力达标状态。这有利于学生充分认识自己不足，挖掘自己的潜力。

## 二、最近发展区理论在高中教学中的实践成果与案例分析

2017 年之前，我对最近发展区理论还不是很熟悉，也没有充分进行实践。学生成绩一直处于波动状态，很多学生在学期考试中发挥不稳定，对知识的掌握不牢靠，对自己的学习能力认识不到位，找不到准确地解决问题的方向。一定程度上，我采用的教学方法仍然属于粗放式教学模式，使得学生的潜能得不到充分发挥。

2017 年至 2019 年，我所带的班级开始积极推行代泽斌老师的"少教多学薄积厚发"教学范式，充分挖掘学生的最近发展区。在两年的具体实践过程中，学生的思想发生了转变，对自己的状态有了更加清晰的认识。最近发展区理论的实践效果明显，学生反响巨大。2019 届我所带的班级学生共计 54人，有 5 位同学被清华大学和北京大学录取，6 位同学被浙江大学录取，5 位同学被上海交通大学录取，4 位同学被南京大学录取，有 20 多位同学被国内双一流大学录取。这些学生获得的成果，得益于最近发展区理论的运用。

在诸多优秀学生中，熊芳同学以 696 分全省理科第七名的成绩被清华大学录取。熊芳同学在高三的一年时间里，运用最近发展区理论积极探索，踏实进取，为诸多学子树立了榜样，熊芳本人也总结了自主学习的经验，分享如下：

高考复习一方面是紧跟老师的脚步，一步步打好基础；另一方面就是自主复习，找到最近发展区，并提升自己的弱项。

就语文而言，平时的积累是取得高分的关键。不管是作文、阅读还是文言翻译，都是看平时下了多少工夫。适当做题只能在一定程度上帮助我们掌握出题规律以及答题技巧。所以，尽可能地多利用课余时间和一些片段化的时间充实自己，积累素材以及培养语感。数学对我来说是一门比较有难度的学科。所以在一轮复习时我比较注重基础，平时会花一些时间理解并记忆基本的知识点，然后在脑海中形成自己的知识框架。这期间也会适当做一些基础的习题，巩固知识点。掌握基本知识点后再做题对数学成绩的提升很有帮助，可以帮助我们加快答题速度以及掌握出题规律，让我们做题时不会慌张。这样，在第二轮和第三轮的复习中就可以把更多的精力用于中等难度和高难度题的练习。当然，对于压轴题来说我们应该尽力拿到第一小问的分数和第二小问的步骤分，再在此基础上做出一些突破。这样，就算第二问不会做也不会丢很多分。英语虽然是一门语言学学科，但是从我个人经历来看，多做题对提高英语成绩有很大的帮助。英语讲究积累，但从某些角度上看，做题本身就是一种积累。我们可以把做题过程中遇到的新词组、新语法、新搭配和水平比较高的文章积累下来。另外，早读时间要多读，对英语听力有帮助。理综分数占比很大，也容易拉开距离。对于理综，大家也是要多做题，但不要为了多做题而忽略了教材本身。课下尽量抽出一些时间来看看课本，特别是生物，尽量让自己对课本上的内容保持足够的熟悉。

其次，非常重要的一点是早读时间一定不要用来做题，开口读书的收获比做题更大。另外，正确看待每一次月考，慢慢地去习惯考试中遇到的会影响你做题状态的因素，然后让自己不会轻易地被外界因素影响。

其实，对于我来说，高三备考时心理上的焦虑远远比学习本身的辛苦更让人头疼。学习上的压力、遇到瓶颈、别人和自己的期待可能都会不自觉地给你带来焦虑感。但是不用担心，这是正常的，不是你一个人会有这样的感受，大家都会有不同程度上的焦虑感。要试着去缓解这种焦虑，给家人打个电话，和老师同学聊聊天，吃完晚饭后去散散步，都是可以的。以上就是我个人的一些经验，希望能给大家带去一些帮助。 　　（清华大学学生：熊芳）

熊芳同学抓住了最近发展区理论的精髓，首先对自己的学情有了充分认识，做到了"知己"。只有清晰地了解了自己的现状和未知潜能，才能取得自己想要的高度。熊芳同学抓住了语言科目的要义，阅读与语感是语言科目的核心。理科科目抓住了各个学科的特点，逐个击破。对自己每天的时间节点的管理具有科学性，早读不拿来做理科，而是用于语言科目能力的培养。

再如，贾鹏飞同学以674分全省76名的成绩被清华大学录取。他曾经在高三前期由于学习方法和心态的问题，成绩一落千丈，近乎走到自己设置的绝境。后来，经过最近发展区理论的学习和实践，他重新找到自己的学习之路，最终取得成功。贾鹏飞同学本人也做了总结为大家分享。

作为一个毕业一年的学长，我在高三时候的经历与很多人都不一样。高三学习期间，由于学习方法失当，考试失误，给自己太大的学习压力，对自己的心理产生了很大的影响，曾经一度失眠，持续了两个多月，成绩也一落千丈，从年级的前十名跌落到一百多名。失眠的程度十分严重，寝室的空调声音都能让我两三点难以入眠。在此期间我曾想过放弃。学习真的使我痛苦，但是心中的那份不甘让我选择了坚持。那么下面我来谈一下自己在高中时候的一些学习方法。

首先，我觉得要学会利用一些碎片化的时间来学习，比如课间操那段时间拿一个小本子背背单词，读读古诗；去教室的路上听听英语听力，英文歌曲。不要觉得不好意思，不要在意别人的眼光，记住学习是自己一个人的事，一定要放得下面子。

其次，对于高中很多需要记忆的知识点，要充分利用早读课的时间来记忆，我一般喜欢在早上晨读，下午下课后，找个没人的地方背背生物知识点，然后晚上睡觉前躺在床上，想想自己一天学了哪些知识点。

最后，是关于高三的一二轮复习，记住一轮复习一定要扎实，注重对基础概念的理解，在复习的时候一定不要为了做题而做题，要清楚它背后所涉及的知识点。对于自己不懂的，或者有疑惑的知识一定要和老师同学交流，直到弄明白为止。到了二轮复习，就属于模块式的复习了，这个时候你就可以选择性的取舍，对于自己擅长的方面要继续保持，不擅长的一定要多花功夫在上面。二轮复习属于查漏补缺，对自己不足之处的加强，多找些类似的题型来做，在找题这方面可以向老师单独去要，老师有很多的资源的。

不过要记住，以上所有的方法一定不能特立独行，搞独立，要学会跟上老师的节奏，如果老师复习的节奏都跟不上的话，课后就要付出比别人更大的努力（不要说时间不够，时间就像海绵里的水，只要你愿意去挤，总会有的），而且一定要相信老师，在课后可以多去老师的办公室，和老师唠唠嗑，聊聊天，自己的烦心事都可以和老师分享的。（清华大学学生：贾鹏飞）

贾鹏飞同学运用最近发展区理论，重拾信心，再次冲击到了年级最前面。他利用最近发展区，科学管理自己一天的时间、一周的时间，清晰地知道自己高三一轮复习该干什么、二轮复习需要什么。最近发展区就是要让学生清晰地认清自己，然后寻求解决问题的方法。

总之，最近发展区理论的成功案例很多，在此不一一列举。最近发展区以树立学生学习信心为起点，以认识自己的学情为路径，以分析自身缺失的知识短板为着力点，以挖掘背后缺乏的知识能力为落脚点。从理论到实践，由表及里，层层深入，最终为学生搭建起属于自己的、独一无二的知识体系，最终更好地完成各学科要求学生应有的核心素养。

**参考文献：**

[1] 瑞内·范德维尔.利维·维果茨基 [M].郭冰，译.哈尔滨：黑龙江教育出版社，2017.

[2] 代泽斌.我的风景 [M].北京：九州出版社，2012.

[3] 代泽斌.我们走过的风景 [M].北京：中国书籍出版社，2017.

[4] 代泽斌.流动的风景 [M].北京：航空工业出版社，2019.

# "少教多学"教学范式在西藏薄弱学校的推广与实践

西藏昌都市第四高级中学　李宏儒

【摘要】针对西藏薄弱学校学生阅读、思考和表达等能力欠缺的现状，本人主动推广践行"少教多学"的教学范式，积极探索符合学生实际的教法和学法，引导学生掌握学习方法，提高学习能力，培养学生的核心素养。

【关键词】少教多学　教学范式　践行

在西藏薄弱学校从教多年的教师都有一个共识，那就是学生对教师过度依赖。无论是讲授课还是自习课，学生没有主动学习的强烈意愿，习惯将自己的学习置于老师的安排之下，缺乏积极性和主动性，课堂中缺少质疑，缺乏批判，缺少反思。个别教师一味地讲授灌输知识，没有把学习的主动权和责任权还给学生，不愿相信学生的潜能。众所周知，"吃别人嚼过的馍没味道"，虽然如此，但是在课堂中还有不厌其烦嚼馍喂馍的老师，以致学生失去了咀嚼消化的能力。机缘巧合，本人有幸结识了贵州省名师代泽斌老师，对代老师"少教多学"教学范式产生了浓厚兴趣和强烈共鸣，因此主动在西藏薄弱学校践行"少教多学"的教学范式。

## 一、"少教多学"教学范式推广应用的现实背景

西藏薄弱学校传统的课堂更多的是讲授型课堂。教师讲的时间长，内容多，学生听讲时间多，主动参与教学活动的机会少。在这种课堂中，若学生有独立自主学习能力，有强烈的学习愿望，传统的讲授型课堂也会有明显优势，教师讲得精彩，学生学得满意，一节课水到渠成，积累知识，掌握技能，锻炼能力。但从教近二十年，本人越来越感觉到传统课堂的弊端，在教学实践中慢慢地发现，教师越不放手，越不敢放手；越不敢放手，学生越没有锻

炼的机会，就越不会自主学习。针对以上问题，本人也有主动改变的强烈愿望，一直苦苦探索，探究符合西藏薄弱学校课堂教学的范式。这种范式，既要符合新课标理念、新高考理念，也要符合西藏薄弱学校教学质量提升的迫切需求。抱着这样的期盼，在三年的首届基础教育西藏名师班培训中，我有幸与贵州省高中语文名师工作主持人代泽斌老师相遇相识相知相交，"三生有幸与君识"，通过系统的地学习和交流，本人对代老师倡导的"少教多学"理念有了全新的认识，犹如久旱逢甘露，坚定了践行"少教多学"教学范式的决心和信心。

### 二、对"少教多学"教学范式推广应用的理解

在为期两年多的推广与实践过程中，本人对"少教多学"有了更深刻的体悟。"少教"意味着精心备课，精炼讲课，精细检测。教师在一节课中，更重要的是把方法教给学生，把时间还给学生，教师对讲授的内容和时间必须进行严格的控制，做到少而精，让课堂变得更通透。通过精讲，把更多的时间留给学生，让学生"多学"。"少教"为"多学"提供了时间保障，提供了方法指导，是在教师高效讲解的前提下保证学生自主的学习时间。为此，教师必须精心备课，精炼语言，提高教学的效率，减少无用的教学时间。"少教"不是为了少学，而是"多学"。让学生在一节课有更多的时间自主学，主动学，有思考地学，有深度地学。本人认为，自主学习的基础是学会阅读和学会思考，"少教"更能增强学生主动学习的意识，提高学生主动学习的能力，这是"少教"的着力点，是实现"少教多学"和"教是为了不教"的关键，学生在自主学习的过程中，掌握了学习方法，学会了学习。针对学生不愿意阅读、不会阅读的现象，教师在课堂中要把阅读和思考的权利还给学生，让学生通过自己的学习理解掌握教学内容。教师教得多，无形中会让"教"占用了"学"的时间。现实中，本人认为教师在教学中应把着力点放在培养学生自主学习、掌握学习方法、养成良好的学习习惯和思维方式上，引导学生把教材学好、学精、学透，把教师的分析和解决问题等能力，转化为学生的独立学习能力，培养学生的阅读和思考能力。课堂中，让学生紧跟教师授课的思路，掌握教师讲授的思维方式以及分析问题和解决问题的方法，引导学生由被动性学习向主动构建知识转变，使学生在获取知识的过程中，形成能力，发展素养。

### 三、"少教多学"教学范式推广应用的具体举措

"善学者，师逸而功倍，又从而庸之；不善学者，师勤而功半，又从而怨之。""少教多学"教学范式重在导学、促学。"导学"重在引导学生增强学习的意愿，引导学生制定适合自己的学习方法；"促学"重在促进学生的学，提高学生学习的积极性和主动性，让学生对自己的学习负责，真正成为学习的参与者和知识的构建者。通过导学、促学，实现：①"一改进""一提高"，即改进课堂教学，提高教学效率。②"两有""两发挥""两把两给"，即有效率、有效果，发挥教师主导作用，发挥学生主体地位，把方法教给学生，把时间还给学生。③"三导"，即依据学生思维发展现状导、现有知识水平导、知识接受能力导。④"四促"，即促进学生养成良好的学习习惯；促进课堂教学目标的实现，做到堂堂清，日清日结；促进教学方式的转变，由原来的灌输式、填鸭式向启发式、互动式、探究式转变；促进学生学习能力的提升，提高学生阅读能力、分析问题的能力和解决问题的能力。

根据导学、促学需要，将一节课时间分配为"5+30+10"，即用5分钟时间温故知新或点评作业或导入新课，30分钟为教师一节课累计讲解的时间，10分钟为学生当堂检测、课堂消化、课堂巩固、答疑解惑的时间。累计的30分钟和10分钟可穿插进行，真正做到精讲精练、边讲边练、讲练结合，实现少教多学的目的。

### 四、"少教多学"教学范式推广取得的实效

经过为期两年的实践，本人更新了教学理念，改变了课堂教学模式，提高了课堂教学效率，在班级内营造出了浓厚的读书氛围，让"多学"在西藏薄弱学校真正落地生根。随着新高考在全国大部分省份的实行，高考语文试题更加注重信息筛选能力、逻辑思辨能力及阅读量和阅读速度的考查，对学生综合掌握材料内容的能力、概括能力、整合能力以及快速筛选信息的能力提出了更高的要求。针对区编语文教材选文的实际，本人在践行"少教多学"理念时，利用多媒体教学工具，每节课利用5—10分钟时间用电子白板展台推送文章，用群文阅读的理念，拓展学生知识面，增加学生阅读量，提高学生阅读速度，无形中训练学生阅读能力和表达能力。通过日常训练，学生在阅读速度、表达能力等方面明显优于未采取阅读训练的学生。

### 五、"少教多学"教学范式推广应处理的关系

经过两年的推广实践，本人认为在西藏薄弱学校推广此教学范式，需正确处理好以下三对关系。

一是要正确处理好学生自主学习和教师导学的关系。教师要牢牢把控课堂节奏，不浪费一分一秒，时时刻刻让学生有明确的学习任务。我们强调教师在课堂中把时间还给学生，有的教师上课时只是叫学生自己看书，不做指导，不做提示，不做具体要求，也不做巡查，不做反馈，任由学生一看到底，一做到底，甚至坐在椅子上当起了局外人，这与"少教多学"理念完全相悖。在赋权的同时要更多地赋能，一节课必须明确学习目的、学习时间、学习成效，必须在教师的正确导学和有效引领之下进行。特别是西藏薄弱学校学生自主学习能力差，更需要教师的引领和指导。当然要处理好教师自身的主导作用与学生的主体地位的关系。

二是要正确处理好学生做加法和教师做减法的关系。减一点教师的机械教学，加一点学生的有效学习；减一点教师的包办代替，加一点学生的自主学习；减一点教师的无效生硬灌输，加一点学生的学习成效；减一点教师的控制，加一点学生的思考；减一点教师的讲，加一点学生的练。减一点并不意味着教师完全放权，加一点并不意味着学生的无序。通过加减，学生自奋其力，自致其知，学生真正承担起学习的责任，打造幸福课堂，诗意课堂，有效课堂。老师要多研究，开展专题教研。为此，在本人的带动下，学校语文组群策群力，主动践行"少教多学"理念，利用教室图书角、报架，学生阅览室，提供随时能读书的平台，打造良好的自主学习氛围。在"少教多学"理念的引领下，班级图书角经典图书进驻了，适合高中生阅读的杂志（如《读者》《意林》《青年文摘》等）摆放在书架了，《语文报》和学校语文组办的刊物《窗》上了报架了，甚至语文组老师周末主动放弃休息时间在学生阅览室值班。教师观念转变了，工作积极性提高了，学校连续几个学期教研组工作考核中，语文教研组都牢牢占据了优秀的位次。校级微课题成果已显，在课题结题的基础上，编辑了学校《一日四读》读本，在每节课课前三分钟集体诵读《读本》，传承中华民族优秀的文化，为四个自信中"文化自信"提供了可靠教育素材。

三是正确处理好学生精练和教师精讲的关系。从教师的角度来看，少教

必须做到精讲，教师对课标、教材钻得深，研得透，才能深入浅出，才能举一反三，才能融会贯通，才能有针对性地教，才能较好实现一节课的教学目标。学生才能在短时间内对学习内容有深入理解，全面领会，对思想感情把握透彻，才能有效提高思维能力和思维品质。在这一过程中，学生有经验的体验，思维的参与，情感的参与，不光知其然，还知其所以然。

"教学有法，但无定法，贵在得法"，实现"少教多学"，就需要教师以教导学，用教促学，让学生掌握学习方法，变被动学习为主动学习，提高学生课堂参与度和思维活跃度，培养思维品质，提高课堂教学实效，促进学生有目的的学习和深度学习。

**参考文献：**

［1］余文森. 核心素养导向的课堂教学［M］. 上海：上海教育出版社，2018.

［2］代泽斌. 流动的风景［M］. 北京：航空工业出版社，2019.

［3］黄侃. 以"少教"促"多学"［J］. 江苏教育，2020（91）：1.

# 帮助学生成为善于思考的人

## ——"少教多学薄积厚发"教学范式中学生有效思考的教学技巧举隅

贵州省毕节市教育科学研究所 杨文黔

【摘要】"少教多学薄积厚发"的教学范式中，如何帮助学生有效思考，成为善于思考的人，需要教师清楚学生思维存在的缺陷和思考在学习中的重要性；掌握培养学生系统思考与多元思考、鼓励学生积极思考、发展学生高阶思维的教学技巧，帮助学生成为善于思考的人。

【关键词】少教多学　有效思考　教学技巧

"思维的发展与提升"已经成为语文学科培养学生的核心素养之一。我们面对的学生，思维品质不一，有的学生反应快，老师一提问就立即举手，但回答问题不一定很准确；有的学生看着迟缓，但回答问题可能比较深刻，有自己的看法。因此，教师在教学过程中要了解每个学生的思维品质，加以引导培养，取长补短，帮助学生形成良好的思维品质，即既具有敏捷性，又具有深刻性；既具有深刻性，又具有广阔性、开放性；更重要的是有创造性。

"少教多学薄积厚发"的教学范式，其路径是"有效记忆—有效理解—有效思考—有效运用—有效创新"。在这五个环节中，"思考"是指针对某一个或多个对象进行分析、综合、推理、判断等思维的活动，它是基于记忆和理解两个层级上的高一级的能力要求，指在学习中能够分解、剖析、归纳、概括学习内容，或者对生活、社会中的现象能进行分析并有自己的看法。无论是统编本初中语文教材还是高中语文的学习任务群教学，通过有效思考的教学，我们把散乱的知识点和事实纳入到有意义的学习中，有助于学生在学习活动中勤于思考、学会思考、发展思维。

思考是通向有目的学习的最佳道路，学会思考意味着建立思考的核心技巧,比如对问题的理解、收集相关信息、组织筛选信息、对已有结论和错误来源分析的能力,需要精细的教学计划、合适的排序、对认知和态度因素的持续建设。我们可以从以下四方面着手,掌握一些有益于促进学生思考的教学技巧,帮助学生成为善于思考的人。

## 一、帮助学生善于思考的教学准备

### (一) 清楚学生思维存在的缺陷

了解缺陷有利于思维训练更具针对性。实际教学中,教师常常会感到学生思维混乱或者纠结于诸多困惑之中。比如:没有理解课文的言外之意;容易过早地下结论;相信不可靠的网络信息;没有注意到矛盾的存在;问的问题琐碎散乱,彼此之间毫无联系;问的问题模棱两可,回答也模棱两可;经常把不同类型的问题混淆在一起;得出结论所依据的信息不准确或者不相关;有意忽略不能支持自己观点的信息;仅凭经验就做出推断,还会故意歪曲事实;没有将推理与假设区分开来,做出毫无根据的假设;想法混乱没有重点,与问题没有关联;思考问题时利用的是比较肤浅的概念;只能从自己的角度看问题,意识不到自己的偏见;想法过于简单肤浅;思考时以个体为中心,与人交流有问题。

### (二) 清楚教师在思考教学中的重要性

教师要牢记,在思考的教学中,教师是最重要的因素。教师应该知道怎样运用一些思考的具体方法和教学技巧。准备好的参考书、各种资料、先前计划好的项目以及练习可能是很好的教学助手,但是它们自身却不足以引发思考。最有效的教学要求教师对科目内容和思考过程都有充分的了解,持续地展示思考所涉及的技巧和态度,并要求学生在口头和书面上都进行系统而严格的思考。

## 二、帮助学生系统思考的教学技巧

### (一) 让学生梳理出已知的和想知的

在预习时要求学生注意梳理出单元和每个文本他们已经知道的,以及他们想要知道的问题有哪些,目的是把单元学习建立在学生已有的经验和还存在的盲区上。一旦学生列举出已知的内容,教师就可以着手往前推进。这是一个很必要的学情了解,也是激发学生求知欲的时刻。这样可以避免学生绝大部分时间被动地静坐着听完一节节的语文课，不管喜欢与否都得接受被灌输的东西。

（二）让学生学会课堂总结

1. 运用总结语

每节课都有自己的节奏和教学量，但所有的课必然会在某个点上结束。最好在文本的某个段落处结束，以某种形式的概括总结来结束一节课，以便帮助学生复习刚学过的内容，学生在理解上的多样化对这节课来说非常重要。可以运用下列语句要求学生做出学习总结，"请回顾我们这节课所学的，我们首先是……，然后……，最后……。从我们学习过程中，你能否写下两三点收获。你可以使用这些词句开头：我学到了……、我感到……、我开始在想……、我再次发现……、我想我将……等等，看看你们从这堂课里能得到什么收获。现在开始。"给学生几分钟，让他们写下自己的想法后，可以请几个学生读出其中一句。或者要求学生和同桌或小组成员彼此分享各自所获得的一两项学习心得。

2. 写一篇总结

要求学生在单元学习或者任务群学习之后根据习得情况写一篇总结。这个方法用在单元复习和一个项目式任务完成后比较好。目的是锻炼学生的综合思维能力。在要求学生做总结时，教师自己也要充分发挥想象力，设计出不同的总结式任务来，比如：要求学生用不到几十字的篇幅写出一则小说的主题；要求学生画一张思维导图反映说明文的说明思路；要求学生概括出在迄今为止所学文本中呈现出的某位作者的思想变化线索；要求学生概括他们在某单元所学到的等等。总结自然要求思考，不全盘考虑，不把重要的与不重要的要素区别对待，就不可能有效地得出结论。

### 三、帮助学生多元思考的教学技巧

（一）学会分类与归类

在每节课总结阶段或者单元复习时，让学生根据学生自创的分类体系将各项语文知识归类，比如文言文实词虚词句式等的积累。这个技巧要求学生自创分类体系，而不只是归入预先认定好的分类体系，它给学生提出了一个更高水平的思维挑战，能锻炼严谨的思维能力，避免学生学习的碎片化。

### （二）梳理相同与不同

教师可以挑选彼此完全不同的两项或多项，要求学生辨明两项或多项之间的共同点，区别不同点，增加挑战的难度，比如烘托和衬托有什么异同点，以此锻炼学生的辨别能力与洞察能力。在群文阅读的文本比较中常常采用此技巧，以增强学生思维的发散性和开放性。

### （三）接纳不完善的解释

要求学生针对文本的一个事件或是主题、其他人提出的质疑做出解释。这样做的意图是激发学生考虑因与果之间的关系。例如：什么因素导致作者没有遵循新闻零度写作原则？什么因素使莫言成为有影响的作家？

为了原因而追问"为什么"往往会导致学生思考草率，很难得出真实的结论。我们希望学生对新的更全面的解释保持开放接纳的态度。因此，建议不要简单地问"为什么"，而是以更加开放、没有定论的形式提问，如：你能想一想……的原因吗？哪些因素可以解释……？关于……你有任何解释吗？为什么你认为……？你能指出有哪些主要因素……？

### （四）鼓励设想与预测

这个技巧要求学生们设想下面会怎样，语文老师常常会把它布置成改写课文结尾一类的作业，比如小说里的某节内容如果拍成电影会怎样结束、当文章去掉了某段会怎么样等，要求学生们记下多个可能结果，然后根据可能性排列对比每一个。教师可以鼓励学生快速提出想法，因为较高的热情与快节奏往往会带来新创造。如果想法来得太快以至无法记下来，就找两个或多个学生轮流记录所说。建议把学生提到的所有想法写下来，这会在一定程度上体现对学生"胡思乱想"的尊重。比如要组织一次调查活动或者采访某个新闻人物，让学生思路开阔地讨论某个题材，书面提出各种可能性，无须担心它们是否合理。在讨论时保持开阔的思路，不要试图评判每个想法，评判是以后的事，在大家一起来回顾所写下来的一个个想法时，再来进行评判。最后，在你个人认为最有可能的两个想法上打上星号，不管它们是不是真的很有可能。目的是锻炼学生的创造性思维能力。

## 四、发展学生高阶思维的教学技巧

思考是一个具有多面性而非单面性的过程。比如学生要学习批判性思考技巧，需要学习下列技巧：确认问题、确认要素之间的关系、推断暗含的意义、推断动机、对独立要素进行组合、进行富有原创性的阐释、创造出新的思考模式。高水平的问题并不一定会产生高水平的回答，它们只是为学生的批判性思考打开一扇很重要的门。教师可以使用提问等级来计划课堂问答和讨论，这就要求教师在思考的框架内构建事实和归纳概念，等级就成为行动的蓝图。提问的等级体系同样可以用来设计叙述性的陈述，还可以通过等级的方式组织它们以引发学生高水平的回答。

比如，事先进行学习任务分析能够帮助教师确定比较复杂的教学中什么因素是学生取得成功所必需的；对独立的任务进行排序为学生的成功提供了有意义或逻辑的路径；利用图表系统和图示组织框架可以帮助教师设计教学，并帮助学生学习。呈现归纳思维模式使学生通过最先提供的例子能得出一般性结论；呈现演绎思维模式从总结开始，然后推广到具体内容。若想激励学生进行批判性思考，教师应注意使用教科书的方式和教学资料的优缺点。为了让学生更多地参与进来，教师也许需要补充提供一些其他的材料。例如，可以运用一些精练的问题，这些问题要求学生对一些论点进行比较或对比、确定原因和结果甚至质疑课文的观点。这些过程对提高思考技巧很关键。

作为教师，对思考技巧的了解永远不会过多。帮助学生达到该目标，需要教师的知识、意识和计划，需要探讨有效教授思考的技巧，需要认识到学校教学在鼓励发展思考技巧方面已走了多远和已取得的成就。"帮助学生成为更善于思考的人"这个目标怎样得以更好地实现，需要我们不断在实践中摸索、试错、反思，再实践。

**参考文献：**

［1］代泽斌．提升语文素养是实现"少教多学"的有效路径［J］．基础教育参考，2015（12）：40－43.

［2］代泽斌．流动的风景［M］．北京：航空工业出版社，2019.

［3］理查德·保罗，琳达·埃尔德．批判性思维工具［M］．北京：机械工业出版社，2019.

# "少教多学薄积厚发"教学范式的理论与实践

贵州省沿河第三中学　陈谋韬

**【摘要】**语文教育长期在低位徘徊，教学效率让人质疑，普遍存在偏重教师的"教"而忽视学生"学"的现象，教师教得累、学生学得苦，忽视了学生学习的主观能动性，违背了语文教育规律，游离了语文教学本质，不符合新课改理念。本文试结合贵州省教育科学（名师名校长工作室建设专项）课题《基于名师工作室引领下，提升薄弱学校教师教学能力实践与研究》中的"少教多学"范式的实践与研究，提出走出语文教学低谷的有效策略。

**【关键词】**少教多学　教学范式　实践

　　贵州省教育科学（名师名校长工作室建设专项）课题《基于名师工作室引领下，提升薄弱学校教师教学能力实践与研究》于2017年在我校的实施为我校教师专业成长搭建了很好的平台。我们把课题的研究与贵州省高中语文代泽斌名师工作室沿河第三高级中学工作站、贵州省高中语文陈谋韬乡村名师工作室建设有机结合，在提高教师教学能力方面做了一些探索。教师教学能力涉及方方面面，诸如：良好的语言表达能力，组织管理能力，处理教材的能力，课程开发的能力，教学设计的能力，课堂应变的能力，课堂的把控能力，指导学生学习的能力，了解学生的能力，理解他人以及与他人交往的能力，自我监控能力，作业的处理能力，课外实践活动的组织能力等等。我们将课题研究的重心主要放在研究教师如何培养学生的自学能力上，实施"少教多学"教学策略。通过教学实践研究，形成了培养学生自主学习、多读多写和以学生为主体、教师为主导的教学模式，提升了教师的教学能力。

## 一、"少教多学"提出的背景及理论依据

　　自吕叔湘先生1978年提出语文教学"少慢差费"的问题以来，语文教学

的低效受到人们的普遍关注。20世纪80年代掀起过语文教学改革的热潮，涌现了大批语文教改专家，人们一度对语文教改满怀希望。但到了90年代末，语文教学却仍颇受诟病，一篇《误尽苍生是语文》的文章在社会上引发轩然大波，让很多语文人颜面尽失，自信全无。语文教学在尴尬中煎熬。21世纪初乘着新课改的东风，语文人又满怀豪情，指望课改能拯救语文教学于低谷。快20年过去了，人们似乎没看到奇迹的出现。一些人又陷入了新的迷茫。语文教学涉及的问题概括起来有以下这些：教学观念、教材教法、教学策略、考试评价、教师素质，等等。新课改在转变教学观念、教材编写、考试评价和教师素质的提升方面都做了大量工作。这些策略主要着眼于教师的"教"，对学生的"学"明显重视不足。"少教多学"就是把着眼点放在学生的"学"上。"少教多学"不仅是一种教育观念，更是一种教学策略、一种教学方法、一门教学艺术。关于这一点，中外教育大家有过很多精辟的概括。著名教育家第斯多惠在《德国教师培养指南》中说过："教学的艺术不在于传授的本领，而在于激励、唤醒、鼓舞。"德国教育家斯普朗格也说过："教育的核心是人格心灵的唤醒；教育的最终目的不是传授已有的东西，而是要把人的创造力量诱导出来，将人的生命感、价值感唤醒。"联合国教科文组织在其报告《学会生存——教育世界的今天和明天》中也认为，"教师现在已经越来越成为一位顾问，一位交换意见的参与者，一位帮助发现矛盾论点而不是拿出现成真理的人。他必须集中更多的时间和精力去从事那些有效果的和有创造性的劳动：互相影响、讨论、激励、了解、鼓舞。"教学的真谛在于激起学生思维的火花，培养学生良好的思维品质和获取知识的能力。正如捷克教育家夸美纽斯在《大教学论》中所说，教学的目的在于"寻求并找出一种教学方法，使教员因此可以少教，但是学生可以多学；使学校因此可以少些喧嚣、厌恶和无益的劳苦，多具闲暇、快乐和坚实的进步……"法国教育家卢梭在《爱弥儿》中也说过："问题不在于教他各种学问，而在于培养他有爱好学问的兴致，而且在这种兴趣充分增长起来的时候，教他以研究学问的方法。"教育大家们的真知灼见为"少教多学"的研究提供了重要的理论支撑。

## 二、"少教多学"的教学原理

### （一）把握教学的本质

"少教多学"注重学生可持续发展学习能力的培养。它意味着不再依赖于死记硬背的学习、反复的考试和"以不变应万变"的教学方式，更多地关注经验式的发展、自主学习、差异化教学和发展能力的培养。它重视学生思维、态度、性格和价值观的形成，力图通过教学策略和方法的创新来塑造学生的精神品格，促进学生的健康成长。

"少教"指向的是教师，教师要将学习的主动权交给学生，不要什么都替学生包办，学生能解决的事情放手让学生自己去做，教师只做教学安排和督促、检查、指导即可。"多学"是针对学生而言，是指学生可以在老师的指导下，依靠自己的学习能力，发挥自己的主观能动性自主学习，自我总结，自我提高。当今世界信息爆炸，知识呈几何级数增长，知识更新越来越快，作为教师只能培养学生获取知识的能力。知识是教不完的，只能教给学生获取知识的方法，即"授之以渔"。这比获取知识本身更有用。笛卡儿说"最有价值的知识是关于方法的知识"，切中肯綮。

"少教多学"可以充分体现学生的主体地位，其过程需要强化教师的主导作用。开展"少教多学"教学实践有利于实现教学重心的三个转变：一是从"以教师的教为中心"转变到"以学生的学为中心"的轨道上来；二是从"以课堂教学为中心"转变到课堂教学与学生课内外自学相结合的轨道上来；三是从"以传授知识为中心"转变到传授知识与培养智能、提高素质并重的轨道上来。另外，针对教学中普遍存在的教师讲得过多，搞"满堂灌""填鸭式"教学这一弊端，"少教多学"能科学地处理好教师的"教"与学生的"学"在时间和空间上的比例关系。

开展"少教多学"的意义在于开阔教师的视野，在更高的层次上开展教学研究，创设有效课堂，使教师在专业发展方面有更加广阔的天地，有利于促进教师向专家型和学者型教师转化。

（二）遵循语文教育的规律

语文教育的最大特点是实践性。我们从"幼儿是如何学习说话的"这个问题开始思考就不难理解这个道理。幼儿学习说话，靠的是语言环境，耳濡目染，不断模仿。这对我们语文教学的启示是：教师只提供训练学生听、说、读、写的环境让他们反复实践即可。教师的主要任务是营造"教学相长"的读书氛围，以"平等中的首席"身份参与学生的学习，激发学生学习兴趣，引导学生关注语文教育的广阔领域，如语言、文章、文学、文化等等。围绕语文核心素养进行培养，训练听、说、读、写能力，使学生在语言建构、思维发展、文化理解、审美鉴赏等多方面的能力得到提升。要将学习的主动权交给学生，教师少教，让学生多学，自主学习，合作学习。要研究学生的个性需求和兴趣特点，挖掘学生的学习潜力，发挥他们的主观能动性。围绕听、说、读、写来设计教学方案，做好读读写写的事情。

"少教多学"应该成为教师追求的理想，是教育本真的回归。它不仅指向现代教育的核心问题，与课程改革的精神高度一致，而且完全符合我国语文教育的优良传统和语文学习的基本规律。"少教多学"教学策略具有很强的时代性和针对性。抓住当前中小学语文教学的关键问题，有效地开展课题研究，摸索"少教多学"的策略与方法，必将会对减轻学生负担、提高教学效率发挥积极的作用，真正使学生成为学习的主人。因此，本课题的研究在实践上是有价值的，在理论上也有长远的意义。事实证明，教学质量的提高首先要靠教育观念的转变。我们只有切实转变观念，摒弃教育功利，回归语文教育本质，从繁重和无效的劳动中解放出来，轻装上阵，让老师少教，让学生多学，培养学生语文学习兴趣，养成语文学习习惯，学生才自能读书，自能作文，无师自通，语文教学才能走出低谷，走向柳暗花明，做到有效，甚至高效。

（三）理解"少教多学"的内涵

时代的发展对教育教学提出了新的挑战，新课程的实施应运而生。"少教多学"符合新课改理念。新课改理念认为，教师的角色正在悄然发生变化，课堂的主体是学生，教师不再是权威，而是"平等中的首席"，教师只是课堂的组织者、引导者和参与者。教学常态是师生互动、生生互动，学习方式是自主、合作、探究。学生是知识的发现者，而不只是接受者。教学中要着力培养学生的创新精神和实践能力，让学生获得学习知识的能力和方法，掌握开启知识大门的的钥匙。教师不仅要着眼于学生现在能学到多少知识，更要着眼于他们未来学习能力的可持续发展。学校教育传授给学生的知识是很有限的，而且有些知识是很快就会被淘汰的，他们一生所用的大部分知识要靠在今后的工作和实践中去学习。教师该做的是教会学生如何去获得知识、运用知识，培养学习能力和创造能力，也就是"授之以鱼，不如授之以渔"，以适应社会发展的需要以及实现人格的自我完善和潜能的最大发挥。所以我们在传授学生知识的同时，还要教会他们获取知识的方法。"少教多学"教学策略是实施新课程的必然要求。

（四）"少教多学"专业引领

课题组将教师教学能力实践与研究主要放在了自主学习、多读多写和"少教多学"的实践与研究上，"少教多学"是名师工作室主持人代泽斌老师一贯坚持的教学观点，他在这一方面有很多实践经验。课题研究期间，代泽斌老师做了关于"少教多学"的学术报告《"少教多学薄积厚发"范式在教师专业成长中的运用研究》，报告以"少教多学"为经线，以学校发展、教师成长、学生进步为纬线构成了课题研究的主旋律，给课题组的教师带来了引导和启发，开阔了教师们的研究视野，指明了路径与方向，提供了操作性强的实施方案。他提出的"少教多学薄积厚发"的教学范式，通过近几年在省内外做的几十场学术报告，得到推广并产生了较大的反响。

### 三、"少教多学"的教学实践

长期以来，语文教育由于摆脱不了应试教育急功近利的束缚，始终在低谷徘徊。新课改以来，如何走出语文教学低谷这个问题变得更加急迫。教学实践中，课题组成员一直在思考，语文教学效率低下，是不是因为我们把简单的问题弄复杂了。大道至简，原本简单的事情，因为被功利牵着鼻子走，弄得无所适从。通过研究，大家形成共识，只有正本清源，厘清对语文教育的一些错误认识，并摆脱功利的束缚，才能让语文教育健康稳健地发展。

语文课堂有一种现象就是把文章解剖得支离破碎，给学生一种零乱的感觉，不符合学生的认知规律。其实我们观察认识事物首先是关注它的整体轮廓，然后才留心局部。阅读一篇课文又何尝不然。教课文时，应先让学生自读，有个整体印象。围绕"写什么""为什么写""怎样写"三个问题要他们发表观点，或复述课文，或概括要旨，或分析表达上的特点。然后教师再点拨，让学生讨论。教学时间是有限的，有些课文可让学生自读，写读书笔记；或设计一些问题，让学生带着问题去读书，然后撰写书评或读书心得，在课堂上交流，供大家讨论，教师最后总结，这样效果会更好。

（一）学生主讲，读写结合

经过多年的教学实践我们发现，长期固守某种教法会让人厌倦。教学有法而无定法，吕叔湘先生曾经说过，语文教学"关键在于一个'活'字"。教学方法要常改常新，才能走出教学的困境。教师要采取灵活多样的教学方式。如课题研究中我们每周安排一课时让学生交流读书心得。学生表现欲强，兴致高，课前会做充分准备，写读书笔记或书评，课上彼此分享学习成果。此举一改被动听讲的局面，培养了学生的自学能力、独立思考能力和表达能力，同时扩大了阅读量，开阔了视野，把阅读和写作有机结合起来，以读带写，以写促读，读写结合，一箭双雕。

（二）每周一练，互改作文

语文教学重在实践，课题研究中我们设计了多读多写的教学方案，坚信学生能够无师自通。多读，除了读课本，还要读报刊杂志，既提高阅读能力，也积累写作素材；多写，教师制订每周一练、每日一记的训练计划，每周的阅读（读书汇报）与作文课时按3：2分配。作文在课堂上完成，让学生互评，教师只作适当指导，从审题、立意、构思、布局、谋篇、语言（病句、错字）、文采等方面提出要求，写出50个字以上的综合评语，评出等级（优秀、良好、及格）并签名。最后要求写50字以上的"作文后记"，完全把批改权利交给学生。这既解放了教师，又能让学生互相学习，取长补短，培养学习能力。

（三）开展活动，拓展训练

语文教学活动涵盖听、说、读、写。课题组围绕这些任务组织学生开展语文学习活动。如班级演讲比赛、辩论赛，可训练学生的思辨能力，提高他们的口头表达能力。又如表演课本剧，上戏剧单元时最适合安排学生表演，通过表演获得对作品的理解和认识是只读剧本所无法得到的。好动是学生的天性，在活动中更能学到知识，特别是身临其境对情感的独有体验是很难用语言表达出来的。语文教学的最大问题是学生不爱参与，只要学生爱参与了，教师就轻松了，语文教育就有希望了。

### 四、"少教多学"的实践成果

（一）培养了学生自主学习能力

自主学习是一种现代化学习方式。《基础教育课程改革纲要（试行）》（2001）在论及基础教育课程改革的具体目标时指出："改变课程实施过于强调接受学习、死记硬背、机械的现状，倡导学生主动参与、乐于探究、勤于动手，培养学生搜集和处理信息的能力、获取新知识的能力、分析和解决问题的能力以及交流与合作的能力。"教学中，课题组成员将引导学生自主学习作为主要的教学方式。自主学习是与传统的接受学习相对的一种现代化学习方式，以学生作为学习的主体，通过学生独立的分析、探索、实践、质疑、创造等方法来实现学习目标。教学中我们倡导学生主动参与、乐于探究、勤于动手，培养学生搜集和处理信息的能力、获取新知识的能力、分析和解决问题的能力以及交流与合作的能力。

（二）多读多写多练成为教学常态

教学中将学生多读书放在首位，淡化机械的做题训练，将学生从繁重的作业中解放出来，将时间用于多读书，多作文。

多读，不只是读课本，主要读文学名著和报刊杂志，每天还要看新闻联播，接触海量信息。让学生每天保持半小时阅读，既开阔了学生视野，提高了阅读能力，也积累了写作素材。让学生通过阅读了解历史、认识社会、感悟人生，同时也提高了审美鉴赏能力。

多写。要求学生每天写 300 字的日记，每周写 1 篇 800 字的作文。练速度，练思路，练手感。写日记可以锻炼学生感悟生活、提炼思想、积累素材和语言表达能力，而且写日记作为课外练笔是课堂作文的最好补充，是提高写作能力的有效途径。

多练。到了高三下学期才要求学生多做试卷，将精力放在高考。三天一练，模拟高考，规范答题，认真分析，勤于总结，巩固基础，攻克难点。让学生借助参考答案，认真比较，找出差距，总结答题技巧，把握命题规律。

实验结果表明：多读多写多练，无师也能自通。

（三）读写课时安排更趋合理

课题组将语文课分为阅读与写作两类，课时分配为 3∶2；将课型分为学生自学和教师讲授，课时分配也是 3∶2。学生自学的 3 节课是：每周 2 节作文课，1 节文学名著阅读汇报课。作文两节连排，每周一练。写作用时 60 分钟，学生自评、互评、写评语、写作文后记，用时 30 分钟。教师给出评改要求，学生自主完成。教师在学生评改作文时检查日记。

（四）名著阅读汇报硕果累累

课题组设计每周 1 节文学名著汇报课，每节课安排 5—8 名学生，每人汇报 5—8 分钟。学生可以复述故事情节，可以谈读书心得，可以评析作品的主题思想，可以鉴赏作品的艺术特色。老师当听众，适时提问，记录成绩。也可以请学生记录。三年完成 10 本文学名著阅读汇报。毕业前将成绩汇总进行评比。

（五）考试改卷评讲大胆创新

考试是不可回避的环节，但我们反对偏离读写训练，大搞题海战术的功利做法。我们在高一高二淡化考试，淡化做题，将更多时间留给学生读课外书。让读书成为一种习惯，没有做题和考试的苦恼，让学生乐学。有了读写量的积累，开阔了学生视野，养成了练笔的习惯。进入高三下学期训练学生如何应对高考，训练学生做题的速度，提高答题的质量，体会做题的快感和获取高分的成就感。

课题组为了培养学生的自学能力，对改卷和评讲进行了大胆改革。教师不改不讲，让学生改卷并借助参考答案自学。将学习主动权完全交给学生。学生能做的事情教师不包办。既给学生留出自主学习的空间，也从根本上解放了教师，留出更多的时间看书学习，搞课题研究，提升专业水平。达到"教是为了不教"的境界，体验教书育人的幸福感和成就感。

（六）收获与耕耘同在

有耕耘就有收获，课题组经过两年的研究，在提高教师教学能力，提升学生学习品质，养成学生学习习惯方面取得了一定的效果，学生参加高考也取得了不错的成绩。这里以本人任教的 2013、2016、2019 三届学生（同类班级）的高考成绩进行对比说明：

| 届别 | 人数 | 均分 | 超省 | 及格率 | 超省 | 最高 | 100 分 | 110 分 |
|------|------|--------|------|--------|-------|------|--------|--------|
| 2013 | 57 | 100.9 | 4.95 | 91.2 | 13.43 | 114 | 33 | 7 |
| 2016 | 63 | 101.4 | 4.24 | 96.8 | 17.44 | 118 | 37 | 10 |
| 2019 | 55 | 106.24 | | 100 | | 123 | 46 | 15 |
| | 59 | 105.15 | | 98.31 | | 124 | 44 | 16 |

不难看出，采用"少教多学"的教学策略，2019 届学生的人均分、及格率、最高分及 100 分、110 分两个高分段各项指标均明显高于 2013 届和 2016 届。2019 届学生毕业时，我设计了学生语文学习情况反馈表（无记名），在本人任教的两个班级发放问卷 55＋59 份，收回问卷 55＋56 份，从总的情况看，学生对"少教多学"认可度比较高（见下表）。

## 2019 届高三（1、2）班语文学习情况反馈表

**1. 你对阅读（名著）的兴趣是：A. 浓厚　　B. 一般　　C. 较差**

| 班级 | A | | B | | C | |
|---|---|---|---|---|---|---|
| 1（55 理） | 人数 | 15 | 人数 | 38 | 人数 | 2 |
| | 占比 | 27.27 | 占比 | 69.09 | 占比 | 3.64 |
| 2（56 文） | 人数 | 17 | 人数 | 32 | 人数 | 7 |
| | 占比 | 30.36 | 占比 | 57.14 | 占比 | 12.5 |

**2. 你赞同写日记吗？　　A. 很赞同　　B. 赞同　　C. 不赞同**

| 班级 | A | | B | | C | |
|---|---|---|---|---|---|---|
| 1（55 理） | 人数 | 11 | 人数 | 27 | 人数 | 17 |
| | 占比 | 20 | 占比 | 49.09 | 占比 | 30.31 |
| 2（56 文） | 人数 | 15 | 人数 | 39 | 人数 | 2 |
| | 占比 | 26.79 | 占比 | 69.64 | 占比 | 3.57 |

**3. 你赞同互评（自评）作文吗？A. 很赞同　　B. 赞同　　C. 不赞同**

| 班级 | A | | B | | C | |
|---|---|---|---|---|---|---|
| 1（55 理） | 人数 | 13 | 人数 | 32 | 人数 | 10 |
| | 占比 | 23.64 | 占比 | 58.18 | 占比 | 18.18 |
| 2（56 文） | 人数 | 12 | 人数 | 39 | 人数 | 5 |
| | 占比 | 21.43 | 占比 | 69.64 | 占比 | 8.93 |

**4. 你赞同互评（自评）试卷吗？A. 很赞同　　B. 赞同　　C. 不赞同**

| 班级 | A | | B | | C | |
|---|---|---|---|---|---|---|
| 1（55 理） | 人数 | 15 | 人数 | 29 | 人数 | 11 |
| | 占比 | 27.27 | 占比 | 52.73 | 占比 | 20 |
| 2（56 文） | 人数 | 9 | 人数 | 32 | 人数 | 15 |
| | 占比 | 16.07 | 占比 | 57.14 | 占比 | 26.79 |

5. 你赞同高三超强度刷题吗？A. 很赞同　B. 赞同　C. 不赞同。

| 班级 | A | | B | | C | |
|---|---|---|---|---|---|---|
| 1（55 理） | 人数 | 14 | 人数 | 23 | 人数 | 18 |
| | 占比 | 25.46 | 占比 | 41.82 | 占比 | 32.73 |
| 2（56 文） | 人数 | 12 | 人数 | 30 | 人数 | 14 |
| | 占比 | 21.43 | 占比 | 53.57 | 占比 | 25 |

6. 你赞同高中生自主学习吗？　A. 很赞同　B. 赞同　C. 不赞同

| 班级 | A | | B | | C | |
|---|---|---|---|---|---|---|
| 1（55 理） | 人数 | 26 | 人数 | 15 | 人数 | 14 |
| | 占比 | 47.27 | 占比 | 27.27 | 占比 | 25.46 |
| 2（56 文） | 人数 | 11 | 人数 | 35 | 人数 | 10 |
| | 占比 | 19.64 | 占比 | 62.5 | 占比 | 17.86 |

7. 你赞同老师的教学方法吗？A. 很赞同　B. 赞同　C. 不赞同

| 班级 | A | | B | | C | |
|---|---|---|---|---|---|---|
| 1（55 理） | 人数 | 19 | 人数 | 29 | 人数 | 7 |
| | 占比 | 34.56 | 占比 | 52.73 | 占比 | 12.73 |
| 2（56 文） | 人数 | 22 | 人数 | 31 | 人数 | 3 |
| | 占比 | 39.29 | 占比 | 55.36 | 占比 | 5.36 |

8. 你对语文课的兴趣是：A. 浓厚　B. 一般　C. 没有

| 班级 | A | | B | | C | |
|---|---|---|---|---|---|---|
| 1（55 理） | 人数 | 22 | 人数 | 33 | 人数 | 0 |
| | 占比 | 40 | 占比 | 60 | 占比 | 0 |
| 2（56 文） | 人数 | 31 | 人数 | 25 | 人数 | 0 |
| | 占比 | 55.36 | 占比 | 44.64 | 占比 | 0 |

### 五、思考与改进

"少教多学厚积薄发"教学范式的实践以课题《基于名师工作室引领下，提升薄弱学校教师教学能力实践与研究》为载体，通过专业引领、同伴互助和自我反思，参与人员从理论学习到教学实践都有所收获，特别是理论武装、学科素养、教学组织、实践智慧、表达交流、课堂艺术方面得到一定程度的提升，教学业绩也基本达到预期。但由于理论学习不够深入，领会不够透彻，受应试教育影响较深，有的教师还放不开手脚去大胆实践，存在患得患失思想，怕改革步伐太快影响学生考试成绩，教学实践也还只是小敲小打，还停留在碎片化的状态，没有形成系统的经验，有待认真总结和提炼。研究还需进一步深入，以便能在县域内推广，扩大影响。以下几点值得认真思考并改进：

（一）教育理论学习尚需深入

教育理论是指导教育教学实践的方向和指针，是前人在教育教学实践中总结提炼出来的具有指导意义的思想。只有深入学习，学习教育教学理论才能站得高看得远，才能发现教育的真谛，在教学实践中就可以少走弯路。

（二）学科素养有待增强

语文学科内涵深广，文学、历史、哲学、政治、文化、艺术、美学无不涉及，可谓包罗万象。这就要求语文教师广泛涉猎各个学科领域，才能将语文课教得通透。《语文课程标准》指出，工具性与人文性的统一是语文课程的最大特点。语文教师除了具备较强的听、说、读、写能力以外，还要具备较高的人文素养。

（三）对学情的研究重视不够

教学是"教"与"学"的双向互动，我们在课堂观察中发现，有的教师对学情的研究不够，教学设计主要是从自身"教"的角度，很少考虑学生学情背景，这种一厢情愿的教学设计有脱离教学的倾向。

（四）急功近利思想比较严重

有的教师教育教学观念还比较陈旧，难以摆脱急功近利思想的束缚，对"少教多学"的实践还有畏难情绪，导致对新理念的贯彻落实还存在问题，特别是对发展学生核心素养方面还认识不够，在新课改面前裹足不前，影响了教学效果。

**参考文献：**

［1］联合国教科文组织．学会生存——教育世界的今天和明天［M］．北京：教育科学出版社，1972.

［2］教育部．基础教育课程改革纲要（试行）2001［EB/OL］．2001－06－08，2020－9－18. http：//www. moe. gov. cn/srcsite/A26/jcj－kjcgh/200106/t20010608－167343. html.

［3］教育部．普通高中语文课程标准（2017年版）［M］．北京：人民教育出版社，2017.

［4］代泽斌．风景中的我们［M］．北京：中国书籍出版社，2017.

［5］陈谋韬．语文人生［M］．北京：光明日报出版社，2018.

# "少教多学薄积厚发"思想对高中班级管理的启示

贵州省铜仁第一中学　余宏伟

**【摘要】**"少教多学薄积厚发"思想的本质是在遵循教育教学规律和学生的学习规律的基础上，正确处理教师科学的教与学生遵守规律的学之间的关系，把二者有机统一，科学地解决教师教育教学和学生主动学习的问题。"少教"是在深刻把握教育教学规律的基础上，针对性、有效性、创造性地进行教。"多学"并不是简单地增加学生的作业和课业负担，而是在教师的指导和激励下，学生主动、积极地学，充分发挥学习的主动性，激发内心的学习动力。只有做到这样的"少教"与"多学"相结合，才能切实地减轻师生的负担，提高教育教学的有效性，从而更好地实现班级的科学管理。

**【关键词】**少教多学　薄积厚发　班级管理　有效性

作为一名高中班主任，笔者一直在探索如何将"少教多学薄积厚发"的教育思想运用到班级管理中去。"少教多学薄积厚发"思想的本质是在遵循教育教学规律和学生的学习规律的基础上，正确处理教师科学的教与学生遵守规律的学之间的关系，把二者有机统一，科学地解决教师教育教学和学生主动学习的问题。"少教"是在深刻把握教育教学规律的基础上，针对性、有效性、创造性地进行教。"多学"并不是简单地增加学生的作业和课业负担，而是在教师的指导和激励下，学生主动、积极地学，充分发挥自己学习的主动性，激发内心的学习动力。只有做到这样的"少教"与"多学"相结合，才能切实地减轻师生的负担，提高自己教育教学的有效性，从而更好地实现班级的科学管理。

## 一、班主任要准确定位自己的角色

"少教多学薄积厚发"的教育思想要求班主任在教育教学实践过程中找准

自己的定位，知道自己在教育教学管理中的地位和扮演的角色，切忌大包大揽，代替学生学习，要精准把握教师和学生的各自的定位，把原本属于学生的时间还给学生。班主任在班级管理中扮演什么角色，发挥什么功能，这也是班主任应该一直思考和探索的问题。但是在教育教学管理实践过程中，部分班主任非常认真敬业，但取得的效果却非常不理想，事倍功半。他们从早忙到晚，一整天都耗在学校和班级管理中，对学生的吃饭穿衣、教室的卫生、所有学科的作业等一系列事情，都会亲自过问甚至身体力行，结果是自己累、学生也烦，教育和管理效果甚至是负的。

因此，班主任在班级管理过程中必须充分激发学生的主体地位。班主任的职责是激发学生的潜能和内生动力，实现学生的自我管理、自我约束、自我激励。班主任要从班级管理中解放出来，但解放自己并不意味着一"放"了之，放之任之，而是要找准定位，在班级管理中既不能缺位，也不能越位。在班级管理和服务中，班主任要学会抓主要矛盾，抓好班级管理的根本和关键，并遵循教育规律和学生成长规律，把工作做到位，这样才能起到事半功倍的效果。班主任不能把自己淹没在日常的琐事之中，要注重对教育规律和学生成长规律的研究，针对学生的思想动态和知识基础进行思想引领，调动学生的学习兴趣和内在需要，使学生进入主动学习和深度学习的状态。

## 二、以情暖人，点燃自信

"少教多学"的根本在于充分调动学生的主动性、积极性和创造性，激发学生的潜能和内生动力，提高学生的学习效果，实现学生的全面发展。那么，如何才能激发学生的内生动力和潜能，增强学生学习的主动性和创造性呢？事物的发展是内因和外因共同作用的结果，班主任在班级管理过程中既要引导学生树立远大的理想和崇高的目标，引导学生把自己的理想和国家的命运和前途结合到一起，催发其内在动力，又要创设良好的教学情境，促进学生的全面发展。

一要引导学生树立远大理想，提高目标意识。理想是人生的指路明灯，能照亮人生的路，目标是奋斗的动力。在班级管理中，班主任要引导学生树立崇高的理想和坚定的目标，学生只有具有强烈的理想意识和目标意识，才会在目标的激励下不懈奋斗，朝着目标坚定不移地走下去。高二是高中阶段进行理想教育、目标教育的重要节点。因为分科后很多学生都以考入一所理想的大学作为自己的目标，而且都比较明确和坚定。作为 2020 级高二年级的班主任，笔者于开学第一周就开展了一次以"不忘初心，砥砺前行"为主题的班会，"明确高中阶段的奋斗目标"就是其中一个非常重要的内容。

二要为学生的学习和生活营造良好的氛围和环境。学生学习生活的环境有三大类，即社会环境、家庭环境和校园环境。作为校园环境的主要营造者，班主任不但身负重任而且应大有作为，其中重点就是要营造一种温馨愉悦的班级氛围，让学生在班级里愉快地学习，实现新的目标。高中生是一个由未成年人向成年人过渡的特殊群体，他们形似成年而神未成年，要承担很多压力，面临很多情感和精神上的困扰。他们渴望像成年人那样生活，但环境并不允许。如果学生长期处于一种高压状态，背上沉重的心理负担，将很难全身心地投入学习，更别说发挥主体性、创造性和实现深度学习了。

在班级管理中，笔者从以下三个方面着力营造宽松愉悦的班级氛围。首先，重点建设以学生为主体的自主学习的温馨的教室文化。在高二的班级教室文化建设中，笔者没有按照惯例，即每逢重大节日就开展一次活动，而是要求学生一次性完成，内容自定，但室内布置必须温馨，让人一进教室就感觉心情大好。学生们充分发挥自己的创造性，把教室布置得美丽温馨，赢得了师生的交口称赞。其次，在与学生的交流互动中注重以情暖人，积极主动。传统师生关系往往比较严肃，学生对教师常敬而远之。这种师生关系既不符合新时代的要求，也不利于学生的成长发展。在与学生交往的过程中，笔者经常主动出击，见到学生先主动微笑打招呼，每天进教室前都提醒自己要送给学生一个温暖的微笑。这样，就自然而然地拉近了师生的距离。最后，要有人文情怀。班主任要了解学生的内心世界，尊重学生的人格，关注学生的需要。

## 三、以学生为本，用欣赏的眼光看待每一个学生

少教多学，从全面依靠教师的教转向更多地依靠学生的学，坚持以学生发展为本，突出学生在教学中的主体地位，给学生提供更多的时间，让他们独立自主地学习。这一思想对传统教学模式产生了极大的冲击。在传统教学模式中，往往是以教定学，甚至是以教代学，学生只能被动接受，而评价学生的标准就是是否听话，听话的就是好学生，不听话的就是坏学生。而少教多学极大地提升了学生的地位，倡导以学定教，主张根据学生的需要来确定

教学的内容和方式。这就要求教师转变教育观念，突出学生在教学中的地位，把学生视作具有独立创造思想和能力的人。

欣赏学生，相信学生，激发学生的潜能，往往能点石成金，谱写传奇。笔者经常把与学生的聊天作为班会课的内容，对全班学生进行鼓励动员，真诚地表达自己对学生学习水平的信任。在日常生活中，笔者也尽量抽出时间深入教室陪伴学生，主动找一些学生聊天。如看见某学生精神状态好，笔者会说"你今天特别漂亮（特别帅气），特别精神"。见到学生很高兴，笔者又说"你这段时间学习状态很不错"。当学生问"为什么"时，笔者告诉学生"因为从你脸上看到了微笑"。这样，既用实际行动表达了对学生的充分信任，又把学生的压力巧妙地化解了。

实践证明，"少教多学"教育思想不仅有利于教师的教和学生的学，而且在高中班级管理中也发挥着十分重要的作用，值得广大教师研究、探索和推广。

**参考文献：**

［1］代泽斌．风景中的我们［M］．北京：中国书籍出版社，2017.

［2］代泽斌．流动的风景［M］．北京：航空工业出版社，2019.

# 深度学习是"少教多学"的精髓

## ——"少教多学"典型个案分析

贵州省铜仁第一中学　石招夕

【摘要】杨秋芳这个成功个案是对"少教多学"理念的生动阐释。对杨秋芳个案的研究让我进一步认识到了"少教多学"与新课改中推动的"深度学习"是高度一致的。

【关键词】少教多学　浅表学习　深度学习

提起"少教多学",我就想起了杨秋芳。她是"少教多学"的典型成功案例。通过对她个案的分析,我们获益匪浅,深刻领会到了"少教多学"教育理念的精髓。

### 一、杨秋芳案例基本情况说明

杨秋芳,女,侗族,现在就读于中国人民大学新闻学院新闻系。她2016年从贵州省铜仁第一中学毕业,当年高考分数是:语文124分,数学119分,英语134分,文科综合278分,民族加分20分,总分675分,总分位列全班第1名,全校第1名,全市第3名,全省第55名,被中国人民大学录取。

与她高考成绩形成鲜明对比的是她的第三次月考成绩:语文102分,数学86分,英语76分,文综192分,总分456分,总分位列班级26名,全校278名。我校第三次月考是每年的11月中旬,高考是第二年的6月上旬,二者之间的间隔是半年,六个月。她到底是怎么学习的?能在短短的半年时间里取得巨大的收获。

### 二、与杨秋芳的访谈记录

为了揭开谜底，在杨秋芳跨入大学之后，我与她用微信进行了详谈。现我把她说的重要内容原汁原味一字不改地记录在下面，以供详细研究。下面是她的原话：

"高三有一段时间我在晨跑。

"高三，早上就读英语，因为语感比较重要，把英语作文和短文改错读一读，背一背短语之类的。

"课间时间就背单词。

"下载一些语文必背课文的音频，在做一些碎事的时候就反复听，感觉这个挺有效果的。

"历史我下载了历史大事件时间表的文档，晚上睡前看三分之一，反复看。

"然后文综就是背，先理解，然后反复背，至于怎么背，在什么时间背，感觉就得看个人，多去尝试，然后选择最适合自己的那种。

"然后基础的知识掌握之后，就是做题，我觉得反思和总结特别重要。

"我基本每科都做了错题本，（虽然并没有特别全），主要就是自己总结题型，感觉所有的题目都是有套路的，然后总结出来，遇到这样的题目，应该怎么办，自己给总结的题目取名字，然后遇到同类型的题，可以加进去。

"数学我不是很好，后来感觉兴趣不高，花费的时间不是很多，有点遗憾。数学错题很重要，错题基本上是提分点，自己错的题目，一般看一遍答案，然后抛开答案，自己做一遍，如果还错的话，就一直反复这样做下去。

"反正基本上每科的题目都有规律可循，特别要重视自己丢分多的题目，因为我认为提分全靠那些原本错的题。错了的题，对照答案和老师的讲解，然后结合题目，总结出自己独特的规律。

"我感觉思考和总结特别特别重要，思考自己究竟哪里错了，思考自己的方法是不是不对，反正就是出现问题的时候，比如成绩下滑或者总是没有进步的时候，就一定要静下来思考，究竟自己是哪里出问题了，然后再去找解决的方法，不能这次没有进步，很难过，但是不思考为什么没有进步，这样很难有收获。

"还有感觉要稳得住自己的心，当时刚上高三的时候，特别想考北大，我把北大的校徽打印出来，贴在桌前和墙头，但是后来的成绩不是很理想，有点慌，我就安慰自己，没事没事，大不了复读，然后最后一个月的时候，我月考的成绩很不理想，我就安慰自己，努力就行，贵大也不错，最后快考试的时候，特别开心，发自内心的开心，我当时就想，不管考得怎样，我至少可以了解了现在的痛苦，所以考试那段时间，自己睡得还挺不错。反正就感觉要调整自己的心态，让自己别慌，给自己好的心理暗示等等。"

### 三、研究后的发现：深度学习是杨秋芳成功的关键

高考成绩证明杨秋芳高三后期六个月的学习是富有成效的。她的学习有那么大成效的原因在哪里呢？带着疑问，我反复回味琢磨她的这些话，从中挖掘出了一个巨大的秘密：深度学习。深度学习，是杨秋芳提高成绩的关键。她的话透露了一个非常明显的信号：她的学习是非常深入的。那么，什么是深度学习呢？

崔老师对深度学习进行了深入浅出的解析。他指出：

深度学习这个词，其实是个舶来词。国外有两个学者费尔伦斯·马顿和罗杰·赛尔杰，他们俩在 1976 年，做了一项大学生阅读实验，结果发现：学生学习大体上可分两类，一类学生喜欢追根究底，不仅满足于是什么，还喜欢探寻为什么，并且有自己的见解和分析；另一类学生则满足于对学习材料的复述，只要能重现或者复原学习材料即可，不求甚解。从实验结果我们看出，前一类学生喜欢打破砂锅问到底，后一类学生喜欢记得住、记下来。前者属于深度学习者，后者就属于浅层学习者。

深度学习也是一个不断变化的概念，从 20 世纪 70 年代以来，国内外研究者，从不同角度对其进行了界定与研究。目前，对深度学习的解读，大致有三种观点。第一种观点认为，深度学习是一种高层次思维学习方式；第二种观点认为，深度学习是为了实现知识迁移的学习；第三种观点认为"深度学习是为了培育学生核心素养、提高学生批判性思维能力的学习"。不同的角度，不同的诠释，其实这三种理解方式，即学习方式说、学习过程说、学习结果说，代表了深度学习发展的不同阶段。

英国伊恩·史密斯编写了一套《学习性评价丛书》，在这本书中，他认为"学习就是一种有目的的获取知识或理解事物的思维过程"。这一观点明确说出了一个大实话，"学习需要过脑子，不经过大脑的形不成自己思维产品的学

习不属于真正的学习"。学生被动地接受学习内容，对书本知识和教师讲授的内容进行简单地记忆和复制，不属于真正的深度学习行为。史密斯还列举了一系列学习行为，他说学习不仅仅是"死啃书本、找到正确答案、填鸭式学习、死记硬背、抄抄写写、完成作业"，还应该是"刨根究底、讨论、深入思考、以理服人、解释观点的能力、思维活跃、认真阅读、仔细检测"等等。其实，史密斯列举的第一类行为属于浅层学习，而第二种行为有理有据，追根究底地说明自己的观点，这种具有独立思考能力的学习就是深度学习。说到独立思考能力，目前从国外引进了新鲜词叫"批判性思维"。其实批判性思维的大部分内涵就是我们所谈的"独立思考能力"。

贾老师又从与浅表学习的对比中对深度学习作了进一步研究和概括。

浅表学习是一种以完成外在任务、避免惩罚为取向的学习行为，以机械记忆和反复操练为主，缺少深度思维加工，因此学习成果多以复制为主，难以迁移和深化。

浅表学习的学生完全按照教师的指令行事，把教师所讲的话都认认真真记录下来，即使教师讲错了，学生也不会提出质疑，如同一台不知疲倦的"复印机"。

但是，如果教师提出了比较有挑战性的问题，这些学生就不太愿意去思考，更多地是等待其他人或者教师给出现成答案。

与浅表学习形成鲜明对比的是深度学习。

深度学习是基于学习者自发的、自主性的内在学习动机，依靠对问题本身探究的内在兴趣维持的，一种长期的、全身心投入的持久学习力。

贾老师根据自身的观察与研究，结合美国教育研究会提出的"深度学习在认知领域维度与能力维度的兼容性框架"，构建了"深度学习"的模型。

深度学习的核心目标是"自主创造"，在认知领域主要表现为高阶思维和问题解决，在动机情感领域表现为全身心投入和自控策略，在人际领域主要表现为自我接纳和有效协作（如图1所示）。

深度学习活动会形成一种持续探索的冲动，并将不断深化。深度学习如同"螺旋桨"，是一个人成长和发展的巨大动力系统。

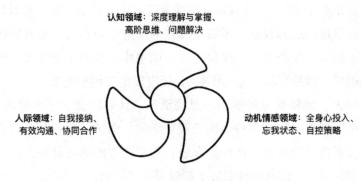

**图1　深度学习螺旋桨模型**

　　与浅表学习法相比，采用深度学习法的学生记住信息的时间更持久，获得的分数更高，对学习过程更满意，能提高批判思维能力，并且能更快地整合与表达信息。

　　总之，深度学习是一种高水平、高阶思维的认知，是一种高级学习状态，更接近知识和智慧的本质。注重批判理解、强调内容整合、促进知识构建、注意迁移运用深度，面向问题解决是深度学习的基本特征。

　　显然，杨秋芳在短短的6个月内一跃成为全校第一，关键在于深度学习。

　　深度学习是"少教多学"的精髓。少教多学，把时间还给学生，精设问题，引导思考，启发思维，激发兴趣，充分激发学生学习的主体作用，让深度学习落在学生的实际学习过程之中。

**参考文献**

　　[1] 突破课堂困境：如何让学生从浅表学习走向深度学习［EB/OL］.搜狐网，2018 - 09 - 19.

　　[2] 代泽斌. 流动的风景［M］. 北京：中国书籍出版社，2019.

# 核心素养下高中语文"少教多学薄积厚发"
# 教学范式的实施策略探究

贵州省铜仁市第二中学 陈家强

【摘要】2018 年，中华人民共和国教育部制定的《普通高中课程方案》（2017 年版）（以下简称《方案》）和《普通高中语文课程标准》（2017 年版）（以下简称《标准》）发布。该《方案》和该《标准》的发布，必定带动一轮普通高中课程改革。本研究力在探究语文核心素养下高中语文"教"与"学"的关系，解决怎样"教"和怎样"学"的问题。立足于遵循教育规律、认知规律，从教学实际出发，力求能找到一条承载核心素养教学目标的可行性道路。

【关键词】核心素养 少教多学 薄积厚发 教学策略

党的十九大明确提出："要全面贯彻党的教育方针，落实立德树人根本任务，发展素质教育，推进教育公平，培养德智体美全面发展的社会主义建设者和接班人。"这是国家意志在教育领域的直接体现，为教育的发展制定了具体的目标和内容。语文学科核心素养就是在顺应国家教育大形势下应运而生的。教育部 2017 年颁布的《普通高中语文课程标准》从"语言建构与运用""思维发展与提升""审美鉴赏与创造""文化传承与理解"四个方面定义了语文核心素养。语文核心素养是学生能力和品质的综合体现，是知识、能力、思维和情感态度价值观的综合要求。这就给当代语文教师提出了新的要求，我们需要在教学中寻找一种实现语文核心素养的教学策略。面对新的挑战，笔者作为一名还没有太多教学经验的青年教师感到格外迷茫，在有幸参加贵州省高中语文代泽斌名师工作室的研修学习后，笔者认为关于语文教学如何走出课堂，走进生活，"少教多学薄积厚发"教学范式是一条有效的途径。

## 一、语文核心素养与"少教多学薄积厚发"教学范式的关系

语文核心素养是学科目标提出的概念，"少教多学薄积厚发"是教学实施过程中的教学策略，二者在诸多方面都是相通的。

从内在要求上看，语文核心素养强调的是学生各项能力的综合发展。"少教多学薄积厚发"要求教师对教学内容根据学情取舍、学生在老师的主导下多学多思多行动，教与学和谐共生，教学相长，实现学生学习习惯和学习效果的正向发展。二者都以学生为中心，发展学生各方面的能力。

从外部实施上看，培养学生的语文核心素养是语文教学的最终目的，需要一种合适的教学模式将其更简易地推广。而"少教多学薄积厚发"教学范式则把教和学以量的形态分配。二者的结合使内容与形式完美融合。

从教学效果上看，二者的结合有利于教与学的辩证统一。教师通过改进自己的教学思想和优化自己的教学设计，让学生乐学善思，使学生达到主动积极地学习、有深度厚度地学习、自力更生创新地学习、反思批判地学习的最佳境界。

## 二、语文核心素养下"少教多学薄积厚发"教学范式的现实意义

第一，语文核心素养把教与学的内容更加具体化。语文核心素养明确了老师教什么，也明确了学生学什么。教师必须唤醒学生的主观能动性，激发学生的潜能，使学生自主学习，自主探究问题解决问题。

第二，日常教学需要找到一种适合的教学策略来实践宏观的教育理念。在语文核心素养的理念下，我们需要将"少教多学薄积厚发"教学范式与我国教育战略、教育理念相结合。语文学科核心素养下再提出"少教多学薄积厚发"教学范式，就是要以一种更有效的教学策略来培养学生的语文核心素养。

第三，语文学科核心素养背景下的"少教多学薄积厚发"教学范式，避免了唯分数论评价学生语文学习的单一评价方式，也在一定程度上给教育管理中教师唯分数论的教学考核提出了新的要求。

### 三、核心素养下高中语文 "少教多学薄积厚发" 教学范式的实施策略

（一）围绕单元学习任务确立教学目标

语文核心素养追求多层次、多方向的综合发展，教学目标应围绕综合发展设定，一般由单元教学目标和单课教学目标两部分组成。单元教学目标是纲领，单课教学目标是实现单元教学目标的具体实践。

人教版《高中语文》必修五第一单元选入文本《林教头风雪山神庙》《边城》《装在套子里的人》，这些篇目都是小说题材。该单元学习旨在引导学生阅读中外优秀的小说作品，使学生在感受形象、品位语言、体验情感的过程中提升文学欣赏能力、审美能力和表达交际能力。单元教学目标设定为：

（1）知人论世，在人物与社会环境共生、互动的关系中认识人物性格的形成和发展，关注作品的社会批判性。

（2）了解作者运用哪些艺术手法实现创作意图，借鉴小说技法进行创作。

（3）品味小说的人物形象、情节、语言等，学会欣赏小说。

（4）学习用读书提要或读书笔记记录阅读感受和见解。

单元目标要围绕核心素养、课程目标、文本内涵设定。这是对核心素养中语言建构素养、批判思维和自我反思、文化与传统等素养提出的单元教学目标。三篇小说有统一的教学目标，课堂教学目的明确。学生学习目标明确，对喜欢的小说主动学习，利用课本所学促进更多小说的阅读，实现了 "少教多学薄积厚发"。

单课教学目标是单元教学目标的分支，并归属于单元目标。单课教学必须选取文本中最典型的特征达成课程目标，探究过程要细致、深入、有个性。

《林教头风雪山神庙》选自《水浒传》，《水浒传》是我国古典小说四大名著之一。在教学目标设置上，把单元目标进行细化，笔者设定以下教学目标：

（1）了解作家作品。

（2）了解林冲由逆来顺受、委曲求全到奋起反抗的思想性格的发展变化。

（3）学习本文通过语言、行动、心理和细节表现人物性格的写法。

（4）认识封建社会里被压迫者走上反抗道路的必然性，从而加深学生的社会认知。

设置单课教学目标的原因如下：

第一，了解作家作品是单元目标中知人论世的一种具体化表现形式，也是核心素养下对语言积累、评价、文化自信多维度的具体化实现。

第二，了解林冲由逆来顺受、委曲求全到奋起反抗的思想性格的发展变化。这对应单元目标中的了解人物性格的形成和发展，关注作品的社会批判性表述，也是针对核心素养下思维的发展和审美鉴赏素养的提高进行的目标设置。

第三，单课教学目标中目标三是依照本文的突出写作手法结合单元目标进行的具体化目标。这是核心素养下审美鉴赏和创造、思维发展与创新、语言评价等素养的具体体现。

第四，单课教学目标的最后一个教学目标旨在凸显学生的批判思维和自我反思，进而提升学生的社会责任感。

单课教学目标学习中，学生学习任务"轻"，但对学习内容要深入探究，逐渐完善课程目标网络，实现"少教多学"。王荣生教授指出："阅读，是某种特殊体式的具体文本的阅读。我们将语文教材中的现代文分为现代诗歌、散文、说明文、议论文、应用文等等。教师在备课时就要根据文本来解读文章，在此基础上确定恰当的教学目标。"文体不同，教学目标必然有所差异。

单元教学目标到单课教学目标，是由面到点的目标实施，是思维的发散过程。由单课教学目标到单元教学目标，是由点到面的完善，是思维的聚合过程。在发散与聚合过程中，学生的知识形成网络，学习能力得到提升，教师精讲，实现"少教多学薄积厚发"。

（二）创设情境，激发兴趣

情境中的教学才是最有活力、最有感染力、记忆力的教学。在创设情境教学的过程中，学生的审美感情、审美创造素养都可以得到提升，同时学生思维发展中的直观体验得到应用和完善。通过创设情境，学生的学习兴趣被激发，实现"少教多学薄积厚发"。设计情境激发学生语文学习兴趣可以从文本、活动、情感几个方面进行。

1. 文本

语文学习离不开文本。教材文本从方方面面反映不同作者对自然、人生、社会的领略和感悟，往往集风景美、道德美、人情美于一体。学生带着期待走进文本空间，与作者、文本进行对话，会自然而然地产生丰富的心理体验，达到一种至纯至美的审美境界。教师在文本中设置生活化、音乐渲染、图片展示等情境，激发学生兴趣，使学生对文本进行深度思考、独立思考，达到"少教多学薄积厚发"的目的。

2. 活动

语文活动中创设各种情境，不但能巩固语文知识，更能激发学生学习语文的兴趣。

（1）课前三分钟演讲活动。课前三分钟，学生通常很难进入学习状态，通过演讲活动，学生可以快速调整状态。演讲活动中，教师可以设计多种演讲主题，学生自主安排演讲形式。演讲主题确立——演讲内容准备——演讲实施，这个过程中学生全心投入，实现"多学"，并且提升了各种素养。

（2）朗诵活动。这种活动是现阶段活动中较容易组织的。学校、年级、班级在不同范围内以特定话题组织各种各样的朗诵活动，可以巩固语文知识，锻炼学生的交际能力，增加学生的参与度，提高学习兴趣。

（3）课本剧演出。利用课本剧演出活动，激发学生学习兴趣。高中语文教学中有戏剧单元教学，可以直接选用原剧本，也可以改编课文、创作剧本。在整个活动中，学生对文本的理解更加深入，学习的热情被激发。在此过程中，学生积极主动，实现"少教多学薄积厚发"。

（4）举行"读书会"。读书对于教育教学活动有重要意义。苏霍姆林斯基说："我认为一个非常重要的教育任务，就在于使读书成为每个孩子最强烈、精神上不可压抑的欲望。"举行读书会，学生自己先读优秀的作品，总结自己的感悟和看法，在合适的时间通过不同的方式和其他学生共享。新课标指出："注重合作学习，养成相互切磋的习惯。乐于与他人交流自己的阅读心得，展示自己的读书成果。"由此可见，读书分享会注重合作和分享，既符合新课标的学习要求，也是"少教多学薄积厚发"范式在阅读学习中的构建过程。

3. 情感

"亲其师，信其道。"语文教师运用语言的魅力、具有美感的教学语言，抓住学生生活和学习中的每一个亮点进行赞赏。学生在生活和学习中有了自信，学生的情感被激发，势必带动学习兴趣、学习热情。

（三）巧设问题，重视生成，注重评价

问题是引导学生主动探究的桥梁。问题设置是"少教多学薄积厚发"的关键，关键在于启发学生的思维。课堂教学中所有问题不应该是独立的，而应该是互相关联的，保证问题设置的梯度，能切实引导学生从已知开始对未知进行探索。具体实施方法如下：

（1）抓住文本、激活问题。通过问题的设置，一方面让学生掌握知识，另一面是要在智力活动过程中提高思维能力和思维品质。

（2）问题设置要具有双向的联系。多维度的问题设置，能使教学内容从宏观到微观形成逻辑关系，促使学生思维系统化、知识网络化发展。

（3）设置可以激发学生兴趣的问题。能激发学生兴趣的问题，必然是学生能回答的问题，问题还要刺激学生的脑思维，让学生感受到成就感。

（4）大胆让学生提出问题。学生提出的问题是对预设问题最好的补充。通过学生提问，教师也能迅速把握学情，迅速调整教学过程。

（5）鼓励多样化的呈现方式。回答问题的方式并不是一成不变的，可以口述，也可以是小作文，还可以编演课本剧等。多样的呈现方式也是学生核心素养的体现。

（四）培养自主意识，养成良好习惯

课堂教学要围绕学科目标展开，教师要帮助学生借助课堂教学建立学习系统，形成学习能力，逐渐实现"少教多学薄积厚发"。把课堂学习从"让我学"转变成"我要学"，让学生自主激发学习的动机，这样"少教多学薄积厚发"才能真正实现。"我要学"体现了学生强烈的自我意志，自主意识不断提升，学生学习语文的角度会更多样、收获会更丰富，学生语文核心素养必然会得到整体提升。

综上所述，核心素养下高中语文"少教多学薄积厚发"教学范式需要教师和学生共同努力，通力合作。教师要改变教学理念，学生要改变学习方式。"少教多学薄积厚发"教学范式以学生为中心，注重寻找规律、引领方法，是提升学生语文核心素养、发展学生能力、培养自主学习意识的有效策略。

**参考文献：**

［1］中华人民共和国教育部.普通高中课程方案［S］.北京：人民教育出版社，2017：1.

［2］朱水军.质疑"依据文本体式确定教学内容"——与王荣生老师商榷［J］.中学课程辅导（教师通讯），2011（03）：6.

［3］苏霍姆林斯基.怎样培养真正的人［M］.北京：教育科学出版

社，1995.

　　[4] 中华人民共和国教育部. 普通高中语文课程标准 [S]. 北京：人民教育出版社，2003：9.

　　[5] 代泽斌. 流动的风景 [M]. 北京：航空工业出版社，2019.

# "少教多学薄积厚发"教学范式
# 在教学过程中的六个维度探究

贵州省松桃苗族自治县第六中学　杨超

【摘要】"少教多学薄积厚发"是贵州省高中语文名师工作室主持人、铜仁一中正高级、特级教师代泽斌老师结合多年语文教学经验和理论研究实际提出的教育教学范式。该范式与教学过程相结合，可以分为以下六个维度：教师备课的广度；学生课前预习的深度；课堂教学的精度；作业布置的跨度；小组合作学习的效度；制度落实和推广的力度。"少教多学薄积厚发"教学范式在教学活动中的实践虽不至于是"摸着石头过河"，但具体落实到细节当还有很多地方需要根据校情、学情、教情做出必要的调整和完善，在推广过程中不断修正方案、调整布局、积累经验。任何一名普通教师，都有责任在教育这条永无止境的道路上为后来者树立一块指路牌，即使是错误的，也可以为后来者规避重蹈覆辙的风险，至少，这份教育的良知值得肯定。

【关键词】少教多学　薄积厚发　六个维度

"少教多学薄积厚发"是贵州省高中语文名师工作室主持人、铜仁一中正高级、特级教师代泽斌老师结合多年语文教学经验和理论研究实际提出的教育教学范式。在实际运用过程中该范式的科学性与黄厚江、朱永新、林崇德、余文森、陈佑清等国内知名教授提出的教育教学理论有很多互证之处，可以说代泽斌老师提出的范式汲取了很多教育大家和教学一线教师的思想精髓与实践经验。不仅仅是语文学科，在所有学科中都可以结合学生实际得到个性化的运用。

托马斯·库恩在《科学革命的结构》（*The Structure of Scientific Revolutions*）中论述，范式是一个共同体成员所共享的信仰、价值、技术等等的集合。模式是外在的规范、规律性的描述；范式是内在的、更加深入的原理、原则的描述，甚至可以认为：范式是模式的模式。因而代泽斌老师提出的"范式"往往更加注重教师在教学活动中共同追求的价值和内在的原则，并不是一种固定不变、可以完全照搬照抄的模式。这种"范式"需要各学校和老师根据学校实际情况、学生学情、教师个人素养等多方面条件做出最适合的调整和改变。曾经引起大江南北学习热潮的"洋思模式""杜郎口模式"并不是不好，只不过不同学校移植成活率不高，或是只学到其皮毛而不能很好地领会其精髓，或者是学校的硬软件不具备而无法实施。"少教多学薄积厚发"范式不设固定的条条框框，旨在唤起老师和学生的学习内动力，特别是在教学活动的准备和课堂教学环节可以融入更多的个性化创造以及学校、老师现有的好经验、好方法。因而可操作性较强，老师学生都容易上手。

我所谈的教学过程并不单单是指课堂教学这一单独的环节。教学过程包含了教师素养养成，知识积累，内涵锤炼，研习备课，学生预习，课堂教学，自主学习，合作学习，思维发展，作业布置等涵盖整个教学活动的所有环节。如果将"少教多学薄积厚发"与教学过程相结合，可以从以下六个维度来论述。

## 一、第一个维度是教师备课的广度

教师备课的方式有很多种，集体备课、个人教案、创新补充在当前教学实践中运用得非常广泛。然而备课环节中两个最基本的要素是完成优质备课的基础，即教师个人素养和学生学情实际。很多老师在备课的时候由于个人专业知识储备不足，疏于学习提高，过分注重教师授课，忽略学生层次和学习规律，往往造成想备好课而能力不足，想上好课而准备不够的尴尬。因此，更具广度的备课是师生双方的共同诉求，备课广度的重要性至少从三个方面得以体现。

（一）更具广度的备课是解决学生课堂学习活动中生成问题的有效备案

一堂好课并不是一呼百应，有很多老师错误地认为学生在课堂上积极且能够正确地回答问题就是一堂好课的基本标准。像"对不对""是不是"这类无效问题就可以达到这种呼应的效果，但这就是一堂好课吗？这种可以不经过大脑就回答的问题在课堂上出现三次以上就可以基本判定这节课至少在问题设计上是失败的。课堂上所有问题学生都能标准回答就好吗？不然，至少说明教师在这节课上设计的问题缺少深度或者是不能给学生的思维以启发。学生不能提出有价值的问题的课堂也不是一堂好课。没有哪位教师可以把所有的问题都考虑得周全，教师设计的问题亦不可能是教学内容涉及的全部。所以，一堂好课至少有一个标准：学生应该有课堂生成。

然而，在教学实践中很多老师对学生生成问题是害怕的，至少是不愿意的。因为课堂生成的问题带有很大的随机性和拓展性，稍不注意就超出老师的认知和准备范围。在课堂教学中，老师无法解答学生提出的新问题在很多老师看来是一件不光彩的事情。越是这样想，学生就越不可能取得成就。我认为，学生不能提出有价值的新问题就是思维没有打开，就是对教学内容没有吃透，就是创造性受到了限制。作为教师，应当正确地面对课堂教学中无法解答学生具有深度和高价值问题的尴尬，并正确地引导学生，课后解决问题再来反馈给学生，这才是一个教学相长，不断进步，不断突破的正确的教学态度。

更具广度的备课是有效应对这种生成问题的办法，教师还要在备课的时候有意识地引导学生朝着更加广博的思维空间去探索、创造，以求在课堂上让学生得到更多的高阶提升和创造体验。这样的课堂，才是有效的，有价值的，有培养目的的。

（二）更具广度的备课是促进教师"薄积厚发"的有效途径

学无止境，教无止境。教师，作为青少年成长的关键引路人，不仅仅是知识的传播者，更重要的是给学生释放终身学习的能量和树立不断提高自身专业水平和职业素养的榜样力量。然而，目前很多教师特别是教育落后地区教师的现状堪忧。一群不学习的人在教育青少年学习，一群不求进步的人在要求别人进步，一群不思考的人在引导别人思考，后果和效果可想而知。

知识的更新速度随着时代高速发展已经超出了人类的想象，作为教师，怎么可以用10年前甚至于20年前所学习的知识与认知去教育今天的学生？教育教学从20世纪70年代到今天，已经做出了从知识技能到三维目标再到核心素养三次重大变革。难以想象，教师不学习，不积累新知识、新理念造成的后果将有多么严重。习主席在多次重要会议上提出了有关于教育的指导意见，这些意见有一个不变的思想就是教师要终身学习，不断积累。渊博的学识与高水平的专业能力是教师的存在依据和根本要求。

所有督促教师学习的办法里面只有广度的备课是最有效的。

备课是上课的前提，更具广度的备课是上好课的积极因素。这是"学以致用主义"的倒逼规律。要上好课就必须备好课，要备好课就必须更具广度，要具有广度就必须读书学习。读书学习就是"薄积"，上好课就是"厚发"。

（三）更具广度的备课是落实"少教多学"素养要求的基础和信心

对于如何"少教"，不是老师们不愿，而是不能或是不知。众里寻他千百度，那人也不一定在灯火阑珊处。在备课过程中的准备不足，涉及面不够，就无法发现规律，找到核心问题，提炼内容要点，自然无法"少教"。以高三复习课为例：不研究考纲和课程标准就无法领会高考指导思想，不研究近几年高考试题就不能归纳高频考点并筛选重难点，这就是广度。做不到这样的广度，只能遍地播种，广种以求薄收。庖丁之所以能游刃有余，无非就在于宰杀成百上千头牛的经验积累和规律探求。课堂教学中的"少教"也一定是在对学科知识与教材深入而广博的研究之下才得出的效果。

"少教"是教师素养要求，体现了教师课堂教学的科学性。"教是为了不教"，叶老这句话振聋发聩，这才是科学的教学观。教师占用太多甚至于全部的课堂教学时间，学生就只能被动地听被动地记，这种学习效率最为低下。"少教"是促进学生"多学"的前提，学生需要利用更多的时间来训练和巩固新知识，"少教"让出时间，提供空间，学生才有可能在课堂上得到及时训练，从而发现问题、解决问题，实现讲练结合、思维向能力转化的有效融合。

要在课堂教学中落实少教多学，只有通过更具广度的备课来奠定基础，充实信心。方方面面尽可能考虑到，相关知识点联系到，各种可能预测到，少教多学才有可能做得到。把少教多学作为一种科学态度，成为一种习惯，上升到素养要求的层面，反过来也促进养成备课广度的自然行为，老师的教学水平和能力也会在这样的坚持下得到不断提升。


## 二、第二个维度是学生课前预习的深度

"少教多学"具有两层含义，"少教"是教师层面，"多学"是学生层面，任何单方面努力都达不到效果。"少教"在这几种情况下才可以实现，所谓"三教三不教"。"三不教"，一是指学生通过自学能够学懂的不教；二是指学生通过合作学习可以理解的不教；三是指对于浅层次的学生怎么教都不懂的不教。"三教"，一是指学生预习中存在的问题必须教；二是指在合作学习中

存在的知识遗漏必须教；三是指课堂教学中即时生成的有价值问题必须教。而这些问题的发现和解决都以学生课前预习的深度和成效作为前提，即是余文森教授在主持课题"指导——自主学习的深化研究"时提出的"先学后教，以学定教"观点。教学活动取得的成效大小，与学生课前预习的效果息息相关，越是有深度的预习就越可能有良好的教学效果，越是有可能产生深度研究，越是有可能产生生成问题，越是有可能提高学生思维能力，越是有可能锻炼学生发现问题、解决问题的能力。此外，还可能大大提高课堂时间的有效利用率，提高课堂教学有效性，降低教学活动实施难度。课前预习的效果已经得到所有专家和老师的公认，深度预习在"少教多学薄积厚发"范式运用中的作用尤其重要，直接关系到范式运用和教学创新的成败。

（一）深度预习有利于各项教学活动有效开展

这一观点并不新奇，在国内外多位专家的著作和老师们的教学实践中得到很好验证，但作为"少教多学薄积厚发"教学范式的践行者，在我的教学实践中深度预习与教学活动的关系显得尤为紧密。其中，自主学习和合作学习就是建立在深度预习基础上的。自主学习必然包含预习，预习深度决定自主学习成效，决定合作学习中问题产生和解决的共性。

深度预习可以更多解决自主学习中遇到的浅层次问题，筛选出深度问题，构建学生新课学习过程中预设问题的框架，提高听课效果。在合作学习中，深度预习为解决问题提供了思维准备，甚至于答题准备，容易在经历共同深度预习的学生中产生共鸣，产生思维碰撞，产生更有价值的高阶思想和可能性。

（二）深度预习有利于学生思维发展和提升

"思维是智力的核心，青少年的智力发展主要体现在其思维能力的发展上。青少年思维发展的基本模式是由形象思维、抽象思维过渡到辩证思维，主要特点是思维逐步符号化。与具体运算阶段的儿童相比，他们发展了抽象的、科学的思维能力。思维的概括能力增强，能使用假设检验和更加一般的逻辑规则进行思考，不再借助于具体事物和事件；思维活动中的自我意识成分增多，思维的反省性和控制性明显提高；辩证思维能力增强，看问题不再那么绝对化；思维的创造性也迅速发展。"林崇德教授在《发展心理学》一书中对青少年思维发展作出了详细论述，其中抽象思维，形式逻辑思维，辩证逻辑思维的发展有一个核心，就是在独立的自我思维空间中不断地进行反省，反思。如果单从学习的层面来看，深度预习非常有利于给学生创造一个独立思考的空间，让学生在比较有深度的独立学习中得到独立思考和反省的经验，这种经验非常有利于学生在课堂教学的学习实践活动中得到更具强度和拓展度的思维训练。

思维从理论上讲是抽象的，但在实际学习中一定是从形象的语言，图形，色彩，画面中得到启发从而产生思维的启示。深度预习可以最大限度给学生创造这种条件和可能性，因为思想往往在独立的情况下最容易产生火花。

（三）深度预习有利于"以学定教"的落实

顾名思义，"以学定教"的前提是先学，深度预习的落实就是先学中"学"的质量落实。其深度既是预习内容的深度，更是思维的深度。既然我们选择了"以学定教"，那么这个"教"就一定是建立在相对去"浅"的基础上，是选择有价值的、有针对性的、有发展性的内容去教，否则又变成了预不预习一个样。

学生在深度学习中可以依据自身的知识结构和基础，排除相对较为容易的知识点，从而确定在课堂教学中应当学习和掌握的内容，也为"定教"提供依据。但在这个过程中，教师检查学生预习成果尤为重要，只有在充分掌握学生预习的情况之下，才能够更好地选择"教"的内容。于是这种关系就可以梳理为：深度预习决定预习质量，预习质量决定学生课堂学习内容的取舍，学生课堂学习内容的取舍决定了教师授课内容选择，教师授课内容的选择就是"以学定教"的落实。

（四）深度预习有利于扩展学生"多学"的时间和空间

深度预习的空间可以分为两种：一种是课外，一种是课内。先谈课内，课内深度预习的时间保障刚好与传统教学中老师习惯性占用课堂教学大部分时间相冲突，换句话说，要让学生有深度预习的时间，就必须压缩老师讲课时间。从某种意义上讲，深度预习与教师"满堂灌"在时间分配上的矛盾是不可调和的，只有教师改变教学方式，二者才可能达到一种平衡。所以，深度预习无形中逼迫教师精简内容，准确取舍，为学生提供更充裕的时间跨度，从而扩展"多学"的时间和空间。

再从课外来谈，深度预习在课外要根据学生自主学习能力来考虑。往往自主学习能力强的学生课外深度学习的可能性就大，反之则小。但不管是何种学生，只要能够利用课余时间，就有这种可能。如果教师有深度预习的要求和任务安排，就能促进深度预习的有效进行，学生"多学"的时间和空间就会得到充分扩展，这一点上，教师的督促起到了至关重要的作用，特别是对自主学习能力较差的学生。这也证明了一点，学生的良好成长绝不是单方面努力的结果，需要家校乃至于社会的紧密配合。

### 三、第三个维度是课堂教学的精度

精度就是精准施教。长时间来，低效、无效教学一直是困扰我们的教育顽疾。从教学改革层面讲，不少一线教师也总结出了许多很好的经验。例如，江苏省苏州中学的黄厚江老师提出六个"减法"：一是减去不必要的教学环节，二是减去不必要的拓展和链接，三是减去多余的手段和形式，四是减去赘余的教学内容，五是减去价值不大的知识呈现，六是减去不集中、不该有的目标。湖南省永州市第九中学严丽荣老师提出教师应"学会洗课"：就像洗菜去除泥沙、淘米去除杂质一样，教师要减少课堂的"冗余"，还学生一个简约、朴实和高效的课堂。

这个寻求课堂精度的过程，其实就是教师不断成熟完善的过程。教师专业知识与课堂教学知识点的融合与选择，教师课堂语言表达随意性与压缩精炼的统一，教师知识传授与学生接受能力的科学安排与规律把握，都无时无刻不在考验教师的素养和驾驭课堂的智慧。因此，课堂教学的精度在"少教多学"范式中具体表现为如下几点。

### （一）课堂教学的精度是教学智慧的外在体现

"少教多学"中的"少教"不是不教，而是要有智慧地教，俗话说"深入浅出"即是这个道理。教师只有把教材钻研得深了，悟出来的道理才通透，讲出来才简单，才到点子上。所谓"一语破的，一语解惑，一语启智，一语激情"是也。教师一句精辟的话，常常能使学生终身萦绕于脑际；一个生动的比喻常使学生抓住关键知识点而茅塞顿开；一句幽默的批评常使学生放下包袱又惭愧不已。言不在多，贵在精当；语不在长，贵在适时；要语不烦，达意则灵。简洁是天才的姐妹、智慧的象征。教师把课上得简单，是一种智慧、一种艺术、一种水平、一种境界，它把教学艺术化、精良化、高效化，就像一个杂技演员走钢丝的过程，走钢丝较之于走马路，其精巧粗俗之异显而易见。教书匠常常不是把课上得简单，而是想方设法上得复杂，从而显其高深莫测，让学生无所适从，好像达到这样的效果就彰显了教师的水平，这与买椟还珠何异？

**（二）课堂教学的精度是"以学定教"作用力的支点**

要想改变传统教学以教师讲授为中心的课堂结构，就一定要树立对学生问题导向的认识。学生通过自主学习、合作学习遗留或产生的问题就是教师设计教学内容和组织教学的导向，这就决定了教师的课堂教学内容必须进行大幅度地缩减和更加具有深度地挖掘。教师授课的着力点就必然是有效解决学生提出的问题。

在传统教学中，教师往往会预估学生可能存在的问题，这些问题一般不会与学生的问题大相径庭，但教师预估问题是否能与学生本身的问题符合，取决于多种因素，如教师的立场、对学生的了解程度、对学生的观察能力等等。在实际教学中，也有可能发生教师纯粹是以自己的兴趣或擅长的问题为导向组织教学的现象，那么，教师的问题就有可能完全不是学生的问题。所以，是否把握课堂教学的精度，就是教师对学生问题是否有效筛选，是否切合学情，是否了解学生最直观也是最基础的表现。反之，要想解决学生问题，课堂教学的重心就必须落实在精度上，这个支点就一定要起到撬动学生思维的作用，其余的一切冗杂都要大刀阔斧地去掉，这种课才是有效的。

**（三）课堂教学的精度是教师教学素养水平的内在展示**

"素养"一词看似高大上，实则就是由训练和实践而获得的技巧或能力，既然可以通过训练和实践获得，那就可以在实际教学中通过不断总结反省而日臻完善。我们也清楚地看到，很多教师在从教多年后教学水平依然停滞不前，除了后天学习和个人天赋这些因素外，还与主观上不去寻求课堂教学的有效性、无法去粗取精、不能精益求精有关，"不寻求"是态度问题，而"无法""不能"就真是能力问题。说明在多年的教学中教师职业素养根本没有得到提高，有甚者还在不断的教学改革中迷失了方向，从而发出"越教越不会教"的感叹。

教师的基本素养由四部分组成，其中知识素养、能力素养是教师教学素养的重要组成部分。"教学"简单地说就是"教什么""怎样教""学什么""怎样学"的问题。只有搞清楚这几个问题，并把这些问题带到我们的备课和上课中去，才能做到有的放矢，才能实现课堂教学求真、求精的目的。当代教学在价值取向上一个重大的转向是，从以知识掌握为本变为以学生发展为本。教师在教学活动中能否促进学生发展，教学内容能否促进学生发展，教学导向能否促进学生发展是评价教师教学素养的重要指标。如何精当地选择教学内容，选择教学手段，选择教学语言，都无时无刻不在体现着一位优秀教师的教学素养。

（四）课堂教学的精度是课堂教学有效性的自然归宿

课堂教学有效与否可以从知识习得、思维培养、能力提升、素养构建、学生发展五个方面来评价。试观我们教学实际，真正能够关注到这五个方面的寥寥无几，能够达到前三个方面的教师就可以称之为优秀教师了。此五方面不是孤立或单独存在，虽有一定的层级和先后之分，但相互关联，彼此融通形成"五位一体"，最终指向学生发展。但在课堂教学过程中，不是所有环节和内容都能够为"五位一体"提供能量，也不是每堂课都能提供所有能量。由于内容和知识点分布不同，每堂课只能完成其中的某部分或者某个点，这就要求教师在课堂教学中去粗取精，去繁就简，越是有智慧的教师、有能力的教师、有思想的教师就越能够把握好每一堂课的精髓，从而更加直接更加有效地完成课堂教学目标，为学生的发展搭建更为便捷的平台。面面俱到本就是悖论，越是想把短短几十分钟的课堂扩到更大的容量反而就越像在束口瓶里抓东西，抓得越多越不容易将手取出来。有效不是扫射而是狙击，一击即中，一发中的才是有效课堂、优质教学的归宿。

### 四、第四个维度是作业布置的跨度

教学环节中最重要的组成部分是学生作业布置和完成。学生作业分为课前、课中、课外。课外作业又可以分为教材作业和非教材作业。不论是哪一种、什么形式的作业，都是教学环节的重要组成部分和最有效的补充与巩固，也是阶段性教学成效的直观检验。作业布置的方式多，选择面广，但以下几个方面需要把握。

（一）由浅入深的作业层次才符合认知规律

道理很浅显，实践有困难。结合自身体验，教师在布置作业的时候绝大多数是依据课堂教学内容和教材设计或是教辅资料，布置的作业往往是横向而非纵向的，是面而不是线性的。更有甚者，作业没有预先设计，教师缺少对所布置作业的精准把握，以至于出现作业随意性大和难度层级跳跃性大的现象。教师布置的作业一旦呈现就具有了一定深度。有深度不是坏事，但如何走向深度、靠近深度、化解深度需要引导。这方面的引导不一定都要用书面作业来实现，可以是教师口头指向性渐入、学生合作学习渐入、预习导向性渐入，不论何种方式，只要能够让学生在完成作业的时候有由浅入深的思维准备，才能尽可能避免无效、低效，难解、无解作业，完成作业的效果才会更好。

（二）由点向面的作业规划有利于构建知识体系

规划作业布置在很多教师看来是多此一举，由点向面的作业规划就更加显得不切实际。再则，作业无非就是跟着课程进度安排，又有什么必要做详细规划呢？恰恰相反，在这个问题上认识的高下真实反映了一线教师安排学生习题训练的科学性和实效性水平。任何关乎技能和素养的训练都必须考虑科学性，从而养成思维和行为习惯。就以简单的高中作文训练为例，高一年级主要训练的是记叙文写作，而记叙文写作是从立意的角度逐渐过渡到叙事波澜和作文深度以及细节描写。如果教师不能把握记叙文写作的一般规律，不遵循甚至于忽视上述训练的流程，记叙文写作训练就不能循序渐进地完成，很难达到预期效果。

从课程设置的大前提上讲，作业布置的规划固然遵循教材编排顺序，教师也容易把握，但落实到章节或者是课题时，越具体越不容易规划落实，大方向好把控，每一天的小任务却考验教师的职业品质。教师可以把一周甚至于更长时间的教案准备好，但很少有教师能够把一周或是更长时间的作业规划好，特别是在管理欠规范、教师自身要求又不严格的学校，做到这点实在难得。

每个学科的知识体系都具有严密的逻辑联系，教师只有在遵循教材和课程体系的前提下，更加注重作业布置由点向面的科学规划，才能取得更好的训练效果，为学生更加清晰地把握学科知识奠定基础，从而构建学科知识体系。

（三）由教材向课外是运用典型解决共性的训练要求

习题训练的根基在教材，大厦在课外。大量的以多种方式进行的教材及相关习题训练，旨在夯实基础，为解决课外习题、考场习题、"生活"习题做准备。高考题最大的特点就是"似曾相识"，很多学生都为"知面不知心"而深深困扰。究其原因很大程度上是课内训练得出的经验不能向课外拓展运用。这也可以解释部分学生为什么作业没问题，考试就成大问题，要训练这种能力，"一问三练"不失为好办法。一练课内原题，二练原题改编，三练对应真题，类似问题针对练，反复练，学生不能举一反三，教师可以"举三对一"设计问题，有意识地充分将教材知识和问题迁移到教材以外的知识和问题上去，从而达到通过典型解决共性的需求。不过，这种能力不是所有教师都具备的，除了本身要具备较高水平的解题能力之外，还要肯研究，细琢磨，多实践才能达到理想的效果。

**五、第五个维度是小组合作学习的效度**

在国内很多教学实践探索中，学生自主学习被普遍当作课堂教学的首要和基础环节，学会自主学习是教学追求的核心发展目标之一。在终身教育时代，中小学教学目标取向的一个重大转变是从教给学生系统、牢固的现成知识转向教学生"学会学习"。即学习者能独立、自主地发起、维持、调控自身学习过程并从中获得新的认知。另外，在教学环节中，学生积极主动地参加学习活动和独立完成学习过程，从而实现构建性学习、内化学习。但是，中学生身心发展特征赋予了自主学习几个特征。一是中学生自主学习是部分自主学习；二是相对于成人而言，中学生自主学习是一种低水平的自主学习；三是相比完全独立的自主学习，中学生的自主学习需要教师帮扶或指导。据此，开展自主学习还需要更好的组织形式来统筹并消弭以上问题，才能获得更多价值。而小组合作学习则可以有效提升自主学习的中后期能动性，最大限度发挥自主学习中各个主体的潜能，从国内外课堂教学变革的经验来看，合作学习成为当代课堂教学最为强调的学习方式之一，几乎所有的课堂教学变革，都强调运用合作学习。合作学习作为一种独特的学习方式，有效的合作学习对学生的学习和发展具有多种作用。合作学习的载体是学习小组，化大班为小团队，从经验来看，6—8人最为合适。

首先，小组合作学习通过合作中的人际互动、交流、对话等活动，对学生身心某些方面素质的形成与完善具有独特的作用。波里奇认为合作学习可以帮助学生形成正确的态度和价值观、亲社会行为、其他视觉和观点、整合的身份、高级思维等。

其次，合作学习对学生学习过程产生影响。包括相互提供帮助和支持、相互交换所需资源、互相反馈、挑战和争论、激发学习的成就动机五个方面。

最后，小组合作学习对于解决学生个体差异问题也具有独特作用。大班教学中，常规方式很难兼顾学生之间的个体差异，而利用分小组合作学习的方式可以很大程度上解决这个问题。佐藤学的实验研究也证明了这一点，他将合作学习看作是每个学生实现"冲刺与挑战的学习"的基本方式。

那么，如何有效开展小组合作学习，可以从以下四个方面来具体实现。

（一）有效的小组合作学习需要教师具有较强的组织能力和驾驭能力

教师把握着教学的方向和节奏，较强的组织能力既表现在活动开展上，也表现在对课堂开放度的把控上。

很多小组合作学习失败的原因就是教师无法有效组织、无法掌控局面。学生对小组合作学习的认识容易倾向于"随意的、无组织、无目的的自学"。小组合作学习打破了教学的一贯氛围和规定的座次，课堂教学表现形式随之变得轻松活跃，部分学生心理上容易受到这种氛围的影响而错误地认为可以不遵守纪律，从而高声喧哗或故意扩大活动范围，甚至于做与教学无关的事情。当面对这种情况时，如果科任教师没有敏锐的观察力、较强的组织能力、课堂节奏的驾驭能力，学习活动就会变得无序无效。

所以，小组合作学习之初，如果教师组织不力，很容易将学习活动带向一个不可逆转的艰难处境。

（二）有效的小组合作学习需要对学生有充分的了解

小组合作学习的独特之处是它始终将学生置于集体与团队之中，一个团队的潜能是否能够最大化，取决于成员的向心力的最大化，向心力的最大化又以小组成员最大可能的优势互补为前提。

小组合作学习首先要组建成员相对固定、组织相对严密的团队，在团队组建过程中，由于学习成绩、兴趣爱好、同学关系等多种因素，很容易造成好到一组、差到一组，内向到一组、外向到一组的不平衡现象。为了使学习活动在整个体系中能够有效而又有竞争地长期开展下去，小组组建兼顾公平、人员互补、力量平衡就显得尤为重要。科任教师只有在充分了解学生的基础上才能做到让整个团队成员好差帮带、性格互补，既能分工又能合作。只有这样，今后的小组合作学习活动才具有可持续、可发展、可竞争、可比对的意义。不然，不平衡的小组力量势必为系统评价带来负面影响。

（三）有效的小组合作学习要有规范的建制和明确的分工

小组合作学习不仅仅体现在课堂上的分组与合作，更多的是课后的帮扶与监督，因此，每一个小组要有相同的规范建制才能够在不同时间段进行有效运作。只有把小组成员都调动起来，才可能最大限度地发挥各个成员的作用。

　　每个小组可以根据学生的具体情况设立以下职责分工：组长、书记员、资料信息员、联络员、回答问题专员等，人数可根据本组的实际情况而定。其中，组织能力、沟通能力最强的担任组长；书写规范的担任书记员，负责誊写材料和书面作业；信息面广、资料收集渠道多的担任资料信息收集员，负责收集讨论或回答问题所需的各种资料；人际关系处理得好，善于交流协调的担任联络员，负责各小组或与老师之间的联络与沟通；语言表达能力强的担任问题回答专员（可兼顾多人），负责课堂问题的临时回答或小组学习结论的陈述。各成员间分工相对独立，但在活动中又必须合作，这样就能兼顾到各成员并能充分发挥成员的个人能力。

　　此外，还要不断地激发、修正学生的学习动机，使其建立正确的能够坚持的学习动机，让学生从内心认识到小组合作学习对自身学习发展的促进作用并从中获得成功与快乐，只有这样，小组合作学习才能成为学生乐于参与，利于教师教学的有力辅助手段。

　　（四）有效的小组合作学习需要建立系统的评价机制

　　学习小组在组建之初就有一个竞争的前提，如果要使学生在整个学习活动中的成功与失败、经验与教训得到如实记录，就必须建立整套评价体系。评价体系可以由以下三个部分组成。

　　1. 小组称号、组呼、组徽

　　分组之后，教师要求各组成员拟定小组称号、组呼，设计自己的组徽，并把组徽雕刻成印章，在今后小组完成的作业上都盖上本组徽章加以识别。

　　给本组取名、拟定组呼、雕刻印章并不是走形式。一个组织的成立，特别是中学生成立某种组织，要结合他们的心理给予仪式感和荣誉感，要让他们意识到本小组的成立是正式的、具有使命和荣誉的。组名是小组成员的精神体现，组呼是小组力量的话语表达，组徽是小组形象的标志。虽然是班级学习小组，我们也要把它当成成立一个有着崇高理想的组织来完成，这样学生才会把它当成一件有意义的学习大事来对待，从而为本组的发展和荣誉贡献自己更大的力量。以我所教的班级为例，我们成立了七个小组，他们的组名、组呼、组徽如表1。

表1

| | 组名 | 组呼 | 组徽 |
|---|---|---|---|
| 第一组 | 鹰雁小组 | 全力以赴，超越梦想 | |
| 第二组 | 欢乐无限 | 一直被模仿，从未被超越 | |
| 第三组 | TNT | 星星之火可以爆炸 | |
| 第四组 | 咸鱼帮 | 做条有理想的咸鱼 | |
| 第五组 | 书香馆 | 青春浩气献中华 | |
| 第六组 | 超神小队 | 风里雨里，我在学习的道路上等你 | |
| 第七组 | 战狼-9 | 团结一致，破题攻关 | |

## 2. 学习过程记录公示栏

小组学习的过程要适时记录，为期末小组总评提供依据。可按小组为单位，设立"课前预习、课堂展示、作业完成、课后巩固、创造拓展"五个方面，分别记录每一个小组的学习活动始终，用计分或评优的方式到期末相加，分数最高或得优最多的组将获得期终奖励。同时，也可以设立其他奖项来激励分数不高但有特殊贡献和取得进步的组，从而让每一个小组都能得到肯定，最后达到全班共同进步的目的。

公示栏可以在实际运用中不断改进、完善，让其能最大限度地适应班级实际情况。

3. 设计小组学习评分细目表

这种细目表的设计不仅要体现小组完成作业情况，而且要充分体现团队协作能力和个人创造力，现在我班所用细目表如表2。

表2

| 班级 | | | 组长 | | | 人数 | |
|---|---|---|---|---|---|---|---|
| 小组称号 | | | 小组口号 | | | | |
| 组员姓名 | 积极性（10） | 交流沟通（10） | 任务完成（20） | 贡献程度（15） | 创造性（20） | 是否主动承担答题任务（5） | 学习态度（20） | 总分 |
| | | | | | | | | |
| | | | | | | | | |
| | | | | | | | | |
| | | | | | | | | |
| | | | | | | | | |
| 答题心得 | | | | | | | | |
| | | | | | | | | |

**六、第六个维度是"少教多学薄积厚发"范式运用制度落实和推广的力度**

任何一种教育教学改革都不可能由个人完成，更不可能在缺少学校支持和没有制度保障的前提下完成。再则，课堂教学改革不能一蹴而就，肯定会在改革过程中遇到种种困难，克服这些困难既需要教师本身努力，更需要学校在推广过程中施以有力的执行刚性和系统的理论学习指导。相关各部门根据范式推广的实际需求，设立针对性检查制度，将检查结果与改革成效紧密结合起来，才能形成长效的、可积累和不断调整的教学范式。教师在实践中根据不同学科特点，以范式为纲，以相关学科专业理论知识学习为辅，形成纵深的运用计划，才能步步为营，形成既符合范式核心，又具有学科自身特点的创造性实践。

课堂教学改革是教学科研的核心步骤，所谓"范式"和"理论"都只是指导实践的纲领，并不能代表所有学科的教学实际和教师的执教实际，它需要在实践中不断总结经验，根据校情、学情、教情做出更加合理的调整。在这些过程中，教科研紧密跟进，研究不断深入并将好的、新的、操作性更强的办法和经验进行推广、积累以形成学科、学校教学改革成果才是最根本的目的。

（一）学校管理层面制度落实是范式推广的刚性保障

学校管理三个阶段分别是"以情动人、制度管人、以文化人"。小型学校以情动人有一定市场，大型特别是大型初高中如果再想"以情动人"就显得太过幼稚。"以文化人"固然是理想愿景，但若非百十年辛苦经营、一脉相承又难以形成。现阶段绝大多数学校都处在"制度管人"阶段，特别是师资不均衡、老中青分段明显的学校，建立健全规范的教育教学制度是立校根本。尤其在尝试教育教学改革初级阶段，带有刚性的改革制度是成败关键。也只有用刚性的制度去强势推行，规范教学过程和行为，才可能建立标准，打造典型，树立榜样。虽说课堂教学没有"万应锭"，但课堂教学一定具有"规范性"，通过制度来规范课堂教学、清晰教学环节、落实教学流程、督查教学效果、总结教学经验才可能为范式推广和改革推进提供最顶层的设计和保障。

（二）深入系统的理论学习是范式推广的智慧源泉

教育发展日新月异，没有任何一种理论和教育思想可以全部适用于不断进步的时代，但新思想的产生和日臻成熟又必然建立在前人的成就之上。一名优秀教师的成长历程其实就是不断更新思想的历程，只有通过永不停滞的学习和在实践中不断检验论证教育教学新理论才能最大可能地促进教师发展。优秀是新时代教师的"标配"，教师目前可以不优秀，但必须有成长为"优秀"的追求和愿景。教师如何变得优秀？除了具备过硬的专业知识外，不断学习并较高程度地掌握先进的教育教学理论知识是后天发展的基础。任何实践都必须有理论来支撑，但目前的现状却是很多教师放着现成的理论不学习，而苦苦追求自身探索，以致于在大量失败后事倍功半或事倍无功。

学习、不断学习是教师生活的全部，一名有智慧的教师应当不断习得智慧，而智慧的源泉就在身边浩如烟海的理论著作和多姿多彩的生活与教育教学实践之中。

（三）督促检查是范式推广的循环助力

有计划、有落实、有检查、有反馈、有改进是工作实施的基本流程，督促检查作为工作推进和落实的根本动力，起到承上启下、结果运用的关键作用。特别是在学校工作中，往往计划周详却落实不够，落实具体但检查不力，检查到位又反馈滞后，反馈及时但改进不足，每一个环节打点折扣，工作就收效甚微。相较而言，督促检查在整个工作推进的环节中，最能够体现学校管理水平和制度执行力。为了强化督促检查效果，多少学习一点行政手段必不可少，在教育教学督促检查中，有标可对，有表可查，不失为最公平公正的方法。虽然教育教学标准相对较"软"，但硬性指标必达是范式推广的最后底线。如课堂教学时间分配的问题必须严格要求，教师讲授时间必须严格控制，学生预习情况必须反馈在预习清单上，课堂作业必须在规定时间内完成等均属于硬指标。学校在督促检查时就必须要求相关处室制定检查方案，一一对照落实，并将检查结果运用到教师的考核和评比上来，以期形成课堂教学自觉，从而养成教师"少教多学薄积厚发"的课堂教学素养。

（四）科研跟进是范式推广和理论积累的根本途径

教育教学属于专业性很强的工作领域，除了具备相应的专业知识这一基本素养以外，教育教学其他素养共同形成了教师群体区别于其他知识群体的标识。教科研作为教师成长的阶梯，至少分为学校和个人两个层面。

学校层面的教科研具有统筹性、广泛性、长效性，主要任务是为教师搭建平台，提供经费和时间保障及智力支持。通过问卷调查，本县 28 个乡镇 5595 名提交问卷的教师中，4918 人认为最能促进教师发展的措施是加强自身学习，2536 人认为是平台支持，4045 人认为需要专业引领。从以上数据看来，绝大多数教师对教师专业成长的路径是非常清楚的。但由于城乡差距、自身水平，机会欠缺等主客观因素，乡镇特别是乡镇偏远学校的教师成长就极为缺少学校平台支持，很多教师从教多年都未能获得由学校提供的教科研机会，或者是极少有机会，自然无法取得教科研成果，教师成长也就非常困难。此外，个人层面的教科研则往往具有个体性、短期性、兴趣爱好偏向性等特点，是对学习层面的教科研的有效补充和丰富。教科处、教师发展中心等具有教师发展针对性的科处室能否在学校总体规划的框架下切实做好这方面工作，是学校和教师能否得到发展的关键。从范式推广的角度来看，这又关系到范式推广的成败和理论积累厚度。教科研相关处室的积极导向作用能够汇集教师智慧，集中力量办大事，从而为范式成功运用提供更为有利的条件。

## 七、结语

总而言之，"少教多学薄积厚发"教学范式在教学活动中的运用实践虽不至于"摸着石头过河"，但具体落实到细节当还有很多地方需要根据校情、学情、教情做出必要的调整和完善，在推广过程中不断修正方案、调整布局、积累经验。

改革面临的问题永远无法完全预见，改革先驱和先烈也就一字之差。但是，瞭望教育发展的滚滚洪流，经历教育发展的困苦探求，面对教育发展的历史必然，任何一名普通教师，都有责任在教育这条永无止境的道路上为后来者树立一块指路牌，即使是错误的，也可以为后来者规避重蹈覆辙的风险，至少，这份教育的良知值得肯定。

**参考文献：**

[1] 代泽斌. 流动的风景 [M]. 北京：航空工业出版社，2019.

[2] 林崇德.21 世纪学生发展核心素养研究 [M]. 北京：北京师范大学出版社，2016.

[3] 林崇德. 发展心理学 [M]. 北京：人民教育出版社，2016.

# "少教多学"范式下如何构建高中数学有效课堂

贵州省铜仁第一中学　戴茂俊

【摘要】少教多学变原来的被动学习为主动学习。高效课堂、高效教学是教学工作亘古不变的话题，是教师一直追求的目标，也是学生高效学习、高质量学习的保证。高效课堂，指在一节课的有限时间内让学生学到更多的知识。教师合理地驾驭课堂教学，大部分的时间让学生去实践和体验，这样才能真正做到学生多学，让学生成为学习的主人。

【关键词】教师少教　学生多学　高中数学　有效课堂

"少教多学"积极挖掘学生的学习潜力，变原来的被动学习为主动学习，相对于传统教学，"少教多学"是把知识嵌入学生脑中转变为学生把知识积极内化的教学。在教学过程中，教师要创设好情境，通过少教，把学生的学习过程转化为学生的内心活动，把学生引向积极思考、深度学习、个人独立学习的环境，想要达到这样的目标，少教多学范式下的高中数学教学就是立足点。如何构建数学高效课堂，我认为应该做到以下几点。

## 一、改革教学模式，倡导自主学习

传统课堂教学模式下，教师是课堂教学的唯一表演者，学生对于知识的学习只能是被动接受者，教师很少去考虑学生的个体差异和对于知识的差异性需求，教师为了完成教学目标，只需要一个讲台，一根粉笔，一块黑板，这种方式就是教师一股脑的把自身所掌握的知识灌输给学生，但是这种课堂教学形式抑制了学生学习的主动性和思维的活跃性。我国著名教育家陶行知曾说过，"知识是教不尽的。"所以教师在教学过程中要针对学生学习过程中存在的问题以及学生的个体性差异开展教学。因此，教师必须考虑采用有效的课堂教学组织形式来尽量满足不同学生的不同需求，因为不同学生具有不同的生活经历，有效的课堂教学组织形式是可以满足不同生活经历的学生的学习需求的。"少教多学"就是要组织学生进行自主探究式的课堂学习。要从传统教师为主体的教学方式"教师多教"转变成以学生为主体的方式"多学"，实现教师组织学生进行自主探究式的课堂学习。

### 二、以生为本，把时间还给学生

"少教多学"提倡在自主学习的前提下，教师起到组织者的作用，开展形式多样的小组合作学习。新课程的理念就是倡导学生进行自主学习、合作学习、探究学习，这就要求教师在教学过程中能够交给学生做的就一定要交给学生去做，需要让学生表达出来的一定要让学生表达出来，学生有能力发现的就一定要引导学生自己去发现。"少教多学"就是要高度相信学生，学生看得懂的地方，教师就认真倾听；学生看不懂的地方，教师就适当补充。让学生真正感受到自己是学习的主体，培养学生的学习能力，思维能力，表达能力。"少教多学"就是实现"再创造"的过程，也就是引导学生把所要学的知识自己去发现或创造出来，让学生自己体会到数学家发现新知识的心情，所以教师的任务就是引导学生去更好地实现"再创造"，而不是生硬地把知识灌输给学生。

高效课堂、高效教学是教学工作亘古不变的话题，是教师一直追求的目标，也是学生高效学习、高质量学习的保证。所以课堂教学应从学生出发，新课程下要求教师研究"教什么"，同时也要教师研究"不教什么"。研究教师"不教什么"具体就是需要老师去研究哪些问题学生能够自己解决，哪些问题学生可以通过学习小组合作交流学习来解决。这样做将会减少课堂的冗余，把时间和空间还给学生，变传统教学中老师给学生展现思维的过程为学生通过自主学习迸发思维的火花而发现知识的思维过程。让学生有充足的时间自学、讨论、合作交流，一起迸发思维的火花。高效课堂，也指在一节课的有限时间内让学生学到更多的知识。教师合理地驾驭课堂教学，合理分配好一节课中学生活动时间和教师活动时间的比例，坚持教师活动时间也就是教师在课堂上的点拨、思维引领不超过 20 分钟，大部分的时间让学生去实践和体验，这样才能真正做到学生多学，让学生成为学习的主人。

我认为少教多学不是一味地追求少教，而是要求教师在课前备课环节下更大的功夫，使得教师能更好地把握课堂，讲最关键的知识，激发学生的学习兴趣、学习主动性，让学生自己把握学习的主动权，然后自己去发现、去探索、去成长。这样学生的学习活动就不会局限于被动地接受、模仿和生硬地练习。所以少教多学也不是简单的教师少讲，而是培养学生自主学习的能力，教师则需要在较短的时间内讲清问题的本质，真正成为课堂教学的组织者、引导者与合作者，同时教师还要树立学生为教学主体的思想，帮助学生创造主动参与的课堂氛围，给予学生足够的参与时间。

### 三、注重合作交流，提升学生的思维品质

"少教多学"要求学生通过实践，发挥自己学习的潜能，完成"知识被嵌入学生"到"知识被学生积极内化"的转变，在这个过程中，学生的能力得到提升，潜力得到升华。基于此，构建一个高效课堂，需要提前布置导学案，在导学案中营造问题情境，使学生在问题情境中通过发现问题、分析问题、解决问题来完成自己的学习活动。这样学生就可以带着问题进入课堂，在课堂上也就清楚自己对新知的认识上存在哪些问题，在课堂上需要具体做什么，自然就储备了本节课师生、生生交流合作的"资本"。

学生有了对导学案中问题的思考，学生带着问题进入课堂，自然其学习热情高涨，在这种情况下，学生不一定需要教师的讲解，而是渴望自我表达和相互交流的机会，所以学生就需要有学习小组合作交流的这样一个平台。在学习小组内学生可以交流自己的学习成果，互相讨论，发表观点，达到相互学习的效果，从而进一步完善自己对数学问题的认识和理解。这个环节可以培养学生学会交流、倾听、欣赏、尊重和表达，达到学生间思维碰撞、产生思想的火花的目的。能够将问题向其他同学讲明白的学生一定是掌握了这个问题，能够就某个问题与其他同学争辩的的学生一定会对这个问题有更透彻地理解，进而达到组内同学共同进步的目的，达到 $1 + 1 > 2$ 的良好效果，达到从"听明白"到"想明白"再到"说明白"的境界，符合培养学生数学核心素养的要求。

导学案可以促使学生与课本交流，通过阅读课本更好地领悟教材，提升学生的阅读能力和自学能力。例题教学在数学的教学过程中占重要的地位，通过例题可以把数学知识、技能、思想和方法联系起来。达到学生与例题设计者的"无声的交流"。

例如，在学习高中数学必修一 1.3.1《单调性与最大（小）值》时，我在导学案中要求学生思考这样一个例题：

例3 "菊花"烟花是最壮观的烟花之一。制造时一般是期望在它达到最高点时爆裂。如果烟花距地面的高度 $h$ 与时间 $t$ 之间的关系为 $h(t) = -4.9t^2 + 14.7t + 18$，那么烟花冲出后什么时候是它爆裂的最佳时刻？这时距地面的高度是多少（精确到1米）？

这道例题的目的是让学生感受到数学来源于生活、又高于生活。数学与生活的紧密联系，启发学生从生活中捕捉数学问题，主动运用数学知识分析生活现象，自主地解决生活中的实际问题。

总之，就像德国数学家第斯多惠在《德国教师培养指南》中所说的："教学的艺术不在于传授本领，而在于鼓励、唤醒、鼓舞。"教师在"少教多学"理念的指导下，可以达到课堂高效的目的，因为老师在"满堂灌"的过程中，学得懂的同学不喜欢听，学不懂的学生不认真听或听不懂。所以我们学校也努力推广"少教多学"，努力打造"少教多学"高效课堂，晚自习尽可能把时间还给学生。苏格拉底也说过："教育不是灌输，而是点燃火焰。"从教学效果来看，推行"少教多学"确实大大提高了教学效率，把时间还给了学生，同时也培养了学生的学习能力、表达能力、思维能力、创新能力。

**参考文献：**

［1］黄英采. 先学后教，少教多学——营造高效课堂，培养学生核心素养［J］. 读与写，2019（04）：16.

［2］代泽斌. 流动的风景［M］. 北京：航空工业出版社，2019.

# "少教多学"视角下的中学生阅读现状探究

贵州省铜仁第一中学　刘亮亮

**【摘要】**语文学习中以阅读为架构学生和文本的桥梁，阅读是语文教学和学习中的核心程序。新课标明确规定学生通过阅读达到提升自我的目的，而现下中学生阅读却呈现出不容乐观的现状，文章着重于阅读和语文学习的关系探讨、语文阅读展现的现状及原因分析，以期找到相应的提升阅读能力的方法。

**【关键词】**新课标　语文　阅读　原因

杜甫曾言："读书破万卷，下笔如有神。"阅读是一种复杂的思维程序，是一种艰难的输入、消化过程，更是一种文化再创造的惊人之举。阅读是人之为学的初始门径，也是文化薪火相传的本源之水。中学语文教学中，阅读教学是重中之重，因为它是一切教学的起始，同时又难之又难，因为它涣散无形，法出多门，操作过程尤为不易。但是阅读是中学生构建整个知识体系的基点，是认识外物、体验外界的方法，也是一种传承文化的有为之道。

## 一、新课标理念下的阅读

高中语文课标规定："阅读华夏优秀作品，细心品味传统语言，用心感受其思想境界以及艺术魅力。在课内外的阅读中，用心品味感受外界大自然以及自我人生的丰富多姿，从而调动并激发学生热爱大自然钟爱生活的热烈感情；用心灵去体悟感受艺术活动和生活状态中的美，审美层次在这一系列活动中得以提升。"

新课标提倡多角度、有创意的阅读，同时要求课堂教学要全面、均衡、联系地处理学生、教师、编者、文本之间的关系。语文阅读教学中有四大主体，即参与课堂的学生、主导课堂的教师、所学文本及文本的编者，四个主体围绕文本产开，对文本的解读见仁见智，各有己见，在很大程度上保证解读主体的充分自由、自主的精神空间，既允许他们从各自的立场出发自由化地研读文本，又可以保证多个主体之间进行对话与交流。

在整个思维运行的过程中，解读的心得可以形成一种相互碰撞的声响，在声响中获得审美感知和体验，并进而把所得形诸于自己日后的行与思中，这才算是成功的、全面的、高层次的阅读过程。

古人云"腹有诗书气自华"，好的阅读带给人的是别具一格的思想火花和审美体验，中学生处于人格、心智、思想逐渐走向成熟的阶段，在阅读中可以完成一系列的深化，语文阅读教学最基本的目的和要求在于"立人"，"进一步丰富学生的思想精神生活，实现高中生自我人格的深入完善，健康发展，最终达到学生人生境界的新发展以及新的高度，在此基础上，学生对个人和社会，个体和自然关系的思考体悟水平跨上新台阶。"阅读对中学生益处甚多，效果也令人期待，而现状却让人深思。

## 二、中学语文学习中阅读现状及原因分析

如今的中学生面临课业的负担，面对考试的焦虑，身处日益功利的社会环境，耳濡目染于甚嚣尘上的世俗偏见，阅读已逐渐成为一种形式，一种口号，跋涉于书山、遨游于书海似乎已经成为一种负担，充斥于中学生心目中的是"网络文学""青春文学""泡沫文学"，视觉享受和屏幕阅读的短暂快乐已成为一种潮流，传统阅读和思考方式正渐行渐远。

行之渐远，思之愈深，望之弥切，感益良多。面对中学生阅读呈现的江河日下的现状，笔者于铜仁一中高二年级四个班为调查对象，发放阅读调查问卷 240 份，最终收回 220 份，有效问卷 215 份，以下是调查问卷反映的数据：

第一，对于古今中外经典作品的选项中，选择很了解的只有2.4%，选择基本不了解的有29.4%。

第二，休闲杂志、推理悬疑、漫画图册、笑话故事等备受青睐，因为以上诸书轻便明了，读起来行云流水，时而可开口一笑，无须经历艰难而曲折的思考过程，但是这种阅读对象所产生的体验也只能是大道平坦，一眼望到头，而不会有柳暗花明的惊奇，也不会有大浪淘沙的升华。

第三，"影响阅读经典作品的原因"调查问卷显示，认为阅读经典时间缺乏、压力较大的占48.7%，认为经典作品语言晦涩、内容枯燥、不易理解的占比13.3%。

**表1 对高中生经典著作阅读情况的数据统计表**

| 问题：你对古今中外的经典著作了解吗？ | | | | | | | | |
|---|---|---|---|---|---|---|---|---|
| 选项 | A. 很了解 | | B. 比较了解 | | C. 一般 | | D. 根本不了解 | |
| | 人数 | 比例 | 人数 | 比例 | 人数 | 比例 | 人数 | 比例 |
| 总计 | 16 | 2.4% | 50 | 20.1% | 80 | 48.1% | 69 | 29.4% |

**表2 影响名著阅读原因的数据统计**

| 问题：影响学生阅读中外经典名著的原因？ | | | | | | | | |
|---|---|---|---|---|---|---|---|---|
| 选项 | A. 时间缺乏 | | B. 学习压力大 | | C. 名著语言晦涩 | | D. 思想高深 | |
| | 人数 | 比例 | 人数 | 比例 | 人数 | 比例 | 人数 | 比例 |
| 总计 | 35 | 8% | 100 | 48.7% | 55 | 13.3% | 25 | 30% |

同时，在调查中明显感觉到，中学生阅读经典有很大的选择性，内容通俗、情节跌宕、人物形象突出的作品对学生吸引力很大，这是由于学生此时的身心发展状况决定的。不能说中学生丝毫不涉猎经典作品，即使稍有触及，也仅仅浅尝辄止，难有毅力、恒心、时间继续深入。阅读的碎片化、表面化、快餐化，导致中学生阅读能力低、知识储备欠缺，进而波及日常交际和行文写作，语文学习的要义"听、说、读、写"，因为阅读的不深入而导致其他三项技能无法完备地为学生所用，语文学习奠基之石——阅读的缺失，使得无论教学还是学习仅仅停留在一种浮光掠影式的光环效应下。

中国是诗书之邦，读书一直以来被人推崇，读书也被当作一种润物无声的高级精神活动，可以说诗书是一个民族的灵魂，是一个民族终极智慧的源泉之一，所以读书无论于己于人于社会，都举足轻重，而身处最佳阅读年龄的中学生，阅读却展现出令人诧异的状况，这与当前的应试教育关系甚大。在应试教育的机械化操控下，不止学生，包括家长、老师都滋生一种心理偏见，认为在所学科目自顾不暇的学习压力下，阅读会浪费时间、消耗精力，所以阅读在人为的观念中，成了一种只闻其声，不见其形的变异品。即使

《教育大纲》规定的诸如《水浒传》《骆驼祥子》《巴黎圣母院》《围城》等经典作品，在阅读教学中也逐渐形成了程式化和程序化的路径。在此种思维左右下，对经典作品进行缩略式阅读，对经典进行急功近利的强记死记，为应付考试而对经典进行挂一漏万的处理，经过处理的经典缺少细节，缺少结构，成了一条条刻板的字行，无美感的处理把经典逼入一种尴尬的境地，阅读就在机械式的操作下，逐渐变得空洞。

课标加试经典作品，考查的方式相对单一和死板，通常以选择题和两到三个问答题（大部分是陈述性知识）的形式考查，然后以一定的分数来判定学生的掌握程度，这种单调的评价模式强行突出了语文的工具性，而人文性和思想性却被无声扼杀。在这种操作下，中学生对阅读把控的主人翁地位也一并损失，中学生成了被套上枷锁跳舞的书橱式存在，自由、灵动、无功利的阅读体验在这种跳动中无法体会，随着美感的缺失，阅读经典逐渐成了谈虎色变的存在。

### 三、解决中学语文学习中阅读困境之道

中学生面对的阅读困境以及阅读现状，直接关乎学生心智、人格、心灵的塑造，关乎一个人的文化素养，关乎一种社会文化氛围的凝聚，更关乎文化命脉的延续。如果阅读流于形式，成为一种摆设，或成为一种被抽掉美的空壳，那么，学习将不称其为学习，读书将不称其为读书。

改变当下事多求快求速的功利环境。社会应有一种读书的氛围，氛围的波散将有助于风清气正的社会形象打造，如果一个社会是充满书香的社会，置身其间的人自然会享受阅读所带来的乐趣；社会充满奸诈，充满功利，其间人必无书卷气，必无底线，必无良知。

学生家长要读书。家庭是人生的第一所学校，父母是孩子的第一任启蒙老师，阅读要从小做起，在弥漫书香气息的家庭成长起来的孩子，读书素养和眼界定然超出常人。

语文老师首先是好读书之人，以己之力，以己之心，提倡读书。老师是饱学之士，对学生的影响定能起到立竿见影之效，一位热爱阅读的老师不但拥有一个现实版的世界，而且还获得了一个专属于自己的丰富广阔的精神世界，拥有强大精神世界的老师必将给学生与众不同的阅读体验。

学生阅读要读经典，经典如同无止尽的流水，掬一捧慢慢品尝定会产生

沁人心脾的享受，"学习国文并无其他奥秘诀窍，仅仅需要多次熟读精思，在个人的脑海里或者在更深层次的筋骨皮肉里，深刻地浸润下专属的全套框架、特有的腔调格调和那一套用字造句的功夫，到时候下笔一摇，那些所谓骨力神韵就自然而然地来了。"要学会在阅读中思考，在思考中进一步咀嚼经典作品的内涵，把所思的结果内化于心外化于形，阅读逐渐会成为一种习惯，"博学之、审问之、慎思之、明辨之、笃行之"，让阅读成为一种思考的基础，成为一种无功利的精神活动，成为一种全新的审美体验。

## 四、结语

阅读是功参造化、思接千载、联系古今、横亘中外的有效学习方式，语文学习的核心和枢纽就在于阅读，而语文中的终极追求——写作，也是以阅读为铺衬和基础，所以阅读擎起了语文学习的整体框架。中学生的阅读以及教师的阅读教学在当今纷繁复杂的环境中，仍然要求新求变，改变阅读习惯，改善教学方式，增大阅读量，充分用阅读武装中学生的逐渐成熟的精神世界，这既是对自身发展的负责，也是对文化传承的担当。

**参考文献：**

[1] 中华人民共和国教育部. 普通高中语文课程实验标准（实验）[S]. 北京：人民教育出版社，2012.

[2] 钟启泉. 课程的本质 [M]. 上海：华东师范大学出版社，2002.

[3] 代泽斌. 流动的风景 [M]. 北京：航空工业出版社，2019.

# "少教多学薄积厚发"教学范式
# 在作文教学中的运用

贵州省铜仁第一中学 黄于兰

**【摘要】** 语文是一门重要学科，在高中阶段，无论是学文科还是理科，语文都是必考科目之一，且所占分值很大。其中，作文是语文学科中所占分值最大的项目，因此，教师需要极力引导学生学习写作，提高写作水平。怎样提高学生的写作水平呢？笔者认为，作文不是教师不想多教，而是多教不如多练。作文教学应遵循"少教多学薄积厚发"理念，学生多学、多练才是写好作文的关键。教师精讲，学生多学，最终实现双赢。

**【关键词】** 少教多学 薄积厚发 作文教学

贵州省高中语文名师工作室主持人代泽斌提出："少教多学薄积厚发"即教师对教学内容根据学情取舍、学生在老师的主导下多学多思多行动，教与学和谐共生，教学相长，学生学习习惯和学习效果正向发展。学生与老师每一天都有一点进步、收获，慢慢地积累，越积越多，最后形成良性循环。可究竟怎样才能将"少教多学薄积厚发"教学范式应用到语文作文教学中来，成为当前作文教学工作者们亟须研究和解决的一个课题。

中学生写作文，一个主要毛病是空洞。写人，不是"目光炯炯"，就是"精神抖擞"；写树，不是"枝叶茂盛"就是"参天耸立"；写花，不是"姹紫嫣红"，就是"绚丽夺目"，总之，没有具体、细致地描述，只有抽象的、概括的介绍，反映不出个性，再现不出特征。绝大多数学生在写作文时，双手摸白纸，两眼望青天，拿笔就头痛，觉得没有东西可写，即使有东西可写，一下笔又不知从哪儿写起，"写什么""怎么写""写不出""写不清"的难题困扰着学生。他们不愿意写作文，讨厌作文，甚至是惧怕作文。原因在于在过去的作文教学中，我们的作文大都带有强制性，学生像服苦役一般写作。

在这种情况下，即使学生能写出一些东西，但它们很难说是愉悦的、富有灵气的、充满神奇幻想和大胆真诚的内心情感与知识的抒发与表达！所以，不管是课堂作文，还是考场作文，学生的文章大多千篇一律，缺乏生气、缺乏灵性、缺乏体现自我个性的创意。我们很难看到一个个鲜活的生命，一种蓬勃的生气、健康的人格和舒朗的情怀。

作文如做人，作文能力是人的多方面的素质的综合体现，因此，如何把"少教多学薄积厚发"教学范式落实到作文教学，是我们必须要解决的问题。本文就以此理念为基准，从多角度搜集素材、激发写作兴趣、多方式评改作文三个方面着手，重点阐述"少教多学薄积厚发"教学范式在作文教学这一块的优势性。具体做法如下：

### 一、多角度搜集素材，为写作做准备

学生作文由于写作素材的缺乏，每每苦于无物可写，不少学生为了应付只能胡编乱造，写作内容虚假、空洞、乏味，作文中常常出现"假""大""空""抄"现象。俗话说"巧妇难为无米之炊"。平时积累的素材多了，写作文的时候才会得心应手，左右逢源，而不会腹中空空，下笔无言。因此，平时勤于积累，才是打开写作源泉、丰富写作库存、提高写作能力的"法宝"。那么丰富的材料从何而来？来自阅读书本，来自社会生活。

（一）来自阅读书本

阅读被称为"学习之母"。新课标对高中生的要求是"阅读优秀作品，品味语言，感受其思想、艺术魅力，发展学生的想像和审美能力"。我是这样做的：每个星期利用两节语文课让学生到阅览室读书，摘录阅读中发现的名言警句、诗词、语段，每天用 15 分钟对摘录的内容进行整理，培养人文情怀。作为一个读书人，须胸怀悲天悯人之心，走近大师，走进他们的心灵世界，与之展开对话。

如：老师布置学生习作《文化的影响力》，让学生课后查阅与文化影响力相关的资料，然后写作，其中一个学生的作文这样开头："在丹麦哥本哈根的长堤公园，有一座举世闻名的铜像。这个铜像，不是将军，不是伟人，而是一尊小美人鱼。这尊小美人鱼，是一位作家笔下的一个虚构形象。很多国家都有自己伟大的作家，但很少有一个作家，能直接与一个国家相提并论——

除了丹麦，安徒生。这就是文化的影响力。"

通过阅读，我们可以体味大自然和人生的多姿多彩，激发热爱生活、珍爱自然的感情，感受艺术和科学中的美，提升审美境界，可以说读书是智慧的源泉。所以，培养学生广泛的、多角度、多层次的阅读习惯，可以让学生积累丰富的写作素材，从而达到"言之有物"的目的。我们开展"青年阅读会"阅读活动，要求学生利用学校的图书馆、阅览室和多媒体等资源选读经典，并进行有关经典的诵读、摘抄、知识竞赛，与文本对话，拓宽阅读面。学生的阅读量大了，思维活了，必然会产生说和写的欲望，这为写作打好了坚实的基础。同时，培养学生细心观察的习惯，留心生活。当他们觉得"言之有物"时，就把握好了"少教多学薄积厚发"教学范式的重要环节，同时学生在阅读中也享受到了快乐！

（二）来自社会生活

当今社会，随着媒体的日益发达与不断渗入，学生接触语言的机会越来越多。我们教师要鼓励学生去留心听说书，听广播，听"文学欣赏"，听各类辩论赛，听语言节目，来提高语文素养。每周收看《新闻周刊》，既可以了解国家大事，又能从中获取信息，开阔视野，积累丰富的作文材料。

身边的人和身边发生的事都可能成为作文中的基本素材，因此要引导学生用心观察身边的人和事。比如观察人，可以观察自己的同学，观察老师，观察家人邻居，留意他们的长相特征，习惯动作，常用口语，显露的表情等。从同学们的沉思做题到游戏玩耍；从老师的板书动作到讲解用语；从读书的神态到走路的姿势；从平时的温文尔雅到吵架时的暴跳如雷……

## 二、激发学生的写作兴趣，充分调动学生写作的积极性

"兴趣是最好的老师。"要想在语文教学过程中提高学生自身的写作水平，首先要做的就是培养学生的写作兴趣，激发学生内心的写作欲望，让学生从心里喜欢写作，愿意写作。这要试着从选题开始。如上完《氓》和《孔雀东南飞》后，我让学生欣赏并一起唱王菲和陈奕迅的歌曲《因为爱情》，然后学生以四人为一组完成一份8开纸大的手抄报，内容是名人爱情名言、故事，父母对爱情的看法和本人的爱情观，给半个月时间，要求图文并茂，自拟刊头，还要评出获奖小组并上墙展示。大家利用网络、报刊寻找资料，分工合作，完成了风格各异的手抄报。这不但调动了学生表达的欲望，还拓展了学

生的视野及写作广度。

### 三、多方式评改作文，拓展学生写作思路

（一）学生互评

"文章不厌千回改。"作为教师应多鼓励学生参与到"评改"中来，既可以留出时间让他们给自己的作品润色，也可以让他们去尝试不同形式的互评，这样大家就可以相互交流，分享感受，沟通见解，在温暖的集体中迅速长大。

同时，笔者利用网络平台达成教与学的资源共享。将所教班级的一百多名学生的作文尽显网上，两个班的学生人人可阅，人人可评。这样就达到了学生做交流和探讨的目的，从而又衍生出一个子作用：学生人际关系得以拓展和加深。他们相知于网上，相识于课余。就一个学生而言，他们可以在自己的立足之地汇聚来自另外一百位同学的源头活水来充盈自己的"半亩方塘"，滋润自己的心灵，灌溉自己的写作园地。

网络作文的评阅新颖性吸引了学生的眼球，激起了他们的兴趣。而且因其公之于众的广泛性、普遍性，使同学们都比较重视作文的质量，使得作文质量普遍比以前有所提高。

（二）教师点评

好文章是"批"出来的。当然，这种批改首先离不开"实事求是，恰如其分，重点突出，抓住要害，恰当褒贬，掌握分寸"。但更重要的是通过这种批改后，能矫正学生作文中的失误，而且能够保护学生的创作欲望，从某种意义上讲，还能够促使学生转变人生道路。这种批改的关键是激发学生写作的热情。"水尝无华，相荡乃生涟漪；石本无火，相击而发灵光。"在写作教学过程中，教师如果能够在评语中运用真情，拨动学生的"情"弦，以情传情，让作文教学在一片真情的交融中展开，必然其乐融融。教育的艺术，说到底是一种鼓励的艺术，作文评语也是如此。语文教师必须在评语中贯彻鼓励原则，敢于鼓励，能有效激发学生写作的热情。

### 四、总结

尊重学生的人文主体性，放手学生自由地、大胆地去写他们想写的、爱写的一切，去尽情展现带有他们生命痕迹的心灵和风采。"心有多大，舞台就有多大。"以上是我对"少教多学薄积厚发"教学范式在作文教学实践中的几

点思考和尝试。"问渠那得清如许，为有源头活水来。"只有不断学习，不断实践，才能探索一条新路。

**参考文献：**

［1］代泽斌. 流动的风景［M］. 北京：航空工业出版社，2019.

［2］代泽斌. 提升语文素养是实现"少教多学"的有效途径［J］. 基础教育参考，2015（12）：40 - 43.

［3］代泽斌. 利用"最近发展区理论"让潜力变成实力［J］. 基础教育参考，2016（20）：26 - 27.

［4］王宏甲. 中国新教育风暴［M］. 北京：北京出版社，2004：8.

# "少教多学薄积厚发"教学范式推广与实践研究

## ——以高中语文自主阅读为例

贵州省铜仁第一中学　王娜

【摘要】"少教多学薄积厚发教学范式推广与实践"是贵州省高中语文代泽斌名师工作室的研究课题。它是中学语文教学改革中非常有效的实践。本文从高中语文自主阅读入手，阐述了学生自主复习后的收获和心得。同时表明"少教多学薄积厚发"教学范式推广的必要性和可行性，以及在新一轮高考改革来临之际引发的深刻思考。

【关键词】少教多学、薄积厚发、自主阅读

琥珀经历亿万年的雪藏，方得价值连城；梅花经历严冬的朔风，方得扑鼻香；夏蝉在地底下蛰伏十三年，只为一个夏天的闪耀。"少教多学"之风历经岁月的洗涤，一路走来，跌跌撞撞，被质疑过，也失败过，但它依然鼓起勇气向我们走来，激发我们接受、创新的勇气。我们如同威武的雄狮一样，驰骋云野间，于时光尘埃里的一隅肩负责任，勇于担当，"为天地立心，为生民立命"。

代泽斌名师提出的"少教多学薄积厚发"理念如雨后春笋般在众多中学拉开了帷幕。它就是教师根据教学情况，对教学内容进行适当地取舍，让学生有针对性地、自主性地思考问题，并逐渐形成一种学习习惯，每天主动去积累一点，收获一点，日积月累，就形成一个知识体系。

本文主要从高中语文自主阅读入手，略谈高中生自主阅读在作文中的运用，以及日积月累的自主阅读对提高写作水平和文学素养的作用。

### 一、自主阅读的作用

书籍是全世界的营养品——这是我一直给学生灌输的阅读理念。生活里没有书籍，就好像没有阳光；智慧中没有书籍，就好像鸟儿没有翅膀。人离开了书，如同离开了空气一样不能生活。

闲暇之余，我们去欣赏一篇美妙的文章。它可以随时带我们走进风景秀丽的田园风光，或是感受异域风情，或是欣赏春花秋月；亦带我们走进硝烟弥漫的古战场，或感慨某个王朝的兴衰，或看人间生死有命，或感叹荣枯有数……

当学生心情不好、为可怜的分数而徒增烦恼之时，我会劝他（她）去阅读。因为阅读有助于去除我们内心的浮躁，让一颗心沉浸在文字宁静的世界里，给心灵以慰藉和滋润。还能去除内心的空虚，让一颗心在知识的海洋中渐渐丰盈、充实起来。所以，读书人不会无奈和茫然，因为有书为伴，更不会孤独寂寞，因为有书为伴。

### 二、自主阅读的运用

一场突如其来的疫情是一次异常严峻的考验。面对来势汹汹的新冠肺炎疫情，有人陷入居家隔离的烦恼和无聊的"困境"中，也有人陷入对死亡的恐惧而惶惶度日。而我的学生——现高三（34）班刘湛，跟我聊疫情，聊读书心得，让我为他推荐阅读的书目。当时，我脑袋里想到什么就推荐什么，以为他只是随意一问，没想到他记下了所有的书目，在疫情期间（停课期间）读了十几本书。

开学后第一次写作，他的作文惊艳到了我。作文标题是"灯花之下，故里小家"，是一篇漂亮的议论文，之所以说"漂亮"，是被他极为丰富的文学素材和极高的文学素养感动到了。他的作文是典型的总分总结构，我喜欢他三个分论点的阐述。我将他作文的三个分论点展现如下：

家是一处哺育我们的地方，是我们生命初始的地方。家在林清玄的眼中便是关于幼时的记忆；在林海音的城南小屋里也有着相似的勾勒；在汪曾祺散文笔下，家又是关于味道的继承。其实，他们所描绘的家都有共性，那便是生命开始计时的地方。

家是风暴掀起万里波涛之时，我们内心深处的港湾。大卫·科波菲尔的家虽破碎，但仍是他内心里的避风港；三毛的家在她处于人生低压区时从台湾寄出一封封精致的信，跨过海洋与陆地，载着满溢的关切，随着气流飘向那撒哈拉地区；骆驼祥子的家是他精神的寄托处，在那善于佩戴面具的时代，祥子的家迷失在浓雾之中。

家是极夜的苍茫黑暗里，那用力发光的灯花。路遥笔下的家是在黄土高原上发光的灯花，指引着《人生》里的主人公踏稳人生每一步；巴金笔下的家是在社会交替之际，为那三兄弟提供自己力所能及的帮助；《活着》是余华的代表作，在这里，家里的故事众多又美丽。人们相濡以沫，家的力量在不断地发酵着膨胀着，最终化为一股强劲的力量，为我们人生燃尽最后一缕光芒。

仅仅三个自然段的描写，我们已经看出他文章中丰富的文学世界：林清玄、林海音、汪曾祺、大卫·科波菲尔、三毛、巴金、路遥、余华等众多作家对"家"的勾勒，我们便忆起小时候那个温暖有味道、单纯而不单调的关切的家。即使走遍了天涯海角，再回到出发点，才发觉自己真正喜欢的地方，不是繁华，也不是荒芜，更不是人山人海，而是那个让你常常挂念的家。

刘湛同学在高一高二的时候，写作并不突出。他也告诉我，那个时候他并没有意识到阅读的重要性。一场疫情，一次远程交流，他爱上了阅读，更爱上了写作。

在这成长的过程中，还有一个学生——现高三（34）班罗添室同学。他也爱阅读，爱写作，爱和我交流。他阅读书目种类广泛，有路遥、王小波、朱光潜、鲁迅等中国作者的书，也有夏洛蒂·勃朗特、雨果、卡勒德·胡塞尼等外国作者的书。我在他的读书笔记里看到这样一段话：

每一次，你重新回顾那些经典的作品，或者是自己写过的小短文，都可以感受到在阅读与写作之间，我们在思考，在成长。在这样美好的事情里经历生命，每一天都有了重量和意义。

对于一个高中学生来说，他能对阅读有这样深刻的思考，我很欣慰。我一方面因他们过多的作业量而心疼他们，另一方面出于语文教育的私心也希望他们多读读书。因为，"文字的重量是由时间积淀而成的"。

吴秋洁同学——我的语文课代表，她的语文阅读资源丰富，题材也众多，作为一个文科生，我很欣赏她的执着和专注。她在高一高二的时候，只是擅长写散文，文采斐然，但是对一篇文章内涵的思考并不深刻。在我的指导下，加上她自身的努力，她现在在阅读方面的表现和思考尤为出众，更是爱上了写作。我展示她"风雨中做个大人，阳光下做个孩子"话题作文的几个自然段：

我们青年，能发光的发光，能做事的做事。鲁迅先生曾这样说。而今最暗的时刻我们已迈步走过，正值万物盛放的暑假。寒冬时能挡凛风，河清海晏之时，也应拥一颗童心。

"如果你来看我，我不在，请和我门外的花儿坐一会儿"，汪曾祺如是说。这般平淡而富有趣味的语言也确独有汪老这般童心的人能道出。《人间草木》中菜园、果园一应俱全，各类植卉争相夺艳，汪老也乐呵呵通笔记下，待于葡萄月令之时观四季生长，百花争美时赏梨子花的月牙花瓣。植物尚已趣味横生，动物必然更多乐趣。丰子恺先生笔下那只憨态可掬的大白鹅，摇晃着身子优雅进食，也难掩先生富于观察的童真之心。人间百态万物姿态，他皆提笔绘上随题附语，字字珠玑饱含幽默，时常叫人翘起嘴角。

确然，宫崎骏先生言，你简单，世界就是童话；你复杂，世界就是迷宫。在迷雾之中葆有清澈童心，纵使眼花缭乱误入眼，我们亦能闲酌小酒敲棋子，益趣自然而生。

一方童真梦是贾平凹先生"人的一生，苦也罢，乐也罢，得也罢，失也罢，重要的是心中的一泓清泉里不能没有月辉"中不可残缺的映月清潭；而一颗独立心也实属梁启超先生所言"少年强，则国强，少年独立，则国独立"的必备之品。纵然已临成熟门槛，但我们心中绿芽永不枯榭，心中水声始终潺潺，在寒风来时身如铁马，寒风过后纸鸢入梦。

仅仅四个自然段的描述，我们发现"拿得出手的作品盈千累万，而'诗成惊天地，笔落泣鬼神'的表达却万里挑一"。

我读她的文章，除了众多的引经据典之外，我更欣赏她语言表达的姿态，"翩若惊鸿，矫若游龙"。文字中好像流淌着几尾艳红的锦鲤，在鲜翠的荷叶间灵活穿梭，湖水清莹剔透，清澈见底。阳光如同碎金般洒落人间，满眼皆是香远益清的荷花，湖边簇簇牡丹热烈盛放，彩蝶缤纷，在花间嬉戏流连。这样的文字让我们看到了一个博览群书的孩子对阅读的赤忱的热爱。

### 三、自主阅读的思考

持之以恒的阅读可以带领我们去探访在时间长河中每一个和我们擦肩而

过的人，即使素不相识，也可以促膝谈心；即使足不出户，也可以卧游千山万水。阅读除了可以填充我们空洞的双眸之外，我觉得最主要的是可以增加一个人谈吐的质量和深度。

叶圣陶先生说："要读多种多样的文章，不但读有关写作技巧方面的书，而且要读报纸、读小说、读科学理论方面的文章，更要读毛主席的著作；不仅要读现代的、中国的文章，古今中外一切好的文章都应认真阅读。"只有阅读得多了才能了解更多的语文知识，才能提高阅读能力，也才能有条件去提高写作能力。我从高一强调到高三，就是让同学们多读读课外书，多积累，从语句到语段到文章，也多写写，从一两百字的体会到七八百字的感悟，达成与创作者的灵魂对话。

**参考文献：**

[1] 代泽斌 . 流动的风景 [M] . 北京：航空工业出版社，2019.

[2] 叶圣陶 . 叶圣陶语文教育论集 [M] . 北京：教育科学出版社，2015.

[3] 陈大伟 . 追寻理想的语文教学：我这样观课、议课和上课 [M] . 北京：教育科学出版社，2013.

[4] 王荣生 . 散文教学教什么 [M] . 上海：华东师范大学出版社，2014.

[5] 曹明海 . 语文新课程教学论 [M] . 济南：山东人民出版社，2007.

# "少教多学"教育理念在语文阅读教学中的运用研究

贵州省铜仁市第一中学 陈妍蒙

**【摘要】** 语文是人生中一道靓丽的风景，当我们以一种云淡风轻的心态漫步在知识的海洋中时，我们就会发现语文的独特魅力、语文在我们生活中产生的作用，所以作为中国儿女，我们的人生中不可以没有语文，更不可以不懂语文。语文教育中，阅读教学是不可或缺的，宋真宗赵恒在其《劝学诗》中说"书中自有颜如玉，书中自有黄金屋"，这说明了阅读对启迪思维、开启智慧发挥的重要作用。伴随社会的全面发展，我国教育事业蓬勃发展，在各学科的教学实践中培养受教者的综合人文素养已经成为党、政府、教育相关部门和广大教育工作者广泛关注的话题。语文作为社会人文科学的重要学科，尤其是语文教育中的阅读教学，能够使学生的心灵得到净化，思想觉悟、审美意识和审美能力得到提升。以此为背景，本文将语文教学中的阅读教学作为研究视角，针对在阅读教学中能够发挥重要作用的现代化教学模式——"少教多学"模式在语文阅读教学中的运用研究展开分析讨论。

**【关键词】** 少教多学 语文阅读 教学理念

## 一、"少教多学"教学理念的内涵

"少教多学"教学理念是一种能够满足知识经济背景下，社会发展对人才结构的需求，是随着人民群众对于教育重视程度的不断提升，并且根据古老的文化传承中提及的教学思想提出的一种独特的教学思想，集中体现了新时期教育事业发展中，人们对于"教"与"学"的诠释与认知，能够明确向我们呈现出教育教学变革的要求。"少教多学"教学理念着重强调了受教者是教学活动的主体，受教者应该在教学实践中发挥主观能动性，使自己成为知识构建、实践能力提升、价值观体系构建的主体。教师在教学中发挥"指挥棒"的作用，对学生的学习行为进行有效的观察和指导，发现问题及时予以纠正和解决，最重要的是"少教多学"教学理念要求教师必须全面认知"以人为本、育人为本"的教育理念，在实践教学的过程中充分调动学生的学习能动性，激发学生的学习兴趣，培养学生的创新能力和创造性思维，保证教学活动时效性的提升。

### 二、传统语文阅读教学存在的问题

在素质教育理念深入贯彻和落实的背景下，我国语文阅读教学虽然取得了一定的成绩，但是依然存在一定问题。

第一，在语文阅读教学实践中对课本的重视程度过高，课外的延伸在广度和深度上存在不足，对待课本以外的其他读物的态度不够端正。在应试教育体制的影响下，教师和家长将学生所阅读的课外读物全部归结为"闲书"，认为阅读这些闲书是对学习时间的占用。现阶段，语文教师通常情况下对学生的要求是对课本上的知识能够扎实地掌握，使得学生对不参与考试的课本以外的资料重视程度不足，导致发挥主观能动性探索相关知识的能力不足，不利于阅读教学水平的全面提升。

第二，现有语文阅读教学模式依然存在一系列问题，"以教为主"的教学模式广泛存在，现阶段语文教师依然在阅读教学中采用"满堂灌"的方式，一味地对知识进行讲授，对学生的学习兴趣和发散性思维的关注力度不足，导致学生阅读兴趣缺失，制约阅读教学时效性的发挥。在阅读教学中没有对教学资源进行深层次地探究，现有阅读教学模式一般情况下分为通读全文、消除生字生词、归纳中心思想、最后进行课后练习几个步骤，即使是一篇比较唯美的文章通过以上格式化的讲解也会变得刻板生硬，所以在语文课堂上教师津津乐道，学生昏天暗地的现象时有发生，严重制约阅读教学根本目的的实现。

第三，教学目标较为单一。虽然素质教育理念在我国教育事业发展中已经提倡了多年，但是高考制度、中考制度依然没有实施改革，导致教师的"教"和学生的"学"都没有脱离高考、中考的"魔掌"，尤以此为背景的阅读教学，学生就考试具有针对性地学习，教师就考试具有针对性地讲学，甚至诸多语文教师阅读教学的教学资源都仅仅局限在历年高考试卷中出现的系列阅读材料，对于能够陶冶学生情操，提升学生审美能力的美文漠不关心，这与素质教育中语文学科的教学目标是相悖的，会使得学生的阅读兴趣严重丧失，不利于学生通过阅读获得相关知识，构建正确价值观体系。

### 三、如何在语文阅读教学中运用"少教多学"的教育理念

第一，优化教学内容，提高语文阅读教学有效性。

"少教多学"在语文阅读教学中的具体应用策略，首先体现在要优化教学内容，提高语文阅读教学的有效性，其重要的方法之一便是加深对教材的理解，进行教材整合与精选教学内容。

一千个读者就有一千个哈姆雷特，由于不同的学生所经历的各不相同，因此其阅读能力也存在明显的差异，在对教材进行解读和理解时，会存在不尽相同的解读结果，作为教师不仅要肯定学生的解读结果，同时也要尊重学生多元化的解读。在优化教学内容，提高语文阅读教学有效性的过程中，教师必须要对教材进行科学合理的整合，教材的整合能够使教材内容得以充分结合，从而提高学生的学习能力和理解能力。教师转变教材观念，对教材进行更加合理的使用和整合，对现有现代教学内容进行删减，并增添教学教材中没有的内容，能够在一定程度上实现"少教多学"的理念。因此教师在进行知识传授前，应对教学内容、教学目标、教学的重难点知识进行概括和总结，并通过自身的理解，站在学生的角度上看待文章，将相对能够提高学生能力的教学内容进行精选，并在课堂中进行重点讲述，尤其在课堂教学中要根据学生实际的掌握能力和情况，对相应的教学内容进行筛选和归纳，使学生主动参与到学习中的几率增加。从而提高学生现代文阅读解读能力。

第二，优化教学方式，发挥学生语文阅读主体性。

在发挥学生语文阅读主体性上，首先在课堂教学中，教师要创设情境，使学生能够的对相关的文章进行有效学习，从而充分发挥学生的自主思考能力。例如在学习朱自清的《春》时，教师在课堂教学过程中，可以采用播放班得瑞优美钢琴曲 One day in spring 的方式，通过多媒体展示不同地区春天的美丽景色，并激情迸发地导入新课：一是通过不同诗人对春天所作的诗句，向学生展示富有文采的春天，同时介绍春天的特点，最后进入主题让大家一起欣赏现代作家朱自清笔下的《春》，此种情境导入能够使学生在进入课堂之时便沉浸在春天的美景中，不仅能够吸引学生的注意力，同时也能够体现出

"少教多学"的理念，提升教学效率。

其次是在优化教学方式，发挥学生语文阅读主体性过程中，教师要在教学过程中恰当地设计问题。一方面，教师要根据教学内容和实际的教学情况，精心设计主题问题，主题问题是教学内容中能够体现相应知识点的重要问题，教师抓住主题问题，能够达到"牵一发而动全身"的效果，从而避免在教学课堂中出现因问题设计过多，而出现教学混乱的现象。另一方面，教师在恰当设计问题的同时，也要放手让学生提出问题。学生根据文本提出的问题越多，说明学生在阅读中获得的体验和思考就越多。"少教多学"的理念在教学课堂中不仅强调了学生的主体性，同时也提高了学生学习的积极性，并在教师的积极配合和指导下，对相关的学习内容展开了主动探究和质疑式的学习。

第三，优化教学目标，提高语文阅读教学时效性。

"少教多学"在语文阅读教学中的具体应用策略，还体现在优化教学目标，提高语文阅读教学时效性方面。在课堂教学中，教师只有拥有明确的教学目标，才能够从整体上把握教学过程，从而有效展开教学并提高学生的学习能力。在优化教学目标过程中，首先要从学情角度出发展开对教学目标的优化，同时必须要从文体角度出发，阅读文本的文体在教师课堂教学中是尤为重要的。就问题角度而言，语文阅读教材中的现代文通常可以分为现代诗歌、散文、说明文等，不同的文体在课堂教学中的教学目标也各不相同。例如，在散文教学目标的优化过程中，由于散文作者多采用丰富的艺术手法表达对人生的独特见解，并抒发其强烈的内在感情，因此散文具有阅读美但是理解难的特点，需要学生意会和感悟的内容也相对较多。在课堂教学中，由于学生的经历和文学欣赏能力有限，因此对思想感情相对较为丰厚的散文难以理解，所以教师在确立散文教学目标时，不仅要正确领悟作者散文写作的目的，把握散文作者抒发情感的目的，同时也要与学生共同探讨散文的最终归宿。

第四，优化评价标准，激发学生语文阅读潜能。

最后，在"少教多学"在语文阅读教学中的具体策略中，也要优化评价标准，激发学生语文阅读潜能。在"少教多学"的理念下，学生的自觉和主动能够有效提升其自身的学习能力，教师的有效评价也能够在一定程度上促进学生全面发展。教师在对学生展开教学评价时，应明确学生语文阅读能力的差异是客观存在的，并正确认识学生语文阅读能力的差异，从而促使"少教多学"理念在课堂教学中有效实施。同时教师在课堂教学中的鼓励性评价语言，能够有效激发学生的学习兴趣，从而使其能够对相应的问题进行深度思考，并积极表达其对相应问题的想法。

在课堂教学过程中，优化评价标准，教师不仅要根据每个学生自身的发展情况，对学生学习过程中的进步加以肯定，同时也要在教学过程中用充满信任和赞美性的语言，给予学生一定的积极评价和鼓励。例如当学生解读出阅读文本的新意时，教师要不假思索地表扬学生；当学生对教师的观点产生质疑时，教师要肯定学生并对其进行鼓励。另外，在优化评价标准过程中，教师还可以通过小测试和期中考试等方式，展开对学生的鼓励性评价。因此要将"少教多学"理念落实到实际的课堂教学中，教师不仅要转变教学观念，树立以学生为主体的教学思想，同时还要将优化教学内容、教学目标以及教学评价等进行重点探索，从而使语文阅读教学走上有效之路。

**参考文献：**

［1］赵秋梅．初中语文阅读教学的有效性策略探析［J］．赤子，2015，05（19）：258.

［2］李艳平．小学语文阅读教学有效性的策略分析［J］．学周刊，2014，01（07）：193.

［3］苏从君．初中语文教学中阅读教学效果的有效性策略分析［J］．教育教学论坛，2012，02（30）：218－219.

［4］袁志英．语文阅读教学有效性的探究策略［J］．文学教育，2012，04（12）：88－89.

［5］徐进．中学语文阅读教学有效性研究［J］．才智，2012，01（36）：275.

［6］代泽斌．流动的风景［M］．北京：航空工业出版社，2019.

# 人教版必修三小说单元的课堂教学活动探究

贵州省铜仁第一中学　黄丽娜

**【摘要】**"少教多学"在高中语文教学中的策略与方法研究是教育部规划课题。随着新的教育制度的不断改革，在新课程改革的背景下，人教版必修三小说单元的课堂教学活动应该更重视激发学生的阅读兴趣，提升教师把握教材的广度与深度的能力，这样才能更好地发展学生的学习主动性。在小说教学中实施"少教多学"的策略，可以使教学重点从"教"转移到"学"，从而培养学生浓厚的阅读兴趣和提升学生阅读能力，让学生理解文学就是生活。

**【关键词】**"少教多学"　小说教学　阅读兴趣

课堂教学改革一直是教育改革中备受关注的主题。一方面，课堂教学是我国中小学教育活动的最基本的构成部分，是中小学生在学校生活的主要部分，是中小学素质发展的主要渠道，其重要性不言而喻；另一方面，课堂教学改革涉及教育问题的方方面面，它不仅要改变教师根深蒂固的传统教育观念，同时还要改变教师习以为常的教育行为、教学方式乃至生活方式，其艰难不言而喻。正是在这种艰难的大环境下应运而生了"少教多学"的教学范式。

"少教"：唤醒地"教"，教师必须唤醒学生的主观能动性，激发学生的潜能，使学生自主学习，自主探究问题解决问题；有目的性地"教"，教师要基于学生的发展目的，因材施教，进行差异化教育；创新性地"教"，教师的教学方法与内容要与时俱进甚至要超时俱进，激励学生创新学习，具备创新素养和能力；顺势而"教"。

"多学"：教师在深入研究教材的前提下，改进自己的教学思想和优化自己的教学设计，让学生乐学善思，使学生达到主动积极地学习、有深度厚度地学习、自力更生创新地学习，反思批判地学习的最佳境界。

目前，大多数的"少教"的具体做法是让学生自主预习、复习，更多的是让学生自学。另外，"少教多学"教学模式以单元主题教学为主，将课堂内容压缩以达到高效学习的目的。

高中语文人教版必修三第一单元三篇小说塑造的人物形象都很成功，作为教学重点，教师将三篇小说塑造的人物形象都精讲、细讲。教师一节一节课地带着学生从语言、动作、神态、心理活动等方面进行细致地剖析，这种传统的教学手段，最后得到的效果只能是学生厌恶小说阅读，最后我们也只能教出一批答题机器。文学的阅读鉴赏应该是主观学习意愿很强的、兴趣浓厚且轻松完成的，应该是有创造性的，因此，"少教多学"范式在这一单元的应用是很有必要的。

首先，应该是老师少讲，在对课文节选的小说章节甚至是小说整本书进行研读后找到能启发阅读兴趣的切入点。课堂教学中引导学生阅读兴趣。这里可以《林黛玉进贾府》这篇文章为例。如高中生可能对红楼梦这本书的内容比较陌生，但对林妹妹这个人物形象应该是比较了解的，高中学生对爱情故事是有浓厚兴趣的。这样引导后，相信学生更能准确地把握《林黛玉进贾府》中林黛玉美貌多情，体弱多病，生性敏感，言行小心谨慎的人物形象，从而理解自从母亲贾敏去世后，林黛玉在家上"上无亲母教养，下无兄弟姊妹扶持"，因而投奔外祖家，"依傍外祖母及舅氏姊妹"。

其次，用宝黛初会问题设置悬念，设计有效的课堂，也可以利用宝黛初会的故事使学生理解本文的内容和这一节在全书中的作用，可介绍一下红楼梦的主要内容、主要人物关系及贾府各院落的位置，这样学生听起来就会比较有兴趣，最终能大致把握整本书的情节，更加深刻地理解宝玉的性格特征。小说中人物的语言是非常符合他们的身份和性格的。宝玉是封建贵族家庭的叛逆者，他具有反对封建束缚、要求自由平等的思想，他蔑视世俗卓然独立的种种表现，反映了他对封建礼教和封建道德的反抗，以上性格特征在宝黛初会时，通过宝玉的语言、行动描写展现得淋漓尽致。

再次，小说中情景再现的教学设置可以达到启发学生的效果。《林黛玉进贾府》教学过程中情景再现王熙凤出场，教会学生从语言、动作、神态、心理来分析人物形象，全方位理解王熙凤是一个精明能干、惯于玩弄权术的人，她为人刁钻狡黠，明是一盆火，暗是一把刀，由于善于阿谀奉承，因此博得贾母的欢心，从而独揽贾府大权，成为贾府的实际掌权者。课文从四个方面展示了王熙凤的性格特征，分别是出场、肖像、会见黛玉、回王夫人。

最后，小说阅读课最有价值的就是让学生完成读书报告，这是小说单元"少教多学"教学范式的有效体现。阅读就是一个创造的过程，是一个个性彰显的过程。

在教师导读、学生自读、情景再现的前提下，学生形成独立读书报告，可以小组研究，最后组长汇报完成读书报告课，还可以让学生读整本书，再开展读书报告会，当然这个活动更应该让学生利用假期完成。

主动参与小说阅读鉴赏课程以后，学生的鉴赏能力必然得到提升，这样举一反三，就可以顺理成章地自主完成《祝福》《老人与海》的学习。整个教学不仅激活了学生学习的欲望，更彰显了以学生为主的理念，达到了"少教多学"的效果。

越是伟大的小说内涵越是丰富深邃，对其中人物的评价，往往见仁见智，尤其对宝玉、黛玉、王熙凤这样的性格复杂立体化的人物，人们的看法也多种多样。教学时要注意尊重学生的个人理解，引导他们更加全面与深刻地把握人物的性格与精神特征，理解小说的深刻内涵与精神价值。

**参考文献**

［1］代泽斌. 流动的风景［M］. 北京，航空工业出版社，2019.

［2］人教版语文必修 3 教师用书［M］. 北京：人民教育出版社，2007.

# "先学后教，少教多学"教学范式
# 在地理课堂教学中的运用

贵州省铜仁第一中学 张翠荣

**【摘要】** 全面推进素质教育，要求从学生的全面发展和终身学习出发，构建体现现代教育理念、反映地理科学发展、适应社会生产生活需要的高中地理课程。引导学生关注全球问题以及我国改革开放和现代化建设中的重大问题，弘扬科学精神，培养创新意识和实践能力，增强社会责任感，强化人口、资源、环境、社会相互协调的可持续发展观念。地理课程面向全体学生，课程以学科核心素养的培养为导向，倡导以学生为中心、实践为核心的多样化学习方式，注重创设与学生已有经验相联系的多样化学习情境，采取自主、合作、探究等学习方式，促进学生学科核心素养的形成与发展。新时代教育以学生为核心，"先学后教，少教多学"的教学模式尤为重要。"先学后教，少教多学"不但能提高学生学习效率，更重要的是能培养学生的学习能力。

**【关键词】** 先学后教 少教多学 薄积厚发 核心素养 情境 兴趣

普通高中地理课程是高中学生的必修课程，课程面向全体学生，培养学生的人地协调观，综合思维，区域认知，地理实践能力。地理教育的主要目的是培养现代公民必备的地理素养，课程标准指出："现代社会要求国民能够在科学地认识人口、资源、环境、社会相互协调发展的基础上，树立可持续发展观念，形成文明的生活与生产方式。地理学科的迅速发展和地理信息技术的广泛运用，都对高中地理课程改革提出了富有挑战性的新课题，全面推进素质教育，要求从学生的全面发展和终身学习出发，构建体现现代教育理念、反映地理科学发展、适应社会生产生活需要的高中地理课程，引导学生关注全球问题以及我国改革开放和现代化建设中的重大地理问题，弘扬科学精神和人文精神，培养创新意识和实践能力，增强社会责任感，强化人口、资源、环境、社会相互协调的可持续发展观念，这是时代赋予高中地理教育的使命。"

课程蕴含丰富的育人价值，应避免单一的知识学习，通过对地理科学的基本概念、基本原理、基本事实以及最新成果的学习，着力培养学生正确的价值观念，促进必备品格与关键能力的提升，使学生成为适应时代发展要求的建设者和创造者。

课程以学科核心素养的培养为导向，倡导以学生为中心、实践为核心的多样化学习方式。根据学生的身心发展规律和技术学习特点，立足学生的直接经验和亲身参与，精心设计和组织学生的学习活动，注重创设与学生已有经验相联系的多样化学习情境，采取自主、合作、探究等学习方式，促进学生学科核心素养的形成与发展。形成以学生为核心的"先学后教，少教多学"的教学模式尤为重要。

学校要求教师在考虑教学内容、教学策略的时候，以学生为本，以学生的学为本，做到"从教师走向学生"。

"先学后教"是对传统的"先教后学、课后作业"教学模式的颠覆性改革。一堂课总要从"先学后教"的"学"字开头，这个"学"是自学的意思，"学"是学生带着教师布置的任务、有既定目标的自学，学生的自学成为一堂课的起点，是这种课堂教学模式的最大特色和亮点。

首先，要让学生愿意主动学习，要调用一切办法调动学生学习的兴趣。比如培养良好的师生关系，学生喜欢老师，就会喜欢老师所任的学科，亲其师则信其道。其次，让学生在学习的过程中寻找学习的乐趣。即使是一些小小的成就，比如学生自行完成了一小节的学习任务，完成了有点小难度的练习，坚持一段时间高效率的学习，学生都会有快乐感，许许多多小进步累积起来就是大进步，许许多多小快乐累积起来就会有大快乐，让学生自己找到这些快乐，老师发现了并及时给予肯定能给学生带来意想不到的鼓励作用。再次，让学生制定一些通过努力可也达到的学习小目标，学生能看得到自己努力后的收获，看得到进步，增强学习信心。最后，建立长远学习目标，有自己远大的理想，找到自己人生方向。

学习愿望是学习的基石，这个基石打好以后，下一步就是如何学。为了学习的高效,先学一定要在教师的指导下进行,教师不是简单地甩给学生一节学习内容,而是需要给学生明确学习任务、学习方法,学习任务要进行分解细化,提高学生自己学习的效率,使学生明白学习要掌握哪些东西,培养哪些能力,形成哪些基本观念。下面以地理必修一《常见天气系统——锋面》为例,教师给学生布置的先学的学习任务。

阅读教材并完成以下内容:

一、预习:

1. 依据预习案通读教材,进行知识梳理;勾划课本;熟记基础知识。

2. 完成预习,自填题目。

【知识点】锋与天气

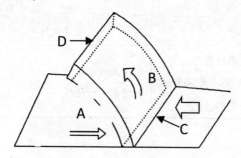

1. 阅读教材41页,并结合图2.18,完成(1)、(2)的填空。

(1)气团:水平方向上温度、湿度等物理性质分布比较_____的_____空气,分为A_____和B_____两种气团。

(2)锋:D_____:冷暖气团之间的交界面,自地面向高空_____(冷气团/暖气团)一侧倾斜 C_____:D与_____的交线。

2. 阅读教材41—42页,并结合图2.19和图2.20完成下列表格。

| 锋的类型 | 冷锋 | 暖锋 | 准静止锋 |
|---|---|---|---|
| 概念 | _____气团主动向_____气团移动 | _____气团主动向_____气团移动 | 冷暖气团势均力相当 |
| 锋面剖面示意图 | 暖气团被动上升 暖气团 冷气团 | 暖气团主动上升 | 移动幅度很小的锋 |

| 锋的类型 | | 冷锋 | 暖锋 | 准静止锋 |
|---|---|---|---|---|
| 锋面的符号 | | ▲▲▲ | ●●● | 冷气团 ～ 暖气团 |
| 天气特征 | 过境前 | 单一暖气团控制，温暖晴朗。 | 单一_____控制，低温晴朗。 | 单一气团控制，天气晴朗。 |
| | 过境时 | _____等天气，雨区主要在锋后。 | 云、雨（多为_____降水）等天气现象，雨区多在_____。 | _____天气 |
| | 过境后 | 气温_____、湿度____、气压_____、天气转晴 | 气温_____、湿度_____、气压_____、雨过天晴 | 转晴 |
| 天气实例 | | 北方夏季的暴雨；冬春季节的大风和沙暴；冬季的_____。 | 春、夏南方的降水；一场春雨一场暖。 | 5～6月长江中下游的_____天气 |

先行学习任务不宜过重，可以有少许难度，但不能给学生太重的学习负担，因为学生要学习的学科多，估计在半小时左右能完成就可以，少许有点难度的任务让学生思考讨论，允许学生不能完成，但是不允许学生不思考，困难的任务老师在课堂上帮助解决。

学生完成了"先学"，下一步是老师的"后教"，这一步老师要充分备课，提出有价值的问题让学生思考和提升。课堂上首先要解决学生在"先学"过程可能出现的难点，这些难点需要学生提出来，学生集体讨论，老师最后做出总结。更为重要的是老师要利用课堂时间来帮助学生提升学习的高度。还是以《常见天气系统——锋面》为例，老师在课堂上带领学生进行问题探究，达到提升的效果。

探究一："黄梅时节家家雨，青草池塘处处蛙"所描述的是什么天气现象？它是怎样形成的？

探究二：据上图试做天气预报员

天气预报：来自西伯利亚的_____空气前锋已经移动至蒙古国中部以及我国内蒙古、甘肃一带。未来两天，将继续向_____方向移动，受其影响我国东部地区会出现＿＿＿＿天气，气温也将明显＿＿＿＿。

探究三：贵州的省城为什么叫贵阳？话说昆明准静止锋。

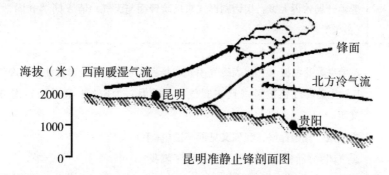

昆明准静止锋剖面图

　　每堂课教师都不要先讲，而是先让学生自学。学生不是盲目地自学，而是在教师指导下自学，教师的指导必须符合"四明确"要求：明确时间、明确内容、明确方法、明确要求。"先学后教"作为教学策略，就是把学生的个体行为提升为群体行为，使学生成为教学活动的真正的"主体"，提高其学习的兴趣，增强其学好的信心，养成其良好的学习习惯。

　　"少教多学"中的"少教"并不代表"少做"。课堂"少教"了，意味着课前教师要"多做"，为达到有效的目的要做好充分准备，教师教得少但是要教得精，对学生学习要起到醍醐灌顶的作用，所以对老师的要求大大提高，而不是可以偷懒无所事事。"多学"并不代表"死学"，而是教师在精心设计的真实情景教学中，帮助学生通过各种练习学懂、学会、学透各种知识，学习的过程是学生不断领悟的过程。学生通过多次的基本练习，初步掌握；再通过拓宽、加深达到举一反三；然后通过变式训练，达到触类旁通。

　　"少教多学薄积厚发"的教学范式，其路径是"有效记忆—有效理解—有效思考—有效运用—有效创新"。本节课教学中大量的学习是理解、记忆、思考，但是在日常生活中要大量运用课堂上学到的知识，对日常的天气现象要常观察、思考、分析，常运用于生活。

　　"创新"是基于前四者发展而来的最高层级，是学生学习的意义和终极目标，可以使学生达到"青出于蓝甚于蓝更别于蓝"的境界。本节课后面为了提升学生学习的效果，增强学习的乐趣，我指导学生将教学内容改编成一篇微型话剧，并且进行话剧的排练和表演，话剧剧本如下：

## 微型话剧《锋面与天气》

| 开场 | 老师开场告诉大家：用话剧形式来反映锋面与天气，请 A 同学 B 同学上场。（鼓掌） |
|---|---|
| 第一场景<br>打出字幕：<br>冷暖气团 | A 学生着蓝色披风（代表冷气团）出场：大家好！我是来自北方的冷气团。<br>B 学生着粉红色披风（代表暖气团）出场：大家好！我是来自南方的暖气团。<br>冷气团：兄弟你好，我们又见面了。（握手）<br>暖气团：哥们儿我们常见面，你可了解我？<br>冷气团：当然，千百次的交锋我对你可谓知根知底，这个难不倒我，否则我愧为你的好兄弟了。<br>暖气团：你说来看看。<br>冷气团：你性格好，既有温度也有湿度，和我交战总有高度，我只能甘拜下风。<br>暖气团：兄弟你谦虚了，其实和你一起我很惭愧，你有密度有份量，脚踏实地却总还那么低调，没有你我哪来的高度？我的高度全是你的功劳，我要特别感谢你！<br>冷气团：哪里哪里，兄弟不要太谦虚了，你能爬得高是你的能力，你有轻功上得去，我想要上去可是没有功夫呀。 |
| 第二场景<br>打出字幕：<br>锋面 | 暖气团：兄弟既然今天我们相会了，继续试试身手吧，让人们感受我俩是怎么翻手为云覆手为雨的。<br>冷气团：ok，来吧。<br>（冷暖气团开始交锋，一会儿暖气团就爬到冷气团的上面了）<br>冷气团：观众朋友们你们说说，这兄弟太不像话了，不但骑到我头上去了，还在我头上撒尿，太过分了，我的日子还怎么过呀，谁来给我主持一下公道评评理？<br>暖气团：兄弟听我说，我体内的水汽在上升的过程中温度越来越低，冷却凝结了，我的身体已经装不下了，我不把它排出来，难道你让我憋死吗？你就受点苦吧，为了我这条命，以后我会报答你的。<br>冷气团：好的，兄弟，能救你一命我受点苦，值了！ |

| | |
|---|---|
| 第三场景<br>打出字幕：<br>冷锋<br>胜利 | 冷气团和暖气团摆好锋面造型。<br><br>冷气团：兄弟今天我们要好好较量一下，看看这里到底是你的天下还是我的天下。<br><br>暖气团：比就比，我可不能还没开始就退下。<br><br>冷暖气团你推我我推你（故作用力的样子），没过多久冷气团占了上风，把暖气团推走了，冷气团占据大部分地方，暖气团退让。<br><br>冷气团：哈哈，这是谁的天下了，我的天下，我做主！谁来给我的太平天下做个评价？<br><br>观众一（学生 C）上场：受你（单一冷气团）的影响，雨过天晴，温度降低，湿度降低，气压升高。<br><br>冷气团：我还没到达这里的时候是啥样啊？<br><br>观众一指着暖气团那边说：和那边一样啊，天气晴朗，气温高，湿度高，气压低。你一来，我们就知道要变天了，在你和暖气团战斗的时候，又是大风，又是阴云密布，还有暴雨，你太辛苦了，终于打下了一片江山。现在好了，暖气团被你赶走，天下又太平了，我们又可以享受灿烂的阳光了，但是我是有点冷。<br><br>冷气团：就是就是。（哼唱：解放区的天是晴朗的天。） |
| 第四场景<br>打出字幕：<br>暖锋<br>胜利 | 暖气团：兄弟你别嚣张了！<br>暖气团用力推冷气团，很艰难地把冷气团缓缓推过来，暖气团占据了大部分的江山。<br><br>暖气团：江山打下不易，可是守住更难。大家看看我的天下是啥样的？<br>观众二：感谢暖气团，经过千辛万苦终于把冷气团赶走，不但给我们阳光，给我们温暖，还给我们水汽，万物终于可以扬眉吐气茁壮生长了。<br>暖气团：是啊，打败他可太不容易了，经过长久战斗，撒下了多少汗水，差点败下阵了。<br>观众二：现在一改过去那种既没温暖又没水分滋润、压力山大的日子，好爽的日子啊！ |

续表

| | |
|---|---|
| 第五场景<br>打出字幕：<br>准静止锋 | 冷暖气团相遇，在中央位置你推我攘僵持着，一会你推我一下，一会我推你一下，来回摆动着（观众三：交战双方势均力敌，战争带来的不是阳光，只有长时间的阴霾，交战双方汗水、泪水、血水交织在一起，战争非常艰辛。这样的生活要到什么时候才结束？这样的状况植物生长受阻，人们的心情也阴沉，这要霉到什么时候啊？） |
| 屏幕展示<br>昆明准静<br>止锋、江淮<br>准静止锋<br>示意图 | 冷暖气团表演结束，鞠躬回到自己的座位。（观众掌声） |

"先学后教，少教多学"，在真实的问题情景中，让学生充分"动"起来，地理课堂上的每一个环节都让学生自主学习、自主实践，自主寻找解决问题的办法。但自学并不只是单纯地看书，"少教"也不是老师少做，而是学生在自学的过程中，动脑思考，合作学习，教师引导学生投入到学习活动中，让他们亲身感悟知识的产生和发展过程。对学生来说，在没有自学之前，知识一般都是陌生的，而通过自学过程，得到对这些知识的感悟，创新地理解学科知识，可以让学生从"学会"转换为"会学"。由于学生的生活经历和学习体验各不相同，在学习过程中达到学习目标的方法和途径也往往有所不同。学生在教师明确目标的引导下，通过各自的亲历体验，解决真实情景中的问题，从而达到有效培养学科核心素养的目标。

**参考文献：**

[1] 李家清. 新理念地理教学论 [M]. 北京：北京大学出版社，2015.

[2] 郑道静，张道升. 探析语文教学的"先学后教"模式 [J]. 教育文汇，2015（07）：35－36.

[3] 代泽斌. "少教多学薄积厚发"教学范式构建的研究与实践 [J]. 基础教育论坛，2020（23）：24－26.

# "少教多学薄积厚发"教学范式
# 在高三阶段的实践探索

贵州省铜仁第一中学 宋哲

【摘要】如何让学生在有限的学习时间内取得优异的成绩，应该是重点关心的问题。为此，笔者开始探索，以"少教多学薄积厚发"为教学范式，是否有利于学生取得更优异的成绩。

答案是肯定的。在铜仁一中2020年高三第一次月考中，高三（8）班进步明显。平均分从平行班第20名进步到第7名（共22个平行班）。也就是说，"少教多学"对提高高三学生的学习成绩具有显著作用。

【关键词】少教多学 高三 成绩

## 一、引言

《普通高中语文课程标准（2017版）》中增加的"语文学科核心素养"和代泽斌老师提到的"语文从来是一个有关素养，无关应试的学科"，都指引着笔者：语文要关注学生的语文能力，不能仅仅局限于考试分数。

所以在过去两年的教学中，笔者也一直在采用"少教多学"的教学范式，鼓励学生自己动手，去寻找文本的精彩之处，去创造属于学生个人的语文之美。在这样的教学中，师生之间仿佛建立了一种默契——成绩无关紧要，能力才是王道。大家都很乐于上语文课、完成语文作业，因为学生从"少教多学"中真正发现了语文的美感！

但转眼之间，笔者的学生高三了，在这样一个大环境下，的确只有考试成绩，才能最公平地衡量学生能力。

高一、高二阶段，笔者教学的重点放在用"少教多学"教学范式去培养语文能力上，忽略了对应试技巧的训练，所以所执教的平行班考试成绩一直居于年级的十多名，没有很好，也没有很差。直到高二下学期期末考试，所执教的平行班成绩几乎垫底，才引起笔者的重视和反思。

如何让学生在有限的学习时间内取得优异的成绩，应该是重点关心的问题。为此，笔者开始探索，以"少教多学薄积厚发"为教学范式，是否有利于学生取得更优异的成绩。

**二、"少教多学薄积厚发"高三阶段实施方案**

高三阶段，笔者仍旧采用代泽斌老师提出的"少教多学"的教学范式，具体到教学中有以下操作：

（一）课前准备

（1）学生在前一天晚上背诵15个成语或者15条文化常识。

（2）一位同学要准备第二天的课前演讲——演讲主题不限，大约800字，演讲稿要教师修改定稿。

（3）语文课前五分钟，教师到达教室，任意抽取一篇必背古诗文，由教师领头，学生集体起立进行背诵。背诵过程中，教师会同学生一起背诵，一方面自身进行复习，另一方面起示范作用，鼓励学生认真背诵。

（二）课堂流程

（1）课前五分钟，学生演讲。演讲完后，请演讲者挑选一位同学对自己的演讲进行点评。点评要从"演讲稿"和"演讲技巧"两方面进行分析，并且，只能点评演讲者的优点，不能点评不足，不足之处私下告知即可。随后教师针对这次演讲稿中的精彩之处进行赏析，意在鼓励学生学习演讲稿的精彩之处，并将这种精彩运用到作文中去。

设计意图：演讲环节的目的有很多，单单从应试层面来说，有三个：首先可以将作文辅导的任务分配到每一天中——修改演讲稿的过程，就是重点辅导学生作文的过程。其次，同学点评可以培养回答问题的条理性和"结合文本"进行分析的能力——在试卷简答题中，这两类能力很重要。最后，对台下的听众而言，每天积累一点作文素材，在考场作文的创作中，不至于江郎才尽、才思枯竭。

（2）听写成语。随机抽取一名男生一名女生到黑板上默写，其余同学在座位上默写。教师读成语意思，学生写成语。

设计意图：抽取同学到黑板上默写，同学们背诵成语的热情高涨。不仅成语题正确率提高了，而且在作文中使用成语的频率也明显提高，可谓一举两得。

（3）教师开始上课。虽然每天上课的内容不同，但主体仍然是学生。学生或发表观点，或记录笔记，或做练习，或讨论题目，忙得不亦乐乎。这仍然是在践行以往的"少教多学"模式。

（三）课后任务

（1）每周教师把学生的演讲稿打印出来——演讲稿要求在空白纸上手写。

设计意图：高考答题卡是没有横线的，所以要求同学们在白纸上练习写字，这样才能保证高考语文试卷的卷面整洁。

（2）每周的摘抄是固定的作业，同学们不用费神就能完成。

设计意图：在摘抄过程中，可以积累素材，练习书写。同学们一开始只是抄写好句子，久而久之，大家开始抄写一些满分作文。笔者问原因，他们说："可以在没有灵感的时候借鉴一下啊！"笔者说："那不是套作吗？"他们说："凭咱这智商——会借鉴得不留痕迹的！"

（3）每周晚自习，教师会发一张阅读材料，同学们要完成一篇随笔，大约三百字。

设计意图：这样做一方面是练习阅读速度，因为现在高考的阅读量太大了，平时读得少，考场就读得慢，在高压的环境下，就不容易读懂文章。所以，每周教师发的阅读材料，都是满满的一张 A3 双面纸……另一方面，练习作文文笔——高考的时候，每个同学心中都有很多熟练的事例，那么，得分的关键就在于文笔，从文笔的好坏阅卷者就可以看出作文能力的高低，所以，练习文笔至关重要！另一方面，还能顺带练习书写和卷面。

（4）晚自习上还要完成一张默写，大约十分钟。然后同桌之间互相校对。

设计意图：自己的问题，往往容易被自己忽略，所以笔者一再强调同桌之间互相订正，这样不仅更容易发现问题，还能培养互帮互助的学习风气和团结合作的团队精神。

**三、"少教多学薄积厚发"高三阶段效果对比**

以"少教多学薄积厚发"为教学范式，是否有利于学生取得更优异的成绩呢？

答案是肯定的。在铜仁一中 2020 年高三第一次月考中　　（8）班进

步明显。平均分从平行班第 20 名进步到第 7 名（共 22 个平行班）。也就是说，"少教多学"对提高高三学生的学习成绩具有显著作用。8 班高二期末成绩与高三第一次月考成绩对比如下：

| 考试时间 | 平均分 | 年级排名 |
|---|---|---|
| 2020 年 7 月（高二期末考） | 99.95 | 20（共 22 个班） |
| 2020 年 9 月（高三第一次考） | 105.56 | 7（共 22 个班） |

从表格可以看出，短短一个月时间，8 班平均成绩提高了 5.61 分，名次也高了 13 名。这样的实验结果，体现了"少教多学薄积厚发"模式的有效性。

但是，笔者继而反思，这个令人惊讶的进步真的只是这一个月的功劳吗？

笔者认为，不全然是这一个月的功劳。从高一高二阶段，笔者就鼓励学生做学习的主动者，主动发问，一点一滴进步——也就是"少教多学"与"薄积"。

虽然以前缺乏对应试技巧的训练，但学生从点滴积累中获取了大量语文知识，为这次考试的进步奠定了扎实的基础。

所以，虽然"少教多学"经常出现在大众视野中，但一定不能忽视"薄积"的重要性。"薄积"才能"厚发"，才能让学生在高三阶段有优异的成绩，向自己、家庭、学校和社会汇报！

### 四、"少教多学薄积厚发"高三阶段努力方向

代泽斌老师曾说："'少教'，是唤醒地'教'，有目的地'教'，创新性地'教'，顺势而教，老师施法让学生的'潜力变成实力'，达到学生的愿景。'多学'，是指学生要积极地学习，深入厚度地学习，向力更深地学习。"

这一点笔者已经理解得比较透彻。

但"薄积厚发"的概念却经常被师生忽视。其实，在代老师的相关著作中，笔者曾多次看到："薄积厚发"是根据人的认知规律，由浅入深，由具体到抽象，由知识到智慧，由运用到创新，也就是要遵循规律。

在高三阶段的复习备考中，笔者努力的重心会放在"薄积厚发"上。遵循学生的认知规律，探索每个学生的最近发展区，让他们一点一点地进步，绝对不能揠苗助长。

笔者很喜欢以前看过的一则小故事：

有一个人得到了一个蝴蝶的茧。据说，那只蝴蝶会变成一只紫色的美丽的蝴蝶。一天，茧里的幼虫把茧咬破了一个小口。这人坐在桌子前，看着蝴蝶宝宝费力地挣扎，想要破茧而出，那个看不清形状的小生命折腾了几个小时，还是没什么进展。又过了一会儿，它好像筋疲力尽，停了下来。这人决定帮它一把，于是把茧的口子剪大了一些。小蝴蝶终于完全出来了。然而，它没有像人们预料的那样展翅飞翔。它战战兢兢地抖动着一双皱巴巴的翅膀，身体还像一只肿肿的小虫。它始终没有飞起来。它一直在桌子上，带着那对紫色的萎缩的翅膀和一个肿肿的身体哆哆嗦嗦地蠕动着，直到死亡来临。其实，正是那人的好心和性急断送了蝴蝶美丽的生命。在蝴蝶破茧成蝶的挣扎中，它会把身体里多余的水分挤到翅膀里，这样，当它终于自由的那一刻，它才能拥有轻盈的身体和丰盈的双翅。

笔者面前的高三的学生，不正是那一个个虫茧吗？他们正努力地破茧成蝶，这个过程也许很艰辛，但是，这份历练正是他们日后展翅高飞的重要一环啊！

薄积，是那一次次努力、一次次痛苦、一次次失败。不得不感叹，大自然的每一个设计都有其良苦用心，若人为地打破这一规律，盲目地帮助学生，只会令他们本该美丽的前程提前葬送。高三的最后阶段，笔者要做好加油打气的工作，遵循规律，把知识一点点地传递给他们，让学生按自己的规律完成这最后的蜕变，不慌不躁，点滴积累，稳步前行。

厚发，是在高考的那一刹那，绽放所有积累的知识，为自己的破茧成蝶交一份完美的答卷，为辛勤养育自己的父母送一份最好的礼物，为培养自己的母校增添一抹最亮的色彩。

少教多学，薄积厚发。短短八个字，却值得笔者用一生的精力去探索实践。

在未来的教学之路上，笔者会带领笔者的学生坚定不移地践行"少教多学薄积厚发"教学范式！

**参考文献：**

［1］代泽斌. 流动的风景［M］. 北京：航空工业出版社，2019.

［2］程欣. 基于语文核心素养的高中阅读教学策略研究［D］. 扬州：扬州大学，2017.

# "少教多学"理念在高中古代散文教学中的实践

## ——以《子路、曾皙、冉有、公西华侍坐》为例

贵州省铜仁第一中学　徐静

【摘要】"少教多学"提倡教师要有针对性地、启发性地、创造性地、发展性地"教"，学生要积极、深入、独立地学习，在高中古代散文教学的困境中有着很大的借鉴意义。本文借助《子路、曾皙、冉有、公西华侍坐》的教学，探索"少教多学"理念在高中古代散文教学中的具体运用。

【关键词】少教多学　古代散文　方法运用

古代散文历来是高中语文教学的重中之重。古代散文包含了我国先贤的智慧，是我们优秀传统文化的重要载体，是我们当代中国人与古人进行交流的桥梁和纽带，可以说，读懂了古代散文，才能更好地将中华文明传承下去。然而，在现实教学中，老师难教，学生怕学，老师教得多，学生学得少，教授方法单一，内容枯燥乏味，已成为古代散文教学的困境。散文教学中如何落实"少教多学"，如何构建散文教学的有效课堂，如何最大程度发挥学生的主体性和教师的主导性地位，提升学生的语文素养，让他们成为优秀的中华传统文化的传承人？很多教育工作者都在努力探索。带着这些问题，笔者在《子路、曾皙、冉有、公西华侍坐》的教学中进行了"少教多学"的实践。

所谓"少教多学"，就是采用针对性、创造性以及启发性的教学方法来引导学生自主独立、积极地学习。在教学中，学习主体是学生，教师只起主导作用。"少教多学"提倡教师要有针对性地、启发性地、创造性地、发展性地"教"，学生要积极、深入、独立地学习。

《子路、曾皙、冉有、公西华侍坐》选自《论语》，《论语》是一部记录孔子及其弟子言行的语录体散文，全面地反映了孔子的政治、哲学、教育等

方面思想，是儒家思想的重要著作。《子路、曾晳、冉有、公西华侍坐》记载了师生畅谈"志"的场景，展现了和谐的氛围，理想的憧憬，生动的对话，传神的描写，个性鲜明的人物，是《论语》中篇幅较长且最富文学特色的一篇。单元教学要求（人教版高中语文选修第六单元"文无定格，贵在鲜活"）的教学重点是感受文章的生活气息，感受其情趣，欣赏它的摆脱拘束、务去陈言。

据此，我运用"少教多学"理念，对《子路、曾晳、冉有、公西华侍坐》一文做了如下教学实践。

## 一、课前：制定互动导学目标，做好学习预案

（一）互动导学目标

依据"语文核心素养"的语言建构与运用，思维发展与提升，审美鉴赏与创造，文化传承与理解四个方面确定以下目标：

（1）熟读课文，积累重要的文言知识。

（2）体味孔子及其弟子的神情风范，积累描写人物的方法。

（3）了解孔子弟子们的志向，体会孔子对待弟子们回答问题的态度所体现的思想。

（4）理解"孔子之志"，了解孔子为实现人生价值而毕生努力、树立万世德行的伟人风范，并学习他的精神。

（二）学习预案

（1）你了解孔子吗——阅读关于孔子、孔子思想、《论语》的相关资料，并于课堂上用一句话概括出来。

（2）小组合作完成并积累文言知识清单，标记疑难点（包括重要的文言字词句）在课堂上提出来，师生答疑。

（3）课文围绕什么内容来写的？由此可以分为几个部分？

（4）四弟子各自怎样述志的？（原文作答）从中可以看出他们各自有怎样的性格？课文塑造人物形象的主要方法是什么？（预习学案中给出人物塑造的相关方法，课堂上小组汇报完成）

（5）你最喜欢孔子四个弟子里面哪个弟子，为什么？请分条罗列，陈述你的理由。（课堂上小组汇报完成）

（6）从课文中能否知道孔子之志是什么？如何理解？

**二、课中：创建活动课堂，精讲点拨**

（一）读懂文章，师生答疑

由于提前布置了预习学案，有了明确的学习目标，学生根据目标的难易程度和自身的能力，可以自主地完成较为基础的前三个学习目标，对于疑难字词句，则通过课堂师生答疑的方式完成。这样的方法，既避免了课堂上逐字逐句翻译的枯燥乏味，又能提高学生自主翻译的能动性，让学习的效率大大提高。在此基础上，我把教学重难点放在了后面三个学习目标上。

（二）创建活动课堂，构建合作学习模式

（1）活动一：人各有志，孔子弟子们的志向是什么？从中能否把握他们的性格特点？小组汇报完成表1、表2

表1

| 人物 | 述志 | 性格 | 描写方法 |
|------|------|------|----------|
| 子路 | | | |
| 冉有 | | | |
| 公西华 | | | |
| 曾皙 | | | |

表2

| 人物对象 | 孔子评志 | 孔子态度 |
|----------|----------|----------|
| 子路 | | |
| 冉有 | | |
| 公西华 | | |
| 曾皙 | | |

（2）你最喜欢孔子四个弟子里面哪个弟子，为什么？请分条罗列，陈述你的理由。

（3）你从文中看到了一位怎样的老师？

（4）活动二：分角色朗读表演，把握人物的情态和语言特色。

这一梯度的教学侧重于语文核心素养中的"语言建构与运用""思维发展与提升""审美鉴赏与创造"。通过如上的课堂活动，学生对文章的基本内容已大致掌握了，尤其是分角色表演活动，学生的积极性比较高，课堂氛围好，学生通过表演的方式，对人物形象的把握也更加深刻，同时也锻炼了合作交流的能力。但是孔子为何同意"曾皙之志"，其中体现了孔子怎样的思想，学生还有待进一步学习思考，这也是课文最难的一部分，于是我计划精讲此部分，结合资料带领学生深入解读"曾皙之志"和"孔子之志"。

（三）点拨精讲，引导学生思考

（1）"曾皙之志"到底表达什么意思？（讨论）

学术界的三种观点：

①一种治国理想，与民同乐的盛世愿景。

②一种生活状态，独善其身的快乐。

③一种礼乐仪式的追求，礼乐治国的梦想。

（2）孔子对"曾皙之志"的态度？从中可看出"孔子之志"是什么？

（3）从"孔子评志"中可看出孔子的评志标准是什么？

（4）孔子既然赞同曾皙，为什么会"喟然叹曰"？（讨论）

结合《论语》中另外两处孔子的"喟然而叹"，运用同类比较的方式来理解孔子礼乐治国的梦想和梦想不能实现的无奈。

①灵公老，怠于政，不用孔子。孔子喟然叹曰："苟有用我者，期月而已，三年有成。"

②孔子喟然叹曰："吾与点也"。

③孙叔氏获麟。仲尼喟然叹曰："莫知我夫，吾道穷矣！"

（5）孔子晚年的志向是什么？做了什么？

（6）儒家的影响。

此部分的设计主要目的在于深入理解"曾皙之志"和"孔子之志"，并学习孔子毕生追求礼乐治国梦想的精神，以及在仕途不得志后，依然努力追求自己的人生价值，晚年努力著书育人并创立了影响深远的儒家学说，树立了万世德行的精神品质。

这一梯度的教学侧重语文核心素养中的"审美鉴赏与创造""文化传承与理解"。在高中语文的古代散文教学中，这篇文章不算太难，部分教师会将教学重难点设计为对人物形象的把握和儒家思想的理解上，而对孔子形象的把握，又会侧重于文章中所体现出来的作为老师的形象。对于高中学生而言，这样的目标没有太大的难度，所以我重点抓住孔子的"喟然而叹"，通过分析"曾皙之志"来解读"孔子之志"和儒家思想，以及"喟然而叹"的原因，并补充"孔子喟然而叹"背后的辛酸故事、不懈追求人生价值的励志人生，从这个层面来让学生体会孔子作为儒家文化的创始人，树立万世德行的伟岸形象，以及孔子学说对中华民族性格和精神的形成和影响。这样学生心中树立起来的孔子的形象就变得更为立体饱满，这种不一样的形象认识也会激发学生想更进一步探究的欲望，学生在课堂知识的基础上可以生成、创造、发展新的东西，所以我就设置了如下课后练习。

### 三、课后：练习促进课外生成、创造

（1）学生搜集并整理积累与孔子有关的教育类素材。

（2）学生搜集文中四位弟子的生平资料，并于展示课上展示汇报。

（3）课后阅读鲍鹏山的文章《孔子——黑暗王国里的残烛》。

（4）教师写作课后反思：作为一次尝试，这次《子路、曾皙、冉有、公西华侍坐》的教学采用了"少教多学"的教学范式，充分调动了学生学习的积极性和主动性，学习效果较传统教学方式明显得到提高。

课堂的时间是有限的，课堂上更多的只能为学生打开一扇窗，学生想要追逐更广阔的天空，需要他们自己去探索，所以课后应该给学生提供方向，让学生去追逐更广阔的天空。代泽斌老师曾提出"少教多学薄积厚发"的路径是"有效记忆—有效理解—有效思考—有效运用—有效创新"，其中"有效记忆、有效理解、有效思考、有效运用"是低阶思维，"有效创新"是高阶思维。课后作业的完成促成了学生新的知识和能力的生成与创造，尤其是课后搜集四位弟子的资料的环节，取得了很好的效果。学生将搜集整理的资料在班上进行展示，既锻炼了学生的动手能力，又丰富了学生的语文积累，同时弟子们的行为事迹、丰富的情感世界，也有助于学生探讨人生价值，充实精神生活，完善自我人格，提升自我人生境界。

### 四、结语

"少教多学"注重的是一种可持续发展能力的培养，在古代散文的教学中，运用"少教多学"的范式，于学生而言，尊重了学生学习的主体性，提

高了学习效率，提升了学生的自主学习能力、终身学习能力；于教师而言，让教师从填鸭式的繁琐而低效的教学模式中解放出来，真正发挥了教师的主导性作用，从而对教师提出了更高的要求，提升了教师的综合能力。总体而言，这次实践已初见成效，"少教多学"是基于教育的科学规律而提出来的，相信在其他的文体领域和其他学科领域也会有借鉴意义。

**参考文献**

［1］中华人名共和国教育部. 普通高中语文课程标准（2017 年版）［M］. 北京：人民教育出版社，2018.

［2］代泽斌. 流动的风景［M］. 北京：航空工业出版社，2019.

［3］代泽斌. 提升语文素养是实现"少教多学"的有效路径［J］. 基础教育参考，2015（12）：40－43.

［4］代泽斌. 利用"最近发展区理论"让潜力变成实力［J］. 基础教育参考，2016（20）：26－27.

［5］雷声. 喟然一叹中的无奈——对《子路、曾皙、冉有、公西华侍坐》章的另一种解读［J］. 语文教学通讯，2004（36）：32.

［6］陈一平. 《子路、曾皙、冉有、公西华侍坐章》解读［J］. 语文月刊，2018（11）：62－65.

# 铜中学生"阅读经典 走近大师"的实践与研究

贵州省铜仁第一中学 李龙兵

【摘要】在"少教多学"教学模式日益凸显出它的优势的形势下，阅读教学在中学语文教学中的重要地位是我们不能忽视的，而优秀的文学作品也始终是阅读教学的重点。陶冶了一代代人精神的经典的文学作品，是人类文化的结晶，是丰富的精神食粮。对于中学生来说，阅读经典的文学作品，接受文化传承，与大师进行精神交流是非常必要的。而现在的中学生因考试升学的压力以及受到"快餐文化""网络文化"等影响，不仅对经典的文学作品不感兴趣，而且也不愿意阅读名著。这成了阅读教学的一大难题。如何引导学生以积极的态度来对待经典的文学作品，并对学生的阅读给予指导，使学生明白阅读经典文学的必要性，让学生真正走进经典，获取精神的营养品从而健康地成长，这对于中学语文老师来说是一个重要的课题。

【关键词】阅读 经典文学作品 快餐文化 阅读教学

"少教多学薄积厚发"教学范式是贵州省高中语文名师工作室主持人代泽斌老师于2014年提出的。"少教多学薄积厚发"教学范式的内涵是教师对教学内容根据学情取舍、学生在老师的主导下多学多思多行动，其目的在于使教与学和谐共生，教学相长，学生学习习惯和效果得到正向发展，日积月累，形成良性循环。在这样的教育范式指导之下，阅读教学也应该走上新的发展道路，更契合如今的教育教学情况。

而为了更好地将阅读教学融入"少教多学"教学范式，了解同学们不爱阅读经典的原因、理解阅读经典的重要性、找到合适的阅读教学方式是我们需要探究的问题。

文学是文化的一部分，博大精深的文学作品是一个民族精神上的产品。

时下的中学生由于繁重的学科任务以及考试升学等压力，没有太多的课外阅读时间，因此，中学生与文学作品产生了一定的隔阂，尤其是这些作品中的经典。鉴于此，让学生静下心来阅读经典作品成了当前阅读教学的重要任务之一。

这里所讲的经典，指的是经典的文学作品。它具有能够跨越时代的文学上的价值。这包括恢弘大气的史诗、情节曲折动人的小说、历朝历代的诗词文段、文笔优美的散文……

我们知道，经典的文学作品是智慧的结晶，是前人对社会的探索、对人生的思考，是人类精神的营养品。走进它，就如同走进一方精神的圣地。在阅读教学中，应当引导学生走进这片圣地，阅读经典的文学作品，并在此精神营养品的滋补之下健康地成长。中学是人的一生中一个重要的过渡时期。中学生有着很强的创造性、可塑性，在阅读教学中，用优秀的文学作品给学生的精神带来必要的滋补，可以使学生在阅读中进步，同时让这些经典发挥出潜藏的育人功能。

阅读教学在中学语文教学中占有重要的地位，阅读教学的基本任务是培养学生的阅读能力。《普通高中语文课程标准（实验）》如是说："阅读是搜集处理信息、认识世界、发展思维、获得审美体验的重要途径。"在知识迅猛发展的今天，知识更新加速，要求人们具有较高的阅读能力。因此，让学生阅读一定数量的经典文学作品，提高学生的阅读能力，对于学生将来的发展有着特别重要的意义。

### 一、对当前中学生阅读现状的分析

阅读，这一语文教学中的重要角色，在社会飞速发展和不断变化的今天，越来越凸显其重要作用。诵记经典、博览群书、关注世界变化、与人畅快交流等都是阅读的任务和目的。在生活中，我们不能离开阅读，良好的阅读能力是自我生存和发展的需要，是贡献社会的需要，是社会前进的动力。然而，当下青少年的阅读状况又是怎样的呢？

在实际教学过程中，笔者曾做过调查，调查内容包括口头问答和实地观察。在调查期间，我又走访了一些学生，了解其阅读情况（包括在校期间和假期的阅读情况）以及学习语文的情况。根据调查和走访结果，有下列几种情况：

（一）影视、小视频等直观形象的载体代替了学生对文字型文本的阅读

自影视、小视频诞生以来，无数的文学作品被搬上了屏幕，这是社会的进步，于人类有一定的益处。但影视在为人们提供方便的同时，也使学生变得"懒惰"。据调查，学生在家看新闻几乎都选择电视而不愿读报纸。理由是电视省钱、方便。毫无疑问，电视新闻使人们对信息的获取更为迅捷、形式更加生动。这是报纸上一行行小铅字所比不了的优势。而古今中外的许多名著也陆陆续续地被搬上了荧幕成为人们生活的消遣对象，在老师及家长的要求之下，学生选择用看电视的方式代替读原著。逐渐地，原著少有人读了。有学生说：原著晦涩难懂。仅以《西游记》为例，阅读原著的中学生屈指可数。而电视剧《西游记》对于现在的中学生来说，却是无人不知、无人不晓，甚至看了一遍又一遍。

而近几年流行起来的"短视频文化"也迅速占领了学生们的生活。短视频以新奇的方式为年轻人的生活带来了乐趣。但这涉及一个名为"嗑瓜子"的效应，即人做事情都需要反馈，反馈的周期越长就会感觉越难，反之则越容易。就像吃瓜子一样，因为很快能吃到果仁儿，所以我们就会感到很快乐，从而不停地进行下去。短视频就是这样，人们只要随手一划就会有新的视频出现，让人欲罢不能。而软件的开发者原意是让大家利用闲暇时间休闲娱乐，却没想到反而占用了人们大量的时间。除此之外，随着这些短视频爆炸式的增长，其中出现了一些抓人眼球但不利于中学生成长的内容，这又在不知不觉中荼毒了孩子们的心灵。

（二）快餐文化的大量流行，占据学生阅读文学名著的时间

中学生始终生活在他们的世界里，与成人的世界有一定距离，他们所选择的读物也是成人不易理解的。虽然阅读也是他们生活中的一部分，但他们所阅读的读物中，以娱乐为主的内容占了大多数，这包括一些青春偶像型小说以及时尚刊物，如：《读者》《青年文摘》《微型小说选刊》以及一些漫画书。读高中二年级的一位学生说，自从进入高中之后，他看课外书的时间就越来越少了，对名著几乎不接触，看得较多的课外书是《格言》和《读者》，因为上面有许多素材，在写作和日常生活中能用得上。

从二〇〇几年开始，网络小说发展迅猛。这些小说中大胆的文笔和自由的异世界架构无疑吸引着中学生。网络小说虽不至于毫无优点，但它的弊端明显大于它的优点。网络小说大部分都是"爽文"，就像它的名字一样，读来

会让人们觉得很"爽"、很畅快,但这些作者写作目的也正是为了一个"爽"字,所以这些小说大都超脱于现实,情节设计也往往是现实到不了的程度。不仅如此,网络小说创作者为了迅速达到"爽"的目的,故事情节往往照搬照抄,不同的小说却仿佛一个模子里刻出来的。这对于学生来说又是极为不利的一方面,为了获得快感丢失了想象力。

（三）现在的学生面临巨大的考试、升学压力

学生在课堂内要学课文,课外还要做大量的练习题,这些任务就足以把他们累坏,哪里还有足够的时间阅读名著?在巨大的考试以及升学压力之下,学生采取的应对方案便是:诵读诗歌便选取各个时期的代表性的篇章,篇目长的著作便选其精华之处,小说的简写本成了许多学生的选择对象。

调查中,有学生认为应该多读市场上流行的快餐读物,理由是:现在是信息时代,要读的东西太多,而这些读起来比较轻松,不像读经典作品那么费力。

其实学生选择阅读《意林》《青年文摘》等快餐刊物,也正反映了学生想要提高自身成绩的内心想法,但又不想花费大量的时间阅读,便采用这种看似效率更高的方法。可实际上他们是否记住了、用上了他们从这些刊物中找到的"好词好句",我们也未可知。带着功利的目的采取简便的方法也不一定能获得效果。

除了这些,有些学生还喜欢阅读鸡汤美文。这些文章初看时会让人觉得充满了人生哲理,但当中学生稍微成长了一些以后再回看就会发现其中并没有什么实质性的内容。这是学生缺乏辨别能力的体现。

奥地利的心理学家弗洛伊德认为,人格包括三个部分:本我、自我、超我。其中"本我"指的是人格中最原始的部分,它遵循着快乐原则,且难以控制。从以上几种原因来看,不论是选择影视、图片等直观方式阅读,还是为了提高成绩而选择简便方法,都是为了自身的快乐或不受累,其中潜藏着"本我"的影子,这也正是学生懒惰的根本原因。如何克服这种懒惰,需要教师尽心挖掘好方法。

在当前的社会环境下,阅读成了教学的一大难题。阅读将走向何方?选择何种读物于学生有益?笔者认为,选择经典的文学作品才是这些问题的答案。

## 二、阅读经典文学作品的必要性

经典的文学作品是经过历史的选择而留存下来的精华。因此，它几乎不是新产品。这些经典的文学作品，在历史长河的洗涤和冲刷下，在今天更彰显出它的艺术魅力。因此，阅读经典的作品对于中学生来说是很有必要的。

（一）阅读经典的文学作品，能更好地促进听、说、写的能力

在阅读教学中，对经典文学作品的学习能促进学生更好地写作、说话。读有诵读、阅读之分。诵读有助于学生理顺自己的"语脉"。经典作品以其巨大的魅力展现在读者面前，是优秀的典范之作，经常诵读规范化的文字，可以养成好习惯，在写作、说话时就显得得心应手。阅读的目的主要在于真正地理解所读的东西，从而得到启发，受到教育，获得间接的经验，提升觉悟，丰富见识。这些宝贵的经验对于我们在社会上生存有着无尽的好处。阅读训练是一种语言训练，它和听、说、写几种语言训练是相通的。阅读活动的第一步是感知语言符号，阅读理解过程又必须借助脑子里贮存的语言材料进行。因此，阅读过程就是感受、分析语言和运用语言的过程，阅读训练也就是进行感受、分析语言和运用语言的训练。

阅读是写作的基础和前提。无论在思想内容上、选材结构上、表达方式上还是在语言运用上，阅读都可以为写作提供借鉴的范例。

阅读经典的文学作品，能训练学生的形象思维。语文的阅读教学几乎不离"文学"。以高中教材为例，文学作品所占的比重是很大的，文学教育之所以受到这样的重视，是因为它在培养中学生健全人格方面有着不可替代的优势，它对中学生思维方式具有很大的影响力。文学形象的可读性是文学作品的一大特点。活生生的文学形象呈现于学生的眼前，具有具体可感性。一旦学生的思维方式具有形象性，往往会特别留心周围的景物，就不会漠视周围的一切。

（二）阅读经典作品、优秀诗文是提升学生阅读审美能力的重要途径之一

现代社会的人们更愿意选择现代科技为人们带来的立体的、多种感官的享受。如前面所提到的电视型阅读方式，这种"直观刺激式"阅读使学生失去了富有个人色彩的、多样化的想象。在语文教学中，多媒体的广泛应用把学生的积极性给充分调动了起来，给了他们更多的直观感受。但我们在看到直观教学方式的优点的同时，也不能忽视它们的弊端。实际上，大量注重直

观感觉的教学课件的泛滥，严重冲击了读者在字里行间所能获得的体验和产生的想象，更为严峻的后果是一些学生逐渐养成不喜欢阅读文本的习惯。而现在，人们已经意识到，文本阅读是其他活动无法替代的，它具有一定的独特价值和功能。因此，一些国家在这方面已经采取积极的措施，如限制学生每天看电视的时间，严格保证学生每天用于文本阅读的时间等。

必须让学生从电视、时尚书刊等快餐式阅读中解放出一定时间来阅读经典、与经典对话。当然，经典的形成与确立是要有一定的过程的，强调经典阅读并不排斥吸收当下的新文化成果，二者是相辅相成的。现在的一些新的文化成果还未通过时间的考验与历史的选择，不拒绝此类读物的同时，我们要把更多的精力投入到经典作品的阅读中。

（三）在经典作品的阅读中进步，在与大师的精神交流中成长

阅读经典对于青少年来说是很有必要的，对中学生人格的培养更离不开经典的文学作品。要引导学生与代表了人类、民族、时代最高水平的大师、巨人进行精神的对话，并在这一过程中实现精神文明的传递，使学生真正从一个自然人成为文明人。经典的文学作品都是经过了时代的考验，无论是思想上还是艺术上都是很有价值的。读名著可以开阔视野、丰富知识、陶冶情操，对人生有很大的影响。

"成人"之所以是成人，不仅仅是身体的长大，更重要的是心灵的长大。而心灵长大的一个重要途径便是走进经典与大师对话。经典含有前人经验的结晶，很多经典都是人性的流露。特别是中国的经典，包括儒家经典在内的诸多作品，它们既有宇宙深层的道理又有人性的理想，既有政治的智慧又有历史的教训，同时它还兼有审美的情趣。一个深受经典作品知识与价值系统熏陶的人，必定是一个容易进入现代生活、独立自主、并有持久的光源、充沛的能量、能最终实现自我价值的人。

经典是民族与人类文明的结晶，是前人智慧与创造的积淀。而真正的经典又总是超越民族与时代的，具有超前性。文、史、哲的经典更是关注人性的根本，不断地挖掘着人的灵魂的深度，同时也是语言艺术的典范，具有永远的思想与语言的魅力。阅读经典作品，可以使学生从生命与学习的起点上，占据一个精神的制高点。其实，我们每一个人都会有这样的阅读体验，经典作品常常会"直接打动人的心灵"。正是经典的阅读，才使教师与学生的生命达到一种酣畅淋漓的自由状态，这种难得的高峰体验，生命的瞬间爆发与闪

光，会使学生以一种全新的眼光去看待自我与世界，甚至从根本上改变学生的状态与对人生的选择。可以说，阅读经典是激发学生学习语文的兴趣，使语文教学真正介入学生的生命活动的关键与基本手段。

人们读文，更多的是为了读人。中国文学强调的是作家对自己的日常生活的个人体味，而这种体味又要融贯整合作者的精神世界和崇高向往，有了内心长期的修炼和陶冶，即便是抒写笔记公文、应酬酢和，也能让读者感受到作者理想人生的全真境界。

### 三、引导学生正确阅读经典，走近大师

（一）激发学生阅读经典文学作品的兴趣，让学生成为阅读的主体

文学经典由于年代久远，和学生有着一定的距离。距离产生美，但同时又增加了学生与作品之间的隔阂。通过老师动之以情、晓之以理的引导，学生自然慢慢向经典靠近。而此刻，即可向学生推荐一些符合他们年龄特征的经典文学作品。学生在阅读经典的过程中所产生的种种疑问和情绪，教师不能熟视无睹、置之不理，要及时进行释疑，或交流，或疏导，或激励。这样，学生才会愿读、乐读经典作品。

在阅读教学中，要努力营造平等、尊重、理解、合作的和谐人际关系氛围，以学生为友，尊重学生的感受、理解和宽容他们知识的缺乏。尽可能地为学生创设有利条件，鼓励学生自读自悟、大胆提问，最大限度地调动学生的主观能动性，为每个学生提供表现自己个性与才能的机会，促进学生主动求知、主动参与、主动表现，以确定学生的主体地位，养成自主阅读的良好习惯。

（二）给学生的阅读以必要的点拨、引导

文学作品中所塑造的形象和创造的意象，本身就蕴含着丰富的个人情感和主观情绪。在特定的写作年代有着特别的含义。如顾城的《一代人》："黑夜给了我黑色的眼睛/我却用它来寻找光明"，短短的两句，却寓意深刻。诗人的情感是复杂的，不进行必要的背景分析的点拨，又有多少学生能读懂诗歌，与诗人的心灵相碰撞呢？

在课文《背影》中，作者描写了他的四次流泪。阅读教学中，让学生领会作者丰富的感情是很关键的。第一次，"（我）不禁簌簌地流下眼泪"。第二次，"我的泪很快地流下来了"。第三次，"我的眼泪又来了"。第四次，

"在晶莹的泪光中，又看见……"文章虽然连写四次流泪，但文字并不重复雷同，而是同中有变。在学生的阅读中，要引导学生进入作品，对作者感情进行分析，理解作者每一次流泪的原因。第一次是作者在徐州见到父亲。看见凄惨的家境，祖母去世，父亲失业，于是一股凄凉感涌上心头，难过得流下了眼泪。第二次是望父买橘。这是感情的高潮，父亲穿过铁道，爬上月台为儿子买来橘子，父亲因年岁大而行动不便，爱子的一片真情显露了出来，这时"我看见他的背影"，流下了感激的泪水。第三次是车站别离，父亲的背影消失了。想起父亲的老态龙钟，一种忧伤的情怀顿时喷发，留下了辛酸的泪水。第四次是作者接到父亲的来信，想到颓唐的父亲、凄凉的晚景，一种负罪感涌上心头，于是流下了愧疚的泪水。

作者的"四次流泪"，感情是丰富真挚的，语言是波澜跌宕的。诚挚的感情，纯真的心，是人间最美的东西。学生的阅历大都不深，对人生的悲喜也无太多的感悟，对于作者丰富感情的流露，不一定能完全领悟，因此在阅读教学中就要着重引导学生进入作者的内心世界，与作者进行思想的碰撞。

（三）阅读作品之后进行必要的检测

一千个读者就有一千个哈姆雷特。现代阅读理论认为，作品是一个开放结构，只是一种意义的可能性，读者的参与才意味着意义的生成及作品的最终完成。文学作品用其模糊性、多意性，给学生的阅读提供了很大的空间。阅读经典作品的过程是一个极富想象力、创造力的过程。因而，在阅读中应当充分激发学生的想象力，进行小组阅读交流和学习，把学生的创造力不断引向新的高度。

如果是为了完成任务而走马观花的一读了之，则无太大益处。应进行读后检测，可通过测验（包括自测）来检查和巩固读的情况。具体方法是将说、写与读结合起来。以《三国演义》为例，罗贯中在书中描写了一个个生动而精彩的场景，在学生阅读之后，要求学生以讲故事的口吻，把书中的精彩画面用语言描绘出来。

读完一部作品，可就写作方面让学生模仿，如《陋室铭》，如今就被学生用其特定的音律和格式来描写不同的事物而仿写了多次。除此之外，还可让学生写读后的感想、人物形象分析、改编故事等，如作品《孔乙己》，不管学生读后对他的命运持何种态度，对他的后来的情况却是很期待的，是死了，还是……？面对这个悬念，可让学生进行小说的续写。

　　朱熹曾言，读书是改变气质的，假如每个人的气质变化了，一代人的气质变化了，就影响了社会风气。腹有诗书气自华，让中学生尽可能地多读一些高品位的文学作品，其产生的效用是综合的，不但有利于拓展他们的视野，开阔他们的眼力，也有利于提高他们的语言表达能力，提升他们的审美情趣。从教育的最高目标——育人的角度看，为中学生提供更多更好的鉴赏性阅读教材，其价值是不可低估的。带领学生走进经典、走近大师，与大师对话，让精神升华，可以增强他们的社会责任感和对人类命运的人文关怀。

　　阅读教学的任务之一便是引领学生多读书、读好书，尤其是读经典的文学作品，在阅读经典作品中进步、成长。学生不应带着功利目的阅读，须抱着平和的心态，以自己的心灵去感受、体验作品的内涵，这样才能真正受到优秀作品的人文精神的熏陶。

**参考文献：**

　　[1] 张鸿苓，张锐．中学语文教学［M］．北京：光明日报出版社，1987.

　　[2] 顾黄初．语文教育论稿［M］．北京：人民教育出版社，1999.

　　[3] 覃善萍．浅谈文学教育对中学生思维方式的影响［J］．中学语文教与学，2002（04）：31 – 33.

　　[4] 钱理群．语文教育门外谈［M］．桂林：广西师范大学出版社，2003.

　　[5] 胡晓明．读经［M］．上海：华东师范大学出版社，2001.

　　[6] 叶匡政．重建古典中国的文学大统［N］．南方周末，2007 – 12 – 06（25）.

　　[7] 顾黄初．语文教育论稿［M］．北京：人民教育出版社，1995.

　　[8] 代泽斌．流动的风景［M］．北京：航空工业出版社，2019.

# "少教多学薄积厚发"教学范式的实践运用
## ——以《阿房宫赋》教学为例

贵州省铜仁市第一中学　任留林

**【摘要】**本文以《阿房宫赋》教学为例,将传统讲授教学与"少教多学薄积厚发"教学范式的教学过程和教学效果进行比较,得出"少教多学薄积厚发"教学范式更能够培养学生自主学习的好习惯,更能激发学生的学习兴趣,更有助于提升学生的自学能力和探究能力的结论。

**【关键词】**少教多学　《阿房宫赋》　教学

《阿房宫赋》是高中人教版选修课本《中国古代诗歌散文欣赏》第四单元中自主赏析的一篇文章,它是赋文的典范。铺叙、描写、抒情、议论紧密结合,使得文章有物、有事、有情、有理,具有强大的艺术力量。文章为了铺叙其事,运用的语言也是相当精美的,句式整齐,文辞华美,意蕴深厚,令人感动,发人深思。

### 一、"少教多学薄积厚发"范式推广下的《阿房宫赋》教学过程

（一）课前安排

要求学生课前做好以下几点:

（1）学生自主学习课文,疏通文意;

（2）反复诵读;

（3）把本文文言知识罗列出来;

（4）指明文句的具体修辞手法;

（5）查阅资料了解秦亡之因以及探讨作者写作目的;

（6）提出疑难问题。

（二）快速浏览

请学生花 5 分钟浏览课前全班同学自学完成的文言知识汇总表（教师筛选整合后打印好，课前发到学生手里。）

（三）集中解决学生提出的疑难问题

（1）翻译并疏通学生难以理解的句子。

（2）明确修辞句的修辞手法并探讨出每一种修辞手法的表达效果。

（3）合作探究

问题一：作者为什么要花大量的篇幅来写阿房宫和宫女？

这些描写用墨如泼是为了突出秦始皇穷奢极欲、挥霍无度，为后文议论做铺垫。

问题二：作者是在什么背景下写的？他写作的目的是什么？

《阿房宫赋》作于唐敬宗宝历元年，即公元 825 年，杜牧在《上知己文章启》中说："宝历大起宫室，广声色，故作《阿房宫赋》。"唐敬宗李湛十六岁继位，贪好声色，大兴土木，游宴无度，不视朝政，求访异人，希望获得不死之灵药，因此在位三年即为宦官刘克明所杀。本文借古讽今，规劝唐朝的当政者，要以古为鉴，不能哀而不鉴，不然也只能落得"后人复哀后人也"的结局。

问题三：作者为什么要借阿房宫来写，而不直接发表达自己的观点？

①本文是赋体不是议论文，赋是介于诗歌和散文之间的一种文体，讲求字句的整齐和声调的和谐，描写事物极尽铺陈夸张之能事，而结尾部分往往发一点议论，表达人民的愿望，讽喻政治。赋通常是托物言志，卒章显志，以寄讽喻之意。

②进言论事要考虑自己和对方的身份地位，作者位卑言轻怎能直接对皇上表达意见？

③进言表达意见时要讲究方式，要委婉含蓄，别人才易于接受。

④以小见大，这是写作的好方法，能透过现象看本质。

（四）总结全文

课堂以学生分享创作的赋文或模仿《阿房宫赋》所作的赋来结束此文的教学。老师布置作业：一是背诵全文；二是搜集杜牧的相关诗文词赋，进行自主阅读和相互交流，开拓视野。

（五）课后反思

学生的文言知识水平不一样，学习情况也不一样，这样的教学只能解决大多数学生提出的问题，而不能对每位学生提出的问题进行一一解答，这是欠完美之处，也是传统课堂难以避免的问题。

## 二、"少教多学薄积厚发"教学范式推广前后效果对比

高二的学生已掌握了一些基本的文言知识，已有一定学习文言文的能力了。对于这篇文章，学生在反复诵读基础上，借助注释和工具书能够掌握文章大意，完成教师布置的课前自主学习任务应该不算难。

以前传统教学模式是以我讲授为主，我全盘包干，每一点都必须讲到位，要介绍作者及写作背景，带着学生研读语句，翻译字、词、句，欣赏修辞，讲解写作方法。一节课下来我讲得口干舌燥，我讲累了然而收效却不佳，学生听得腻，听得不耐烦。长此以往学生在学习上产生了依赖，没有了学习上的主动性，也不会思考了，甚至学生认为自己不必去提前去预习，反正老师课堂上都会讲。

我用"少教多学薄积厚发"教学范式对《阿房宫赋》进行教学，以学生自学探究为主，教师讲解为辅为理念指导。我发现学生把课前安排的任务完成得很好，他们在自主学习中感知了赋的特点和文辞的优美，又掌握了本文重要的文言知识，还提出了很多有意义的问题，其中的部分问题连我都没想到，这就极大地丰富了我的课堂教学内容。同一个知识点每个同学找到的内容会不尽相同，把学生们找到的内容归结起来正好就为某个知识点提供了完尽的内容。以"少教多学薄积厚发"教学范式讲授这篇课文，学生感受到了赋的特点，还学到了善待文人的处世之道，同时被作者爱国之心感动。通过合作学习，培养了学生自主学习的好习惯，提高了群体学习效率，更培养了学生的合作意识、团队精神，提升了学生自学能力和思考探究能力。

## 三、"少教多学薄积厚发"教学范式推广与实践的经验

（一）坚持正确的理论指导

"少教多学薄积厚发"教学范式推广与实践的课堂以代泽斌老师提倡的"少教多学薄积厚发"理论为指导，贯彻以学生自学探究为主，教师讲解为辅的理念，落实新课程标准。

（二）课堂设计充分体现了学生的主体地位

教师只是课堂的组织者，扮演导演的角色，课堂以学生自主合作探究为主，真正落实"少教多学"。

（三）备好课

学生以自主合作探究方式学习，对教师要求很高，教师首先得吃透课本，还得了解学情、备好学生，更要充分备好课。如《阿房宫赋》这篇文章既要了解秦国的历史，又要知道杜牧生活的时代背景和他的生平，学生可能提出五花八门的问题，也可能提到课外的东西，这就需要老师筛选整合，挑重点和关键的知识点在课堂上讲解或让学生讨论。

（四）课后反思

教学反思是有效实施"少教多学薄积厚发"教学范式最好的路径之一。每堂课结束后进行及时有效的反思是很有必要的，只有总结反思课堂的有效性，才能在以后的教学中不断进步和完善，才能设计出适合文章和学生的好教案。

## 四、努力方向

（一）落实语文学科核心素养

古典诗词教学主要是让学生通过学习古代流传下来的诗词来构建自己的语言框架和体系，在思维方面获得一定的拓展和延伸，在此基础上提升学生的审美鉴赏能力，最终达到传承古典文化的目的。所以古典诗词教学和学习是按照新课标语文核心素养的要求来进行的，也是对语文核心素养准则的最好践行。

（二）顺应社会发展的需要

调整课程的内容和结构；要在追求高中教育共同价值的同时，充分发挥语文课程促进学生发展的独特功能；要使全体高中学生都获得必须具有的语文素养，同时帮助学生在语文学习中探寻适合自己的发展方向，给他们提供展示才华的舞台。

（三）大力倡导自主、合作、探究的学习方式

语文教学应重视探究学习，为学生创设良好的自主学习情境，激发其学习兴趣，调动其持久的学习积极性和主动性，帮助他们树立主体意识，了解自己、了解学习的对象，根据各自的特点和需要，调整学习心态和策略，探

寻适合自己的学习方法和途径。

（四）坚持理论指导实践

充分运用代泽斌老师论文《提升语文素养是实现"少教多学"的有效路径》中提出的有效路径来落实我今后的课堂，真正做到"少教多学"，实现学生在课堂上的主体地位。

**参考文献：**

［1］代泽斌.流动的风景［M］.北京：航空工业出版社，2019.

［2］代泽斌.提升语文素养是实现"少教多学"的有效路径［J］.基础教育参考，2015（12）：40－43.

［3］柴薇娜.辞彩华丽之"仙境"——析《阿房宫赋》的修辞［J］.中学语文教学参考，2019（15）：24－25.

［4］卜春富.文言文教学的"浅入"与"深出"——以《阿房宫赋》为例［J］.语文教学通讯刊（学术刊），2018（07）：55－57.

［5］唐江澎.触摸语词，体悟文学意义的"阿房宫"——《阿房宫赋》教学设计及反思［J］.中学语文教学，2019（01）：64－67.

［6］陈晓霞.句式与修辞之妙——《阿房宫赋》的写作艺术探赜［J］.现代语文（教学研究版），2017（06）：72－73.

# 朗读在初中语文教学中的意义及策略

## ——"少教多学薄积厚发"下的有效课堂的实践

贵州省思南县思中初级中学　罗来仙

【摘要】朗读是语文教学中的重要环节，又是全面实现语文教学目标的一种有效手段。在课堂教学中教师合理安排时间，科学地指导学生朗读，能够提升学生的语文素养，从而促进学生理解能力、感悟能力、表达能力的全面提高。

【关键词】朗读　意义　策略　少教多学

俗话说："功夫靠练，文章靠念。"古人云："读书百遍，其义自见。"读，是语文教学的基础，是最常用的基本方法。朗读是语文教学的重要方式，它可以培养学生的口头表达能力和阅读鉴赏能力，调动学习语文兴趣，从而提高学生的听、说、读、写能力，让学生将文本读出童趣，读出真情，读出心声。

新课标指出：中学生必须具备能够用普通话正确、流利、有感情地朗读课文的能力。但纵观整个语文教学活动过程，朗读训练依然是语文教学的薄弱环节，朗读指导没有真正落到实处，甚至存在理解的误区。

朗读是每一个中小学生的必修课。鼓励学生多诵读，以读促悟，以读促进他们理解能力的快速成长。可是在实际教学中，我们的一部分语文老师却忽视了课堂朗读，他们总是舍不得将课堂宝贵的时间给中考不考、看似"无用"的朗读。课堂在教师的"霸权"下成为教师个人的独唱"音乐会"。学生无法去体验、感受、咀嚼以及推敲语言，导致他们语感严重缺失。我们知道语感是一种个性的、自我的感觉，必须得来源于自己的实践，谁也无法取代。学生只有在读、品、鉴、写的过程中才能完成对语感的锻造。

基于以上原因，我从朗读在初中语文教学中的意义及朗读在语文教学中的策略这两方面谈谈粗浅的认识。

## 一、朗读在初中语文教学中的意义

朗读能促使"读者"深入领会词语的含义和文章的情感，品味意境，发展语感。朗读直接反映了学生的语文综合能力，语文教师抓住朗读这一切入点，一方面可以提高学生的朗读水平；另一方面能提高学生分析能力、理解能力，扩大学生语文"积累库"容量，陶冶学生思想情操，提高审美能力，养成高雅的文学气质。那么，语文教材中的文质兼美、朗朗上口的精美佳作，便成为语文老师提高学生语文综合能力的绝好抓手。

朗读能提高语文学习能力。语文教师要善于利用优秀的文学作品感染学生，培养他们逐渐养成热爱读书的好习惯。爱读了，自然就会写了，会写了，学生学习的积极性也会随之提高，学习效果自然就好。

朗读能提高口语交际能力。朗读在语文教学中是培养语感的重要手段，是一项主要的语感实践。美文美读，对学生口交际能力的提高大有裨益。

朗读提高教学效率。朗读有利于创设良好的课堂气氛，现实教学活动的最大弊端，就是只注重教师的讲解而忽略学生的参与。朗读，有利于把课堂主权归还给学生。"少教多学"的实践研究可以充分调动学生的主观能动性，提高学生探究能力和培养学生发散思维，从而提高课堂效率。

## 二、朗读在语文教学中的策略

朗读的形式纷繁多样，不一而足，教学中教师可以根据不同的教学内容、教学目的选择不同的朗读形式，点燃学生的朗读兴趣、激发学生的朗读感情、促进学生的朗读训练。

教师范读，感染学生，点燃激情，让学生自然而然地进入文本的意境中；分角色朗读，在学习戏剧作品和小说中的对话描写时最好采用这种朗读方式，它有利于学生对作品中的人物性格和人物思想感情的把握。

为了保护学生本就不太浓厚的语文学习兴趣，让学生在自我学习中体会成功的、学习的快乐，教师应践行少教多学理念，将课堂还原为学生的舞台。我认为"少教多学"的实践研究对教师来说是一种新的教学方式。在教学过程中，教师要启发诱导学生，为学生提供充分的时间，使学生有思考、质疑问题的机会，培养积极主动的学习精神。让学生自己去读，他们的一切所得都是自我获得或者是合作所得，因而会收获更多的成功的喜悦，产生更多的学习兴趣。更重要的是在这个过程中学生学会了如何有感情地朗读文章。有了高质量的朗读，有了高水平的领悟，有了学生的自主学习、相互合作，这样的课堂才真正是"少教多学"有效措施的课堂。

总而言之，语文教学应重视朗读，通过朗读能帮助学生更好地进入情境，能够展现文章的语言美和音韵美；朗读也可以让学生初步感知文章语言的理趣之美；朗读能将学生的情感与作品的情感积极交融，产生强烈而深厚的情感反应，进而深入体会文章丰富的内涵。我们语文教师在教学过程中，不仅要自己会声情并茂的表情朗读，还要引导学生练读，进而能绘声绘色地进行表情朗读，使学生在朗读的基础上达到模仿、理解和运用的目的。可见朗读确实是学习中事半功倍的好方法。

因此，语文教学必须重视朗读教学，加强朗读在教学中的运用，发挥朗读在教学中的作用，让学生在朗读中认知，在读中理解，在读中感悟，在读中升华。

践行少教多学，实现有效教学。结合自己的教学实践，我建议在初中语文教学中一定要将朗读落到实处，尽一切可能激发学生学习语文的兴趣，让语文教学有趣、有味，让学生爱上语文。

**参考文献：**

[1] 代泽斌. 风景中的我们 [M]. 北京：中国书籍出版社，2017.

# 04

学校推广和媒体报道

# 践行"少教多学薄积厚发"教学范式，回归教育初心

贵州省铜仁第一中学　舒崇进

**【摘要】** 贵州省铜仁第一中学作为贵州省一类示范性普通高中，始终围绕"人人发展，人人成才"的办学理念，践行"仁实勇毅，善行天下"的办学思想。为全面深入贯彻立德树人的根本任务，回归教育初心，教学团队集思广益，提出"少教多学薄积厚发"教学范式，并在学校推广和实践，实现了"稳中有升，顺势而上"的教学质量目标。

**【关键词】** 少教多学　薄积厚发　立德树人　教学范式

2014 年我校提出的"少教多学薄积厚发"教学范式，得到了贵州省名管办和教育部校长培训中心的领导和专家的肯定，并获得贵州省 2020 年教学成果二等奖。6 年间，笔者将"少教多学薄积厚发"思想与我校的实际相结合并进行了一系列教育改革，包含校园建设、文化建设、学校管理等诸多方面，着力提高学校办学质量，打造百年历史名校。

"少教多学薄积厚发"教学范式，它和新课改是一脉相承的，即教师对教学内容根据学情取舍、学生在老师的引领下多学多思多行动，教与学和谐共生，教学相长，学生学习习惯和学习效果正向发展。学生与老师每一天都有一点进步、收获，慢慢地积累，越积越多，最后形成良性循环。

"少教多学薄积厚发"教学范式并不是教育领域的新概念，早在千年之前，文学家苏轼就提出"博观而约取，厚积而薄发"的教育思想。现在的教育并不缺新理念，缺的是将那些先进的教育理念真真切切落到实处的勇气和坚持。据笔者所知，现在的学校实施"先学后教"的多，做"少教多学"的少，越是讲得多的教师，越需要改革。教师都讲得太多，路填得太满，学生的思考空间反而没有了。真正的"少教多学"就是去掉教师替代学生观察、

思考、探究的部分，把课堂还给学生，发挥学生的课堂主体作用，让学生成为课堂教学的主人。只有他们主动获取知识的意识和能力强了，课堂才有活力。"少教"的关键是少一些"替代学习"，多一些启发、引导和对方法、规律的本质认知。"多学"的本质是教师根据学生的"最近发展区"，优化过程，搭设"台阶"，引导学生积极探究、反思创造、自主领悟达到融会贯通，从而把学生的智力、情感、能力提高到另一个新的发展水平。

按照教育规律，没有任何一种教育模式能适应所有教学，也没有任何一种教学理念的实施是可以得到所有人拥护的。"少教多学"的道理老师都懂，但是在实践中面临各种现实的考量就会扭曲。很多教师认为传统的教学方法已经可以让学生取得很好的成绩，担心自己"少教"，就会淹没了教师的自我价值和存在感，就会弱化教师的地位和作用，又加上教学质量和各种考核的压力，因而不敢有效践行"少教多学薄积厚发"这一教育理念。

素质教育和应试教育并不矛盾，没有哪个学校不看重教育教学质量，但是教育并不只是分数。"少教多学"侧重对学生综合素质的培养。而能力的培养，初期往往起步慢、成效低，甚至短期内学生成绩都有可能出现回落。这些都需要学校、教师和学生共同包容和担当。我们要明白能力一旦养成，学生成绩立竿见影，并且还能不断进步，触类旁通，将来毕业工作都有持续学习的能力。只有学生真正会学了，老师才教得更轻松也更放心。素质教育落到实处，学生的应试能力自然而然会提高。铜仁一中从 2015 年以来，每年都获铜仁市教育教学质量和目标考核一等奖，并且高考也实现了"稳中有升、顺势而上"的质量目标：近五年来的高考，一本上线率稳定在 75% 以上，本科上线率 98% 以上。2018 年高考，全省前 10 名 2 人，前 100 名 11 人。2019 年高考，全省前 10 名 1 人，前 100 名 8 人。2020 年高考，全省第 2 名 1 人，前 100 名 9 人，全市文理第 1 名均在我校，600 分以上人数近 400 人，占全市 50% 以上。

一名优秀的校长有责任引领和提倡教师树立符合时代发展的教育理念。"少教多学"顺应新课改要求，值得教师根据自己以往经验和自己需求进行有效实践。当然，理念落实到具体实践，教师仅靠转变自身观念还不够。"少教"并不是不教，而是把课堂时间还给学生，还要达到让学生"多学"的目的，需要充分发挥教师的引领作用，因而对教师要求更高了。教师不仅要对本学科有扎实的基本功，还要根据学科素养和关键能力精心设计课堂环节，对学科知识进行归纳、提炼和深化，积极打造高质量的课堂。大胆把课堂主动权还给学生，让学生自己"自主、合作、探究"的同时，相信学生，鼓励学生去创造。学生都具有学习潜力，教师就是要在课堂上帮助学生挖掘潜力，将潜力转化成能力并实现其价值，在有限的时间打造无限的空间，做好学生学习路上的"引路人"。

笔者从教二十余年，从班主任到教导主任到办公室主任最后成为校长，星霜屡移、人事万千，始终不忘初心，一直坚守教学一线。接触的学生多了，深刻理解并不是每位学生都能考入名校，名校也并不一定适合每一位学生，学生的成长都有无限可能性，尊重个体，一起学习，一起成长，静待花开。教育者，非为过往，专为将来。比成绩更重要的是成长，比教书更重要的是育人。本着"育人"的初心，我校长期开展爱国系列讲座、国旗下讲话、十二·九演讲比赛、春晖行动公益大讲堂等活动，厚植学生家国情怀。学校坚持"立德树人"为先，实施"少教多学"课堂模式，充分发挥学生的主体作用，积极引导学生开展社团活动，民乐团、合唱团、交响乐团，熏风文学社、舞蹈社、卢阳春晚会、十佳歌手比赛、元旦晚会、篮球赛、足球赛、4＋2特色教育、研学旅行、志愿服务、各类学科竞赛等等，争取让学生知行合一。

教育是国之大计，党之大计。教育的目的是为了孩子有好的身体、好的品德、好的习惯、好的心态。教育工作者不能仅为一点"显性"的分数而绞尽脑汁，而更应该为学生"隐性"的未来筹谋划策。分数只是一时之得，孩子应该赢得的是人生大考。

会生活，会学习，这是铜中人的品格。学习不是"只要学不死，就往死里学"。我校提倡学生要经常走出教室，感受自然的美、生活的美，提倡学生早睡、早起、多运动、会学习。希望我们的学生在学校里不仅能学到高考需要的知识，还能学到考试之外的技能；希望我们的学生学习的动力不仅来自考试的需要，更要来自自我完善、自我价值的实现，来自增强民族责任和担当。

教育绝不是包办代替，教师不是沉沉地背负学生走路，而是引领学生愉快的前行！"少教多学薄积厚发"教学范式就是要让教师成为学生心灵和思想的摆渡人。不急功近利，不拔苗助长，用教育者的良知培育好良好的教育生态，这是作为一个教育工作者的底线。

东方欲晓，莫道君行早。踏遍青山人未老，风景这边独好！

**参考文献：**

[1] 代泽斌. 少教多学 [M]. 北京，航空工业出版社，2019.

[2] 代泽斌. 利用"最近发展区理论"让潜力变成实力 [J]. 基础教育参考，2016 (20)：26 - 27.

[3] 代泽斌. "'少教多学薄积厚发'教学范式"构建的研究与实践 [J]. 基础教育论坛，2020 (23)：24 - 26.

[4] 丁军. 浅谈"少教多学、浅入深出"课堂教学模 式在"匀速圆周运动的向心力"新授课中的应用 [J]. 中学物理，2015，33 (21)：46 - 47.

# "少教多学薄积厚发"教学范式在初中学科教学中的推广应用研究阶段性总结报告

贵州省印江二中　李永建

　　无论是传统教学，还是注入现代教学媒体的新课堂，人们都普遍认为，教学不仅仅是艺术，更是科学。目前，我校各科课堂教学中广泛存在着"学生学得很苦，教师教得很累，教学效果却不理想"的现象。部分教师还是以讲授为主，学生在课堂上很少有机会通过自己的活动与实践获得知识与发展，也很少有机会充分表达自己的理解和意见，这大大降低了有效教学的效果。为了让每位学生都能得到充分发展，让每位学生都能获得成功，应大胆地积极地推进课堂教学改革，大力推行以学生为主的"少教多学"课堂理念来提高课堂教学质量，力求避免无效教学，减少低效教学。而贵州省高中语文代泽斌名师工作室"少教多学薄积厚发"教学范式推广应用研究课题在这方面取得了显著的研究成果，因此我校申请加入贵州省高中语文代泽斌名师工作室"少教多学薄积厚发"教学范式推广应用研究子课题研究行列，学校对此高度重视。在学校的指导下，确定研究的子课题为"'少教多学薄积厚发'教学范式在初中学科教学中的推广应用研究"，2020 年 4 月正式立项，预计到2022 年 5 月结题，历时 2 年，现将前一阶段的研究工作整理总结如下：

## 一、明确课题研究的目的

### （一）关注课堂效益

　　本课题从贵州省高中语文代泽斌名师工作室"少教多学薄积厚发"教学范式推广应用研究成果出发，审视我校现有的课堂教学状态，探索有效课堂教学的途径，做到有效地教的策略和有效地学的策略的互动促进，从而归纳出有一定规律的、符合我校特点的有效课堂教学策略，制定出一套相应的有效课堂教学评价体系，用客观、准确、科学的评估手段促进课堂教学效益的整体提高。

（二）关注学生发展

通过本课题研究，真正减轻学生学业负担，优化学生的学习方式及方法，在最大程度上开发学生潜能，发展学生个性，使学生得到全面、和谐、健康、持续的发展。

（三）关注教师发展，关注教师成长

教师是专业技术人员，科学研究能力是教师必备的素质。我们设想通过研究，进一步转变教师的"加血"理念，提高教师的教育教学素养，规范和优化教师的教育教学行为，提高教师理论水平及教学水平，有效地促进教师的专业化发展。

**二、确定了课题研究的内容**

（1）各学科课堂诊断，重点是九年级中考复习试卷讲评课诊断，从教师和学生层面寻找影响课堂效率的因素。

（2）在课题组带领下，以教研组、学科组为单位在各学科教学中推广实践"少教多学薄积厚发"教学范式中的"有效记忆—有效理解—有效思考—有效运用—有效创新"，并结合我校实际，丰富其内容，研究和构建我校"少教多学"有效教学模式，优化教师教的方法和学生学的方法，全面提升教育教学质量。

**三、课题研究进展情况**

自课题开题以来，课题组成员在学校的指导下，以课堂教学为载体，从研究的侧重点出发，有效开展各种活动，使课题研究开展有序，效果明显：

第一，统一思想。召开课题研究主题会议，同时召开全校教师会，让全体教师意识到课堂教学改革的重要性和必要性，同时由课题组根据学校的意见拟定了《印江二中"少教多学薄积厚发"教学范式推广研究实施方案》，明确了学校、各处室、教研组、学科组和教师的任务和责任。

第二，制作发放教师和学生调查问卷，了解目前我校课堂教学现状和师生困惑与需求，同时以九年级中考复习试卷讲评课为切入点，以学校名义安排专门人员分组开展全学科课堂诊断活动，制定课堂诊断分析表，对照各项指标对课堂进行诊断，总结课堂中的无效教学行为及原因。

第三，分学科组开展了课堂专题研讨活动，以教研组为单位制定详细的推进方案，明确时间、地点、授课教师，做到人人上课，主题明确，重点研讨如何在自己的课堂上真正实现"少教多学"，提高课堂效率。

讨论研究各学科如何有效推广应用"少教多学薄积厚发"教学范式研究成果，并结合学科特点，初步形成课堂可操作的理论和有效方法，以教研组为单位进行阶段性小结。

第四，借助我校李永建名校长工作室，采取走出去请进来的方式开展课堂教学研讨活动，2020年4月14日，贵州省高中语文代泽斌名师工作室"少教多学薄积厚发"教学范式推广应用研究课题负责人代泽斌受邀到我校开展中考复习备考指导，指导教师们如何利用"少教多学薄积厚发"教学范式实现减负增效提值，并与老师们进行了真诚交流，让老师们受益匪浅。2020年7月6日—7月8日，贵州省高中语文代泽斌名师工作室"少教多学薄积厚发"教学范式成果推广活动在我校举行，活动分为教学范式课例研讨和教学范式成果推广主题讲座。此次活动中，来自铜仁一中的名师团队给老师们献上了"少教多学薄积厚发"示范课，我校的马桂芳、陈松林、宴永慧和陈海燕、张玉勇、田玲艳、田宇飞等老师分别就语文、数学、英语、生物、地理、音乐学科进行了"少教多学"课堂教学展示，课堂充分体现了"少教多学"的特点，以学生讨论自学为主，教师点拨讲解为辅，课堂氛围和谐、轻松、愉悦，教学效果明显。活动中，铜仁一中成勇老师在"三尺讲台系国运，薄积厚发铸师魂"的讲座中倡导老师们：要树中华教师魂、要立民族教育根，一辈子做老师，就要一辈子学做老师；石阡汤山中学付杰校长在"'五部三查'教学模式探究"讲座中强调：以学定教，顺学而教使"少教多学，薄积厚发"教学范式更加系统化、精细化，既有理论的高度，又有实践的广度，为"少教多学薄积厚发"教学范式推广指明了方向；最后贵州省高中语文名师工作室主持人代泽斌老师，在"少教多学薄积厚发"专题讲座中提出："少教"是唤醒"教"、有目的地"教"、创新性地"教"、顺势而教，老师设法让学生的"潜力变成实力"，达到学生的愿景，"多学"是学生积极地学习、深入地学习、广泛地学习，学有所思、学以致用。

第五，不断反思，探讨课堂，探究实践中遇到的问题，并确立新的研究重点。学校的反思活动可谓形式多样。一种是要求教师坚持撰写每课的"教后小记"，逐步养成勤于思考，注重积累，薄积厚发的良好的研究习惯。二是定期征集"案例反思"，并评选出优秀案例进行分享；三是鼓励教师撰写教学论文。在上述反思活动中，不断增强了教师对新理念的内化水平和对教育教学现象的洞察能力，从而为科研型教师的成长开辟了新途径。

### 四、已取得的阶段性成果

课题组成员通过一段时间的研究和实践，撰写了有关论文，汇集了成功教学设计和案例，进行了多次课堂教学研讨，并初步形成了"三步一过关 + 三教（自主学习、合作探究、质疑答疑、当堂检测 + 教思考、教体验、教表达）"的课堂教学模式，三步一过关是为了少教，三教是强调学生多学多思多表达，在学习的过程中培育学生的核心素养。

对九年级中考复习中的试卷讲评课进行了多次专题研讨，就试卷讲评课中教师少教，教什么？怎么教？学生多学学什么？怎么学？等问题进行了深入细致的探讨，初步形成了试卷讲评课的基本方法，彻底改变了以往试卷讲评课中对答案、逐题讲、满堂灌、题海战术的教学方法，强调少教多思，多学重在方法指导，多学重在反思。通过对试卷讲评课的不断改进，极大提高了试卷讲评课的课堂效率和复习效率，"少教多学薄积厚发"教学范式推广后的 2020 年的中考成绩与未推广"少教多学薄积厚发"教学范式的 2019 年中考成绩相比，实现了质的飞跃，本届毕业生在八年级下期统考全县前 10 名 5 人，全县前 20 名 11 人，全县前 50 名 21 人，全县前 100 名 43 人，600 分以上 51 人，300 分以下 437 人；而 2020 年中考全县前 10 名 8 人，全县前 20 名 16 人，全县前 50 名 37 人，全县前 100 名 66 人，600 分以上 55 人，300 分以下 299 人，是我校近几年来中考成绩最好的一年，这充分说明"少教多学薄积厚发"教学范式在我校的各科学科教学中具有极高的推广和研究价值。

课题组成员每人至少完成了一篇课题研究阶段性研究小论文，积累了大量与课题相关的教学案列，编写了突显课题研究的教案设计、案例分析等，为日后课题的顺利结题积累了一定的资料。

### 五、下一步课题研究的重点

（1）教师如何设计核心问题，促进学生思考，实现少教多学。

（2）对初步形成的"少教多学"教学模式"三步一过关＋三教"进行进一步的研究实践，在"少教多学薄积厚发"教学范式理论指导下总结出不同学科、不同课型的有效教学方法，真正实现"少教多学薄积厚发"。

### 六、对课题研究的思考

第一，教师的教学理念和水平还有待加强。教师对有效课堂模式的理解不够透彻全面，所掌握的理论知识不能完全指导自己的教学实践，而且有的教师思想上放不开，课堂教学不能大胆放手让学生自主学习、牵着学生走的现象还存在。在短时间内，想要改变教师过于注重传统教学模式的现状是有困难的。

第二，在教学中，应当遵循学生是学习的主体，也就是主体性原则，给学生最大可能的自学机会。但经常会遇到学生讲解的时间较长节奏缓慢，这一节课的教学任务往往难以完成，一节课拉成一节半或两节或三节课的现象。

第三，小组合作学习上存在一定问题，小组建设上的研究仍需继续。

总之，"少教多学薄积厚发"教学范式是一种新型的教学模式，许多学校都在尝试使用并且初见成效。实践表明，"少教多学薄积厚发"教学范式式的推广应用，使得学生主动学习的积极性大幅提高，学生自身树立起一种学习的责任感。学习不再是被动的，而是"教"与"学"两方面的积极互动，学生在学习过程中找到了乐趣。这对于提高教学质量和学生自身的学习效率有很大的帮助。

# "少教多学薄积厚发" 成果应用效果报告

三穗县城关第三小学   姚源和

## 一、基本情况

从课堂活动角度来看，目前主要是"教师讲，学生听"的教学模式，教师只关注教学预设，忽视生成内容；只关注教师的教学行为，忽视学生的学习行为；只注重知识的传授，忽视学生素养的培养。为了提高学业成绩，绝大多数的教师在课堂上灌输知识，课堂外进行机械性的强化训练。课堂上教师是教学的导演，少数优秀学生是演员，大多数学生是观众。为了配合老师的教学，学生总是以虚假的方式迎合老师，整个课堂教学活动看不到学生的真实学习，是一种虚假学习的课堂活动。整个课堂呈现的是"多教少学"的局面。

从观课议课的角度来看，教师们的观课议课活动关注点完全集中在授课教师身上，很少关注学生的学习过程、学习状态、学习行为和学习目标的达成情况。

## 二、研究新认识

"少教多学薄积厚发"教学模式于 2019 年 9 月在三穗县城关第三小学实施以来，结合学生学习活动情况，我校将"少教多学薄积厚发"成果与学生真实学习情况有机融合，课堂教学活动发生了根本性的转变。

（一）"少教多学薄积厚发"关注的的主体是学生

所谓学生的主体性，是指在学习活动中，学生的自主、能动、有目的地活动的特征。课堂观察可以很好地观察学生的学习行为、学习状态、学习过程、学习结果，并依据所观察到的事实和现象判断学生学习的真实性。

**（二）"少教多学薄积厚发"的前提是学生学会学习**

小学阶段面临的重要任务之一是教会学生学习，即自主学习，又称独立学习或个人化学习。这种学习是自发的、自我指导的学习。自主学习是学习者终身学习和毕生发展的基础，是建立在教育终身化、民主化和学习社会化等教育观上的一种教育策略。在教学活动中，教师应注重方法上的指导，并使学生在运用中掌握知识，形成学习技能，构筑一个牢固的知识的"地基"。"地基"越牢固，知识库"储备"的知识越丰富，"周转"的频率越快，获取新知识就越容易，从而加固"地基"，产生"滚雪球效应"。

**（三）"少教多学薄积厚发"需要学生有自由支配的时间**

学生的自由时间来自课堂，教师在备课时要清楚知识的"交集点"，在课堂上要控制好讲授时间，所有知识点不要全部讲清楚，要留予学生探究的空间，让"交集点"成为启发学生思维的诱饵。这一过程，学生是自由的、开放的，大脑处于放松状态。教师不讲的内容，更能促进学生思考、探索和发现事物之间的因果联系，从而构建起"少教多学"的真实学习课堂。

**（四）"少教多学薄积厚发"应尊重学生的个体差异**

每个人都有个体差异，他们获取知识的方式与结果是不一样的。维果茨基和赞科夫的"最近发展区"理论告诉我们，了解学情的目的就是要找到学生的"最近发展区"。了解学生的差异表现，个别对待，才能让每位学生在学习活动中进行脑力劳动，让学生体验到学习上的成就，激发学习欲望。

### 三、实验效果

从研究效果来看，改善了学生的学，改进了教师的教，形成了相应的理论成果，构建了"以学定教""少教多学"的真实课堂。

通过实践应用，目前我校课题组在小学阶段主要从目标、练习、时间三个视角进行研究，并取得了很好的成效。

**（一）目标**

1. 学习目标应明确，同时应围绕单元目标来设计

目标是学生学习活动的依据，也是教师教学的依据，同时是学生学习活动应达到的学习结果。明确的目标，能帮助学生明确学习任务，这样就避免了学生盲目学习的尴尬局面。如一教师执教《生命 生命》一课时，初读课文环节，教师出示"课文围绕生命写了哪几个事例？分别是怎样描写的？"两

个问题。学生学习的目标就明确了，教师用课件一直将该目标呈现出来，这样，学生的学习目标就保持在头脑中，能促进目标的达成。

教学目标的确立，应以单元目标为出发点。部编本教材与之前教材相比较，部编本在单元导读中有明确的语文要素（即单元目标），能帮助教师把握本单元的重点知识和目标，这是该教材的一大特点。因此教师在备课时，首先要清楚本单元的目标，并在每一篇课文中逐步落实。鉴于此，每一课教学目标的确立应以单元目标为出发点。举一反例，某老师在执教四年级《现代诗二首》之《秋晚的江上》一课，时就忽略了这一规律。本单元的目标是"边读边想象画面，感受自然之美"。然而该教师确定的目标是理解课文内容，于是该教师条分缕析地帮助学生理解课文内容。如果教师把握住单元目标，结合本单元前两篇课文的学习经验，先让学生读，同时借助注释、上下文或生活经验理解难懂的词语的意思，让学生一边读一边想画面，从中感受到秋江上晚秋的美景，就不仅使学生理解了课文内容，还达成了单元目标。

2. 建立"学习任务群"，促进学生深度思考

就一篇课文或一节课而言，可以由若干学习任务组成，这些学习任务不仅帮助学生厘清课文内容，还能促进学生深度思考。如姚源和老师在三穗县城关第三小学给青年教师上示范课活动中，执教五年级下册《小嘎子和胖墩儿比赛摔跤》一课，设计如下学习任务群：

（1）分别用不同符号勾画出描写小嘎子和胖墩儿的语句，想一想，作者是从哪方面进行描写的。

（2）从这些语句中，你体会到小嘎子和胖墩儿什么样的性格特点？

（3）如果小嘎子提出第二次与胖墩儿比赛摔跤，你想突出小嘎子哪方面的性格特点，请发挥你的想象写下来。

这三项学习任务先后引发朗读思考、在朗读中提取信息、整合信息、形成观点、表达、展示成果等一系列语文学习活动，使学习过程成为语文学习活动的展开过程，创设了真实学习环境，促进了学生真实的学习活动。

（二）练习

课堂练习不是知识的机械训练和题海战术，它是检验学生学习目标的达成度和达成面，是课堂教学的重要环节之一。因此，课堂练习应把握好以下方面：

1. 练习设计要体现教学目标

一堂课的练习设计目标应能反映学生对知识的掌握程度以及教学目标的达成情况。鉴于这一点，练习设计要避免随意性，应围绕本堂课的内容、知识点、预设目标来设计。

如姚源和老师在三穗县城关第三小教学研讨活动中执教《黄山奇石》一课，教师确定的教学目标和侧重点是学会用比喻描写事物的方法。当学习这一知识点后，教师设计了如下练习：

（1）判断下列句子是不是比喻句，并说明理由。

①树上的柿子圆圆的，红红的，像一个个小灯笼。②从远处看，弯弯的小河像一条带子。③天上的云白白的，像一块块棉花糖。④小明像他的爸爸。

（2）自己试着说一个比喻句。

这样的练习设计使学生巩固了比喻这一知识点，并在运用中发现这一知识点的规律，形成学习技能。这样的练习有针对性，既能真正将知识转化为能力，又促进了学生的发展。

2. 练习设计应面向全体学生，让每一层次的学生有所发展，形成学习技能

课堂练习是课堂活动的重要环节之一。其目的是反映学生对知识的掌握程度、学习目标达成情况。由于学生的个体差异以及知识获取需求的不同，因此，课堂练习的设计应把握好以下几方面：

（1）把握好练习与目标达成的联系。练习与目标是相辅相成的，练习的目的是检验目标达成情况。反过来，目标的达成程度则通过练习来反馈。因此练习应围绕目标来设计，避免随意性。练习题既要有主观内容，也要有客观内容。学生练习后教师应认真分析学生的完成情况，并根据其目标达成度调整教学内容，最终达成教学目标。

（2）把握好练习的启发性。所谓启发性，就是要求教师遵循学生的认知规律和学习发展的过程，以学科的内在知识规律，调动学生学习的积极性，使学生有愉快的学习情绪。练习题设计地具有启发性，目的不仅仅是检验学生对知识的理解和掌握，更应是了解学生对知识的巩固和运用，并从中获得新的知识及知识规律。这样才能促使学生思维能力发展，开发学生的智力，提高学生对知识的运用能力及运用知识解决问题的能力。

（3）把握好练习题的度，练习应面向全体学生。课堂不是少数优秀学生

的展示平台，而是每一位学生发展的载体。练习亦是如此，它能反映不同层次学生目标达成的情况。因此，练习设计要从学情出发，切忌"一刀切"。例如，吴老师在学校教研活动中教学《开国大典》一课后，设计了三个层次的作业。①把活动场面的内容写清楚。②抓住人物的语言，动作，神态等把活动场面写生动，写具体。③运用点面结合描写方法，抓住人物的语言、动作、神态等方面，把活动场面写生动、写具体。这样就让每一类学生达到"跳一跳能摘到桃子"的效果，同时体验到学习带来的成就感。

（4）把握好练习题的数量。有人片面地认为练习题数量越多越好，通过练习强化训练，以达到巩固知识的目的。这样的练习设计属于知识机械作业，缺乏针对性和趣味性，长期下去将会导致学生学习兴趣的丧失。因此，练习题的数量应少而精，既能检验学生对知识的掌握，又能使学生在练习中探索出知识的规律，形成学习技能。

3. 当堂练习是检验学生学习目标达成的最好手段

当堂练习是课堂教学的重要组成部分，也是检验教学目标达成情况的最好手段。一堂课有明确的目标，如何检验教学目标是否达成、有多少人达成，需要通过练习来反馈。现实的课堂活动大多数教师只注重通过新知识的传授来达成教学目标，而忽视当堂练习，这样就不能准确、及时了解学生学习目标达成度。恰到好处的练习，应该不仅能巩固课堂上学到的知识，还能启发思维，将知识转化为技能，根据学生的反馈情况灵活调整教学内容，否则就无法了解学习目标达成的面和度。因此，为了落实真实的课堂，当堂练习环节尤为重要。

（三）时间

任何一项任务的完成，都需要一定的时间。教学任务亦是如此。"想克服负担过重现象，就得使学生有自由支配的时间。"学习活动中，学生的大脑被教师塞得越满，留给学生思考的时间就越少，那么，导致学生的思维滞迟、学业落后的可能性就越大。学生自主学习时间多少的问题，不仅涉及整个教学活动，还是涉及学生智力、全面发展的最重要的问题之一。因此，教学活动应留给学生自由支配的时间。

从目前的课堂教学活动来看，大多数教师在时间安排上出现"前松后紧"或"前紧后松"的局面，学生的学习活动流于形式，达不到学习目标。一节课，教师的讲解占了一半的时间，甚至更多。反过来，学生学习的时间相对就少了。如何把握好时间来改善学生的学习情况呢？可以从以下方面入手：

1. 利用"最近发展区理论"合理分配教师讲授与学生学习的时间，落实"少教多学"，让学生的潜力变实力，实力变能力

人的发展有两种水平：一是一个人的现有水平，指一个人独立活动时所能达到的解决问题的实际水平。二是一个人潜在的发展水平，也就是通过学习所获得的可能存在的预期实力。前苏联心理学家维果茨基把人的现有水平和可能实现的发展水平之间的这一空间称为"最近发展区"。教师如何利用"最近发展区"来激发学生学习的潜在动力，获得相应的发展，形成一定的学习能力呢？实践得知，这就要合理分配教师讲授与学生学习时间。美国缅因州的国家训练实验室的"学习金字塔"成果显示，仅靠"听讲"的学习方式，学生的学习保持率只有 5%。通过对现实课堂活动的课堂观察发现，绝大多数教师的讲解都在 20 分钟以上，多的达 28 分钟，甚至 30 分钟。从这一数据来看，课堂上呈现的是"多教少学"。产生这一现象的原因是教师低估了学生的学习能力，担心学生学不会，同时希望学生能接受更多的知识。这种教学模式是典型的教师为主体的课堂，这样的学习方式使学生的思维几乎处于停滞状态，甚至处于"零思考"状态。长此下去，学生的思维变得呆滞，解决问题缺乏新见解和新观点，这样培养出来的学生完全不能适应时代发展的需求。

从课堂观察和课堂实践得知，要落实"少教多学"，首先从时间分配上要体现出来。教师讲授时间一般在 10—15 分钟为宜，具体应根据课堂内容来确定。教师该讲的还是要讲，学生能学懂的则不讲，学生不懂的先让学生探究思考，这样就给学生留出更多的时间来学习。"少教多学"并不是教师闭口不讲，完全放手让学生去学习，而是在学生学习前，教师讲清学习要求和学习目标，起"引"之作用；学习中，发现学生有问题教师需点拨；学习后，需教师引导学生梳理、概括，起"导"之作用。这样的方式，才真正体现学生"做中学"，大大提高学生的学习保持率。

2. 各环节的时间分配应科学，最终达成学习目标

一堂有效率的课应有明确的学习目标。一堂课由多个环节组成，每个环节有相应分目标，最终促进总目标的达成。由于各环节的分目标不一样，难易程度不同，因而在各个环节活动中的时间分配也应该是不相等的。比如一位教师整堂课的目标清晰、明确，并根据学习内容分解成若干小目标。这些

小目标分别在各环节中落实，且各环节之间的知识有着密切的联系，从而形成知识结构网。从各环节的时间分配和目标侧重点来看，学生解决问题环节是本课侧重点，所花的时间占整堂课的四分之一。从教学效果来看，每一层次的学生在各个环节中都有收获，有所发展。因此，科学分配各环节的学习时间对达成课堂目标尤为重要。

3. 学习应根据学情而定

教学预设是教师对一堂课在授课前进行的假设。然而，这一假设应是定中存变的。根据学生学习过程、学生对知识的认知和感受可能产生与原定课堂教学轨道偏离、与教师设想不符甚至相矛盾的新问题，即课堂生成。课堂生成由学生学情决定，这需要教师用敏锐的眼睛去发现，用智慧去处理。课堂生成处理得好，将会收到意想不到的效果。学生学到自己需求的知识，达成新目标，促进学生的学习发展，这样的课堂才是真实的课堂，学生才能真实地参与到学习活动当中。然而，这一处理过程需要学习时间的保障。在现实的课堂活动中，许多教师一旦发现课堂生成，就慌了神，认为与教学预设不符、与教学目标不符，就把这一生成扼杀在"摇篮里"。这样的课堂表面上看是一帆风顺，实际上是教师把学生带进自己的预设圈。学生需要的，感兴趣的问题得不到解决，学生是被动学习，甚至出现虚假学习。久而久之，课堂就出现教师一讲到底，学生厌学的现象。

**四、下步设想**

研究课堂的视角是多方面的，为了丰富"少教多学薄积厚发"成果，今后，我校课题组将从不同的观察视角进行研究，逐步形成"少教多学薄积厚发"在小学阶段的课堂模式。

# "少教多学薄积厚发"教学范式的教学实效

贵州省德江县第一中学 周婧

【摘要】"不愤不启,不悱不发。"教学追求举一隅而以三隅反。因此,近年来,我校积极推广践行"少教多学薄积厚发"的教学范式,让学生自动、自觉、自立,主动、积极投入学习中,充满乐趣、充满自信、充满希望,并且有所思、所想、所悟,更有所得。

【关键词】少教多学 薄积厚发 教学范式 实效

为全面渗透立德树人的教育理念,将先进课程理念转化为现实的课堂实践,还原教育生态,唤醒学校生命,改革依然过于注重知识传授、重教轻学的传统教学模式,深层探索"以生为本""学生主体"的有效课堂模式,我校积极学习并推广实践探索"少教多学厚积薄发"的教学范式,在教学中取得了一定的成绩,促进了教师专业提升和学生全面而具有个性的发展。

## 一、构建"少教多学薄积厚发"的教学理念

"少教多学薄积厚发",即教师对教学内容根据学情取舍、学生在老师的主导下多学多思多行动,教与学和谐共生,教学相长,学生学习习惯和学习效果正向发展。学生与老师每一天都有一点进步、收获,慢慢地积累,越积越多,形成良性循环,最后形成创新能力。在《什么是教育》中有句名言:"教育就是一棵树摇动一棵树,一朵云推动一朵云,一个灵魂唤醒另一个灵魂。"我们要明白教育的本质是唤醒,而不是灌输和压制,那教师的作用就是"摇动、推动、唤醒"受教育者。通过教师自己的"少教",给学生增加更多的自主思考、探究、体验的机会,让学生在广阔的知识海洋里自由驰骋,学生的学习兴趣得以激发,教育目标还有什么不能达成的呢?

## 二、根据"少教多学薄积厚发"理念确立教学改革目标

德江一中的课堂教学改革要积极探索促进学生自主学习、独立思考、勇于创新的少教多学新模式，在深入理解"少教多学薄积厚发"的教学理念基础上，确立如下教学改革目标：

（1）构建自主乐学课堂，学生是课堂的主人、活动的主角，以活动为主线，让每个学生主动参与，乐学乐思。

（2）构建为学生未来生存发展服务的课堂，以综合素质培养为导向，培养德智体美劳全面发展的人才。

（3）构建优质有效的课堂，在课内解决问题，向课堂要质量，并统筹课堂学习和课外学习的时间，实现两个学习的沟通、衔接和互补。

（4）形成完善的德江一中"少教多学薄积厚发"有效教学模式系统，学生自主合作探究学习的氛围浓厚，全体教师熟练并创造性地运用"少教多学薄积厚发"的教学范式。

## 三、"少教多学薄积厚发"的实践案例展示

代泽斌老师的"少教多学薄积厚发"教学路径："有效记忆—有效理解—有效思考—有效运用—有效创新"。在学科教学中，我校要求教师从这五个步骤去下工夫，使学生的学科素养逐步实现"少教多学薄积厚发"。其实，"少教多学薄积厚发"教育理念触及了教育的核心层而，它不仅使教学方式、课程学习有了较大的改变，还启发了我们今天的教学，为什么教、教什么以及怎样教，而这些正是学校的教育改革所追求的最本质的内涵。下面是我校优秀教学案例。

### 《阁夜》教学设计

【教学目标】

1. 因声求气，吟咏诗韵，有感情地诵读作品；

2. 置身实景，缘景明情，理解作者蕴含的情感；

3. 学习本诗的表现手法，体会作者忧国忧民的情怀，树立主人翁意识。

【教学重难点】

1. 重点：置身实景，缘景明情，理解作者蕴含的情感。

2. 难点：学习本诗的表现手法。

【教学方法】诵读法 小组合作探究展示法

【教学环节】

展示目标→初读感知→细品情感→带着情感诵读→学习手法→反思→布置作业

【课时安排】一课时

【教学过程】

1. PPT 展示教学目标

2. 因声求气，吟咏诗韵

阁夜

杜甫

岁暮/阴阳/催/短景，天涯/霜雪/霁/寒宵。

五更/鼓角/声/悲壮，三峡/星河/影/动摇。

野哭/千家/闻/战伐，夷歌/数处/起/渔樵。

卧龙/跃马/终/黄土，人事/音书/漫/寂寥。

诵读提示：

①此诗对仗工整，音节整齐，诵读时要深情、顿挫。

②第一联描绘冬景，有萧瑟之感，应读得平缓；而第二联写夜中所闻悲壮之声，诵读时应引吭高歌；第三联写野哭、夷歌之凄惨，诵读时应转为悲抑；第四联思及先贤功业，以自己的寂寥作结，自应以悲慨之音读之，使人"怆然有无穷之思。"

3. 置身实景，缘景明情（小组合作探究进行展示）

（1）赏析意境：

我认为＿＿＿＿＿＿＿＿＿＿＿（字、词、句）好，好在＿＿＿＿＿＿＿＿

＿＿＿＿＿＿＿＿＿＿＿＿＿＿＿＿＿＿＿

（2）深入理解情感：杜甫这首诗感慨万千，根据示例，阐释作者所悲所慨？

悲是一种恨，恨现世安稳，难求！

＿＿＿＿＿＿＿＿＿＿＿＿＿＿＿＿＿＿＿＿＿

（3）带着自己理解的情感诵读这首诗。

4. 涵咏诗歌，学习手法

作者用了什么手法来表现他的情感的？请结合诗歌进行分析。

5. 小结反思：

学完本诗，我能够：背诵这首诗

　　　　　　　　知道这首诗的主要内容

　　　　　　　　赏析这首诗的意境

　　　　　　　　体会这首诗的情感

　　　　　　　　了解这首诗的表现手法

6. 作业：背诵并默写《阁夜》

【板书设计】

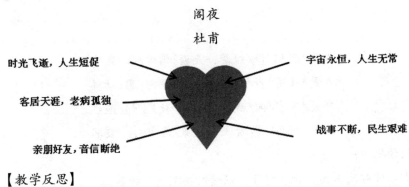

【教学反思】

## 四、"少教多学薄积厚发"范式下学校取得的成绩

在"少教多学薄积厚发"教学范式的指导下，我们以"学生发展"为中心，坚持"教为主导、学为主体、以学定教"，各学科以年级为单位制定了每学期的学科教研计划，并严格按照各学科的实际情况进行集体备课，共同研讨教学中出现的问题，践行新课改，以便呈现更好的课堂教学效果。教育科研蔚然成风，课题研究成果喜人。2020年，市级课题结题7个，县级课题结题20个，市级课题立项2个，县级基础课题立项1个，县级微课题立项22个，校级微课题立项36个。

除了集体教研添"内功"外，"推门听课"已成为我校的常规教学流程，同时再通过"青蓝工程"促提升，竞赛打磨提质量，实现了教育教学工作一年一个台阶的新突破。

2020届高考，一本上线623人，600分以上56人。本科上线人数1454人，上线率86.14%。文科最高分680分，列全省第11位，考入北京大学2人。

我校教学虽然取得了长足的发展，但在推广过程中也产生了诸多的争议，产生了诸多的问题，如部分教师的不理解、传统教学理念的固化等等。但我们始终相信学生的潜力，坚信把学习的时间留给学生，能让教师的引导和启迪变得简约而有效，"少教多学薄积厚发"绝不是神话。

**参考文献：**

［1］代泽斌. 流动的风景［M］. 北京：航空工业出版社，2019.

［2］王彦林. 深造以道探其妙　少教多学自得之［J］. 语文教学通讯（学术刊），2020（10）：19-21.

［3］代泽斌. 风景中的我们［M］. 北京：中国书籍出版社，2017.

# 加强学校精细化管理　奔上中国教育 2035

## ——"少教多学薄积厚发"的探索与实践

贵州省思南县思中初级中学　黄朝宣

**【摘要】** 学校精细化管理是超越竞争者、超越自我的需要，是学校全面提高教育教学质量和管理水平的重要途径。利用"少教多学薄积厚发"强化精细化管理，关键在校园文化建设，要将精细化管理的理念引入校园文化建设，从而使精细化理念真正贯彻落实到学校各项工作。

**【关键词】** 少教多学　精准管理　薄积厚发　教学成效

习近平总书记在 2020 年 9 月 22 日的教育文化卫生体育领域专家代表座谈会上指出，要培养担当民族复兴大任的时代新人，要全面加强各级各类学校思想政治工作，推进教育领域综合改革，强化教材建设国家事权地位，教育面貌正在发生格局性变化。同时他也指出，要从党和国家事业发展全局的高度，全面贯彻党的教育方针，坚持优先发展教育事业，坚守为党育人、为国育才，努力办好人民满意的教育，在加快推进教育现代化的新征程中培养担当民族复兴大任的时代新人。要坚持社会主义办学方向，把立德树人作为教育的根本任务，发挥教育在培育和践行社会主义核心价值观中的重要作用，深化学校思想政治理论课改革创新，加强和改进学校体育美育，广泛开展劳动教育，发展素质教育，推进教育公平，促进学生德智体美劳全面发展，培养学生爱国情怀、社会责任感、创新精神、实践能力。

中共中央、国务院印发的《中国教育现代化 2035》提出 2035 年主要发展目标是：建成服务全民终身学习的现代教育体系、普及有质量的学前教育、实现优质均衡的义务教育、全面普及高中阶段教育、职业教育服务能力显著提升、高等教育竞争力明显提升、残疾儿童少年享有适合的教育、形成全社会共同参与的教育治理新格局。指出推进教育现代化的总体目标是：到 2020 年，全面实现"十三五"发展目标，教育总体实力和国际影响力显著增强，劳动年龄人口平均受教育年限明显增加，教育现代化取得重要进展，为全面建成小康社会作出重要贡献。

如何突破教育瓶颈，大力发展教育事业，从而搭上教育现代化这趟列车呢？这必成为我辈教育人的的历史使命和为之而终身奋斗的目标。下面我就说说自己对当前基础教育工作的一些拙见，权作抛砖之言。

**一、打造"以行为先"课堂，以课堂改革为抓手，为终身学习打下基础**

课堂要采取"观察、批评、反思"手段，运用"课前师生预设、课中教学艺术、课后作业设计"途径。

现在部分学校存在学生厌学、教师厌教的现象。教师只顾个别好学生，不顾全体学生的所谓精英教育比比皆是；只顾升学不顾学生全面发展，把升学率当做教育的 GDP 的做法推向极致；只顾学生发展，不顾教师成长与发展致使教师失去了职业幸福感等等。

有许多人喜欢把这些问题的产生归结为教育体制与机制，但我认为这与我们的课堂培养模式的落后密切相关。当前我们的传统课堂有三大无法破解的难题：一是传统课堂无法破解学生全面发展的问题；二是传统课堂无法破解教师进步和职业幸福感的问题；三是传统课堂无法破解学生的素质和应试水平共同提高的问题。

当下作为战斗在教育一线的工作者，是继续墨守成规只关注眼前的升学成绩排名，还是真正把学生从传统教学模式中解放出来，促进他们全面发展呢？

教育部部长陈宝生 2017 年 9 月在《人民日报》上撰文称："坚持内涵发展，加快教育由量的增长向质的提升转变。把质量作为教育的生命线，坚持回归常识、回归本分、回归初心、回归梦想。深化基础教育人才培养模式改革，掀起'课堂革命'，努力培养学生的创新精神和实践能力。"这正好为我们指明了方向——课堂必须改革。

课堂改革应致力于打造"以行为先"的课堂，"少教多学"，培养学生独立的治学精神和能力。做到循序渐进与因材施教，以人为本、以生为本、以学为本，为学生终身学习打下坚实的基础。以下就此提出8点建议。

第一，以学生为中心。

一切从学生出发，我们做任何工作必须考虑学生喜欢不喜欢，愿意不愿意，能不能发展，这是教育工作的出发点。在新的课堂模式下，着力于"预习"和"展示"两个环节来体现以人为本的教育观念。

第二，坚持素质教育进课堂。

我们必须把课堂作为教育的主战场，不能离开课堂谈素质教育。离开课堂搞素质教育，其实就是把掌握知识与能力提高、品质培养、健全人格的构建割裂开来。我们搞课堂教学改革，必须寻求素质教育在课堂的正确途径。

第三，坚持教为学服务。

我们的填鸭式的满堂灌的教法已经不能满足全体学生的全面发展的需要。我们必须建立教是为学服务的理念，所有的教必须服从、服务于学，构建一个以学为中心的课堂行动模式。

第四，注重解放学生，发展学生；不唯师，只唯生；不唯教，只唯学；最终实现师生共同发展。

第五，注重学生是教育的主体，不放弃任何一个学生，从最后一名学生抓起，让每个学生都成为最好的自我。

第六，注重教师是学生学习激情的点燃者，教师是学生学会学习方法的传授者，教师是学生攀登知识高峰的引导者，教师是学生破解知识难题和人生困惑的点拨者。

第七，学习必须变成学生自己的事情，学习必须发生在学生身上，学习必须按照学生的方式进行。

第八，坚持以学定教，以学评教，以学助教的教育观念，这样的改革才能带来教育方法和教育行为的改革。

**二、建立"双导师制"，以关爱学生为目标，为新型教学奠定方向**

在探索初中生培养的有效途径、方法和策略的过程中，我们要创造适合学生的教育，促进每位学生充分发展，实现全员参与、共同育人的目的，最大限度提高学生的整体素质，提升教育教学管理水平及质量。我认为可以实施"双导师制"，即发挥教师在教育、教学过程中的主导作用；发挥学生在教育、教学过程中的主体作用。建立新型教学人际关系和教学模式，走出一条

"教师人人做导师，学生个个受关爱"的教育管理之路。

**（一）导师的基本精神**

（1）导师要从发展的高度看待教育、教学工作，既要对学生科学文化知识做指导，又要对学生思想发展、人格的形成做指导，真正做到教书、育人相统一。

（2）导师要对接受个别指导的每一位学生负责。对学生的指导，不仅指指导学习内容、学习方法，还要进行具体的扶持和帮助，帮助他们逐步形成独立学习、自主发展的能力。

**（二）导师的基本职责**

主要集中在"思想引导、心理疏导、生活指导、学力辅导"等方面。

（1）指导对象确定以后，导师必须多方面了解学生的学习目标、学习情况、兴趣爱好、特长、家庭背景等情况，在各方面关心学生，促进学生全面发展。

（2）为接受指导的学生建立学生成长档案袋，记录学生成长轨迹，内容包括受导学生成长过程中的闪光点和不足之处，并提出改进措施。

（3）关爱学生，建立亲密友好的师生关系。要有强烈的育人意识，要与学生经常接触，及时帮助他们解决思想、学习、生活上的各种问题和困难。

（4）凡是涉及学生的教育问题，导师要和班主任共同参与，共同完成。与班主任和其他科任教师随机交流指导情况、工作经验。

（5）建立家长联络制度，定期与家长取得联系，与班主任共同家访。每周至少一次电话联络、一次家访。导师与家长的联系过程中，要严守师德规范，维护教师和学校形象。

（6）建立谈心辅导制度，关注学生的全面成长情况，定期与学生交流，每周至少与被指导学生谈心辅导一次，关注学生变化，对学生的过错采取个性化、亲情化的教育方法，切勿挖苦、讽刺、体罚或变相体罚学生，对学生取得的进步，提请班主任和学校进行表扬。

（7）接受学生咨询，指导、帮助学生制定及实施新学期适合自身特点、能力、素质和成长目标的学习计划。推荐或指导学生的课外阅读、交友。

**（三）导师选配**

（1）科任教师原则上都可以担任学生的指导老师，并在学校的指导和管理下开展工作。

（2）班主任根据班级的师资、学生情况确定，也可由学生和任课教师自愿搭配。

（3）学校根据各班提供的导师名单进行统筹安排和协调，努力做到面向全体学生，侧重特殊群体学生。

（4）每位导师至少确定5—8名学生为指导对象。

（四）和学生交流的原则

（1）要做好充分准备。首先要对学生的性格、行为习惯有充分的把握。其次要及时吸收、补充教育材料，强制的命令往往不能取得良好的效果，教育学生要让学生理解老师的要求，只有理解了才能自觉、主动地接受。再次，对教育的过程和步骤要做好周密安排。

（2）教育学生态度要诚恳。只有诚恳才能打动学生、感染学生。态度的诚恳包括很多方面，比如教师的表情，教师的坐姿，教师和学生谈话的口气等，都要注意。

（3）要正确处理学生的秘密。每个人都有自尊心，都希望自己的隐私能够得到充分保护，一旦被别人知道了，学生首先不会再信任老师，其次，由于产生了严重的挫败感，可能就会产生破罐子破摔的行为。

（4）有时和学生谈话，教师可以少讲，可以让学生讲，老师和学生一起探讨，让学生在讨论中明白事理。

（5）要坚持鼓励学生，引导学生确立积极的人生态度，正确面对复杂的社会现象，对社会的负面信息能客观全面地看待。

（6）谈话有针对性。

①针对优等生的自信、自负心理，可采用提醒式的方法，在肯定他们成绩的同时，用暗示的言辞、含蓄的语言让学生找出自省点，正确评估自己，扬长避短，向新的目标奋进。

②针对中等生拼搏精神差、缺乏前进的动力、无所谓的态度，不可先入为主，要掌握分寸，使学生能心悦诚服地接受教育。

③针对后进生的情绪低落，意志消沉，沉默寡言，防御心理和自卑心理，应采用对话式的方法，以便把握对方心理，用富有说理性的内容来教育他们，特别要挖掘他们的闪光点，鼓励他们树立"抬起头走路"的信心。

④针对犯错误的同学的自弃心理，应采用"参照式"的方式找他们谈心，用"横向"和"纵向"对比，增强他们改过的信心。

### 三、做好精细化管理，以精心态度实施管理，为学校发展夯实基础

什么是精细化管理？精细化管理即管理的"对象、目标、内容、措施、评价"要精准。

首先，要解决思想观念问题。精细化管理不是喊喊口号，唱唱高调，凑凑热闹。学校领导和教职员工，要克服好大喜功、心情浮躁、急功近利、搞形式主义等不良心态，要有"莫以善小而不为"的心态，"千里之行，始于足下"，静下心来，踏踏实实，一步一个脚印，务求精细，务求实效。

其次，要从小处入手。要把"小事做细，细事做精"：一是从要求抓起，每件事要求越明确越具体，就越有利于操作和精细化管理；二是从规范程序抓起，建立规范的程序，不但有据可依，而且能够忙而不乱，便于把事情做到位，做细做精；三是从计划抓起，做事无计划和计划不实在、计划不落实是一回事，所以抓好计划的"健全、实在、落实"是精细化管理的首要任务；四是从环节抓起，环环相扣、一环不让、一环不差是精细化管理的关键；五是从课堂抓起，课堂是教育教学的主渠道，课堂管理精细化了，教育教学质量就必然会大大提升；六是从考核奖惩抓起，学校工作要做到工作安排到哪里，考核奖惩就跟到哪里，这样就能促进精细化管理的形成；七是从问题抓起，哪里有问题，就研究到哪里，就解决到哪里，这样就不至于使管理的路径堵塞，造成细不下去，深不下去。

最后，要建立制度，逐步推进。第一步是完善各项制度，从学校实际情况出发制定出切实可行的、可操作性强的制度；第二步是制定出操作性强的评比细则，否则制度就成了一纸空文，管看不管用；第三步是重过程管理，落实每一处细节，这是精细化管理的关键；第四是兑现奖惩，做到有奖有罚，奖罚分明，完善各项制度和评比细则，使学校的发展进入良性循环。

### 四、"少教多学薄积厚发"精准管理下学校取得的成绩

在"少教多学薄积厚发"的精准管理下，我校以"学生发展"为中心，坚持"教为主导、学为主体"，实行年级组长负责制，各学科以年级组为单位制定每学期的教研计划，并每周定时定点进行集体备课，共同研讨教学内容，践行新课改，呈现更好的课堂教学效果。

在县委、县政府和上级主管部门的正确领导下，在社会各界和家长的大

力支持下，在全体师生齐心协力、奋力拼搏下，我校 2019、2020 年中考均取得了优异的成绩。

2019 年学校第一届毕业生共有 566 人。现在就读省级示范性高中 201 人，其中：思南中学 124 人，思南县第八中学 77 人。就读普通高中 312 人。

2020 年中考再创辉煌。2020 年中考 796 名学生参考，被省级示范性高中录取 388 人，其他公办普通高中录取 270 人，民办高中录取 68 人，高中录取率 91.2%。其中 600 分以上 90 人（全县 600 分以上 285 人），占全县 31.6%。罗含蕊同学以总分 633 分的优异成绩荣获全县总分第一名、全市总分第二名，梁仲娣同学以总分 632 分的优异成绩荣获全县第二名、全市第三名。

我校中考虽然连续两年取得了优异的成绩，但也存在许多不足之处，今后要向优秀的学校学习，不断总结和反思，争取在 2021 年中考中做到低进高出，取得更优异的成绩。

提高教育教学质量，办人民满意的教育，我们仍任重道远。但只要我们咬定目标不动摇，严抓管理不松懈，突出重点不偏向，守正笃实，久久为功，在稳固教学质量的同时，又抓好学生的素质教育，2035 年，我们必将登上教育现代化的高速列车！

**参考文献**

[1] 刘冬冬. 浅谈"学校精细化管理"[J]. 经营管理者，2009（06）：220.

[2] 代泽斌. 流动的风景 [M]. 北京：航空工业出版社，2019.

# 点燃激情促主动　少教多学见成效

### ——"少教多学薄积厚发"教学范式指导下的教学改革

贵州省江口县淮阳中学　陈海霞

**【摘要】** "最好的教育是自我教育",如何让学生的内驱力发挥作用?近年来,我校积极践行"少教多学薄积厚发"的教学范式,充分调动学生学习的积极性与主动性,并将这一教学范式推广应用到课堂教学内外,探索更有效的自主管理模式,收到了良好的效果,提升了学生的核心素养,促进了学生的全面发展、健康成长。

**【关键词】** 少教多学　教学范式　课堂内外　教学改革

"少教多学"教学理念的萌芽可追溯到先秦时期,孔子对此有过精准且精彩的论断:"不愤不启,不悱不发,举一隅不以三隅反,则不复也。"贵州省高中语文代泽斌名师工作室近年来在"少教多学薄积厚发"教学范式的推广及应用研究上做出了突出的贡献。我校根据学校情况,开展子课题研究,边研究边实践,边实践边总结,收到了一定的效果。如何推行此项研究,以促进学校发展,是有路径可寻的。

## 一、深刻理解"少教多学"理念是实施改革的前提

"少教多学薄积厚发"教学范式的主要实施者是教师,让教师理解该理念是关键前提。为了深刻理解、相信并施行该理念,教师要:一,转变观念。"少教多学",教师的"教"应该更好地为学生的"学"服务,教师的"少教"是为了学生的"多学"。只有通过努力去理解消化的东西,才能被学生真正掌握。为了达成"少教多学"的教学效果,教师应该转变自己的

学生观,相信学生,把学习的权利还给学生。二,相信学生。"没有学不好的学生"是我校的学生观,教师要相信学生都是具有某一方面的特质或潜力的,是具有独立学习、主动学习的能力的,而关键在于教师如何不断激发学生自主学习的潜能。三,循序渐进。对于学生学习能力的培养不是一蹴而就的事情,不能急于求成,学生的独立性、自主性及学习能力的培养需要一段时间,教师要给学生充分的时间,作为教会学生学习方法、培养学生独立学习能力的引领者,要讲究循序渐进。四,营造氛围,引导学生相信自己。在进行新的教学改革时,学生会很难迅速适应新的教学方法,会出现不主动、不积极等情况,教师要避免出现过度教学甚至包办代替学生学习的现象,努力创造一个让所有学生都能有效学习的环境,给学生足够的自主学习时间和空间,促进学生的成长。

## 二、全面推广"少教多学"教学范式是改革的关键

"少教多学薄积厚发"的教学范式在我校的推广是有一定的基础的。我校的核心办学理念是"以人为本,让全体师生在美的氛围中充分发展"。所以,学校一切工作都以教师和学生的发展为核心,尊重人格、人性,极力打造优美的校园环境、和谐的人文环境和科学的管理环境,让大家在和谐的氛围中愉快地学习、工作、生活。在这一核心理念的指引下,我校形成了"满怀信心,诚实守信,开拓创新,坚韧不拔,自我超越,居安思危"的淮阳精神,形成了独特的学生观——"没有学不好的学生",提炼出了课堂教学观——"点燃激情促主动,摸清实底移起点,改革课堂重实效,月结周清堂堂实"。学生个性本就不一,评价本就多元,所以,学好的标准也应因人而异。学校认为只要认真了解研究每一个学生个体,就总能为之找准方向,找到方法,创造条件帮助学生学好。而且这个观点的核心是学生的"学",并且是主动地"学","天才是主动性的爆发"。这些观念、精神构成了淮阳独具一格的理念文化,也是"少教多学"范式推广的理论基础,应该说,"少教多学薄积厚发"教学范式与淮阳的整体学校文化是相通的。

我校实施"少教多学薄积厚发"的教学范式,首先对教师的"教"提出了明确的要求。要让学生成为课堂的主体,充分发挥学生主观能动性,由"要我学"变为"我要学",教师作为课堂的主导者,在实施过程

中要真正发挥作用。为此，学校出台了新的课堂教学评价标准，要求教师坚决摒弃"一讲到底""碎问碎答"的教学陋习，采用"主问题""板块式"教学，以一个一个的板块活动来推进教学。推门听常规课，组内开展公开课、骨干教师示范课、青年教师过关课，每一种课都严格按照标准实行量化评分，观课议课也严格按照标准进行，这样促进了课堂教学改革的有序推进。

除了对教师的"教"提要求，促进学生的"学"也是关键。为了提升学生主动学习的积极性，增强"多学"的主动学习能力，学校大力倡导学科教学方法创新，实施学科品牌建设。比如语文推行"精品阅读"。学校为各班开设了阅读课，拿出馆藏图书与学生分享。班级有图书角，各班同学把自己喜爱的书捐出来，与同学共享，以写读后感为方式来换借阅资格成了同学们的自觉行为。学校还建成了校园书吧，学校买书，师生捐书，让学生能在校园内时时刻刻与书相伴，与智慧为邻。其他像定期开展的读书比赛、分年级乃至全校性组织的读书报告会，都为学生的主动学习营造了良好的氛围。比如英语学科倡导"情境教学"，学校的标语、文化设施往往都是中英双语，楼梯上张贴着阶梯英语，学校经常开设英语角、英语广，开展英语晚会等，尽一切可能创设条件实现"少教多学"，让学生从哑巴英语中走出来，从胆怯中走出来。这样，学生学习的兴趣变浓了，主动性增强了，成绩也就慢慢提高了。

### 三、简单盘点"少教多学"教学范式指导下取得的成绩

江口淮阳中学是一所民办完全中学，目前为市级示范性普通高中、省级特色学校建设支持计划项目校，是江口县、铜仁市的"教育系统先进集体""民办教育先进单位"，是贵州省教育厅授牌的"优秀民办学校"，也是公安部、教育部共同命名的"全国消防安全教育示范学校"。

近年来，学校取得了较好的教学成绩。2020年中考，我们初三年级的语文、理综均分均为全县第一，数学、英语、文综均分均为全县第二，年级均分居全县第一。

2020年高考，在入学成绩相当低的情况下，我校再次创造了一个个低进高出、高进优出的奇迹。我校一本上线率达12.5%，二本上线率达69.4%，较之往年再次攀升，位居全市前列。全县600分以上人数总共7人，我

校占了6人。全县文科、理科状元均被我校包揽，学校被评为全市先进单位。

高考艺体生成绩也尤为喜人，2021年（今年）艺术高考再次传来捷报，美术、音乐、舞蹈班都创造了100%专业成绩上线的佳绩。

提高教育教学质量，办人民满意教育，我们任重道远。

# 陈昌旭看望慰问离退休老干部、专家人才和困难党员群众

微铜仁  2021年2月9日

正值新春佳节来临之际，2月9日，市委书记陈昌旭在碧江区先后走访慰问了离退休老干部、专家人才和困难党员、困难群众，为他们送去党和政府的亲切关怀。市领导肖洪、赵继红、陈代文分别参加慰问。

陈昌旭看望慰问离退休老干部郝炳然

**陈昌旭看望慰问离退休老干部戴振华**

陈昌旭首先看望慰问了离退休老干部郝炳然、戴振华，与他们亲切交谈，关切询问他们身体状况、生活起居情况，认真倾听他们对全市经济社会发展的意见建议。看到老干部们身体健康、精神矍铄，得知他们经常关心关注铜仁发展，陈昌旭感到由衷敬佩和高兴。他说，老干部、老同志长期艰苦奋斗、无私奉献，具有丰富的工作经验，是铜仁的宝贵财富。希望大家一如既往地关心支持市委、市政府的工作，多提宝贵意见建议，为铜仁经济社会发展作出新贡献。他还强调市直有关部门要全力保障好、服务好老干部、老同志，让他们安享离退休生活。

**陈昌旭与专家们亲切交流座谈**

陈昌旭看望慰问专家人才代泽斌，并为他发放贵州省"优才卡"

在铜仁学院、铜仁一中，陈昌旭分别看望慰问了专家人才侯长林、代泽斌，并为代泽斌发放贵州省"优才卡"，向以他们为代表的专家人才致以新春的祝福和问候，与他们亲切交流座谈，详细了解铜仁学院、铜仁一中发展情况。他说，近年来，铜仁教育事业发展势头良好，为全市各行业各领域输送了大量人才，成绩值得充分肯定。他指出，教育的质量影响着地方的发展，铜仁学院要在取得好成绩的基础上扬长避短，高质量推进"双一流"建设、高层次人才培养与引进，持续抓好学科建设、人才培养、科学研究、师资队伍建设等，市委、市政府将一如既往地支持铜仁学院发展。铜仁一中要进一步发挥好全市高中教育发展的"领头羊"作用，不断提高教育质量和办学水平，站在全市教育事业发展全局，探索总结更多办学经验，带动全市教育事业良性竞争、均衡发展。

陈昌旭走进困难党员王礼荣家中

**陈昌旭走进困难群众文道会家中**

陈昌旭非常牵挂困难党员群众生产生活情况。在跨区域易地扶贫搬迁白岩溪安置点，陈昌旭走进困难党员王礼荣、困难群众文道会家中，为他们送去党和政府的关心关怀，祝他们新春快乐、阖家幸福。并与他们亲切交谈，详细了解他们就业收入、子女就学、就医保障等情况，得知他们实现了就业，增加了收入，适应了城镇生活，陈昌旭感到十分欣慰，鼓励他们继续发扬自强不息、团结互助的精神，依靠勤劳奋斗，把日子越过越红火。他要求，市直有关部门和相关区县要持续为搬迁群众提供就业、就学、就医等保障服务，当地干部要把困难党员群众的冷暖时刻放在心上，带着感情、带着责任做实做细各项服务保障工作，切实为困难党员群众排忧解难，确保他们过上一个欢乐祥和的春节。

市直有关部门负责同志参加慰问活动。

（罗旭　冷晓意）

# 做好教育发展"领头羊" 带动全市教育良性发展
## ——中共铜仁市委书记陈昌旭慰问我校专家人才代泽斌

贵州省铜仁第一中学

2021年2月9日上午，中共铜仁市委书记陈昌旭来到我校慰问中组部、人社部国家特殊支持计划领军人才、"万人计划"国家教学名师、省管专家代泽斌。市委常委、市委秘书长肖洪，市委常委、市委组织部部长赵继红，市人事局局长冉敏，市教育局局长冉俊华，校党委书记、校长舒崇进等陪同慰问。

　　在学校综合楼一楼，陈昌旭望着墙上挂着的张载的"为往圣继绝学，为万世开太平"的书法作品，对舒崇进、代泽斌等铜中人提出要求，希望铜仁一中在新时代办人民满意的教育，不辱使命。

　　舒崇进汇报了铜仁一中近年来的发展情况。铜仁一中的发展得益于各级领导的关怀和指导，先后有胡锦涛、谌贻琴、廖国勋、刘奇凡、陈昌旭等领导亲临指导。2016年以来，从铜仁一中先后调任了两位校长担任市教育局局长，提拔了三位正县级干部、三位副县级干部、二位县中校长等。

　　目前，铜仁一中在职教师420人，其中国家级高层次人才、省管专家1人，特级教师10人，正高教师14人，研究生学历教师78人，外省籍教师83人。这支队伍结构合理、团结务实，出名师、出干部、出成绩。

　　陈昌旭为代泽斌老师发放了贵州省"优才卡"，向以代泽斌为代表的专家人才致以新春的祝福和问候，与他亲切交流座谈，详细了解教育教学情况。他指出，近年来，铜仁教育事业发展势头良好，为全市各行业各领域输送了大量人才，成绩值得充分肯定。他强调，教育的质量影响着地方的发展，铜仁一中要进一步发挥好全市高中教育发展的"领头羊"作用，不断提高教育质量和办学水平，站在全市教育事业发展全局，探索总结更多办学经验，带动全市教育事业良性竞争、均衡发展。

　　随后，陈昌旭和市委领导一行参观了校史馆及校园环境。

　　校纪委书记李茂潮、副校长龙春芬及部分中层干部、教师代表和学生代表参加了本次活动。

# 少教多学薄积厚发　立己达人和谐共生
## ——记市级首批"优才卡"发放对象代泽斌

铜仁组工　2021 年 2 月 2 日

**编者按**：为深入贯彻落实全省人才工作推进会和省人才工作领导小组（扩大）会精神，我们及时为从全市各行业各系统各领域推荐评选出来的 100 名优秀人才发放了"优才卡"，这 100 名优秀人才中既有全日制博士学历人才、也有初中文凭技能人才，既有正高职称人才、也有田间地头乡土人才，彻底破除"唯学历、唯职称、唯论文、唯奖项、唯资历、唯身份"的传统。即日起，我们将陆续刊发优秀人才先进事迹，敬请大家关注。

"不想跑赢世界，只为超越自己！"2020 年 12 月 22 日下午，一位身材不高但总带着笑容的中年男子和他的研修团队来到了铜仁市易地扶贫搬迁安置小区正光小学"送培送教"，开展了"三帮一转"之"帮就学"活动。他就是国家教学名师、铜仁第一中学语文正高级教师代泽斌。

代泽斌现任贵州省铜仁第一中学教师发展中心主任。提起代泽斌，在铜仁教育界可谓家喻户晓，省教育名师、特级教师、省管专家……他获得的荣誉和头衔已经不计其数。2018 年 2 月中组部办公厅印发了第三批国家"万人计划"入选人员名单，代泽斌作为教学名师名列其中，实现了铜仁市专家人才入选国家"万人计划"零的突破。

代泽斌是"少教多学薄积厚发"的践行者。"与其在别人的辉煌里仰望，不如亲手点亮自己的心灯。"2005 年，代泽斌成为当时贵州省最年轻的特级教师，他系统地掌握了所教学科的课程体系和专业知识，教学成绩突出，逐渐形成了自己独到的"少教多学薄积厚发"教学范式，深受广大师生的欢迎和肯定。"少教多学"不是字面上的老师少教、学生多学，"少教"意味着老师

必须深度学习、认真备课、大胆放手，要求教师唤醒地"教"、有目的性地"教"、创新性地"教"、顺势而"教"；"多学"首先是解决好学生的学习兴趣问题，其次是给学生提供恰当的学习方法，引导学生主动积极地学习、有深度地学习、自力更生创新地学习、反思批判性地学习。薄积厚发必须遵循教育常识和规律，不能贪多求快，一天有一点进步，一天有一点收获，积累久了多了知识自然就变厚了，能力就变强了，就会绵绵发功，最后形成良性循环。

"把自己当作珍珠，就时时有担心被埋没的痛苦，还是把自己当作泥土吧，让众人把你踩成一条路。"代泽斌从教 34 年，担任了 13 年的班主任，送走了 24 届毕业班，他始终尊重学生，要求学生自立、自强。在班主任工作中，注重学生人格养成和敢于承担责任的教育，以"拒绝同情"和"富不过三代"为主题教育不同情况的学生，使学生走进大学后乃至走入社会后，都成为有主见、有创新、有发展的人才。

"听党话跟党走""硬心肠创业，软心肠济世""知识是战胜贫穷的最好利器""学习与工作，不怕慢，就怕站""生活，就是硬生生地活"，他通过多年的积累总结，以生动富有哲理的主题教育帮助学生树立了正确的人生观、世界观、价值观。

代泽斌是"立己达人和谐共生"的奉献者。"面向太阳，不问花开。直到有一天，当枝头开满鲜花、挂满果实的时候，平凡也就成了伟大。"虽然出名了，但是代泽斌依然保持着低调、朴素的做人和教学风格，他始终认为教书育人就应该是"立己达人和谐共生"。作为贵州省高中语文名师工作室主持人应该成就自己、学生、他人，发展学校。代泽斌积极推进新课程改革，在促进学生全面发展、教师专业发展和学校特色发展等方面做出了自己应有的贡献。

2013年成为贵州省高中语文名师工作室主持人以来，代泽斌获得科研经费143万，已经培养了431名省内外的高中语文骨干教师。工作室成员中杨光福、王玫君、杨秀华等获得正高级教师职称，成员杨光福成为第二批省级名师工作室主持人。学员黄开斌、郑年忠成为第三批省级名师工作室主持人，其中，杨秀华还成为"乡村教育家"培养对象。

"少教多学薄积厚发"理念和方法因影响面广、效果好，获2020年贵州省教学成果二等奖。2015年高三（24）班文科班，全班59人，600分以上的有40人，全省前10名有两人（第3与第7），全省前50名有7人，被北大录取4人，语文平均分114分，120分以上的有29人。2016年高三（1）班理科班，全班59人，600分以上的有46人，被清华录取1人，语文平均分118分，120分以上的有36人。2018年高三（36）全班54人，600分以上的有52人，被北大、清华录取3人。

代泽斌一直以来还积极参与社会公益活动。他常年坚持到偏远地区学校开展"送培送教"活动，常年坚持无偿献血，目前献血已达12000毫升，获得了全国无偿献血奉献金奖。

代泽斌认为，作为老师就必须优秀，优秀是底线、是标配。他敬畏课堂，每一节课都全力以赴，因为每天面对的是活生生的人，是党和国家的可塑之才。他深爱学生，把每一名学生都当成自己的兄弟姊妹、子女来对待，因为他们代表了党和国家的未来。代泽斌像冬日的阳光，温暖学生的心房；像学生人生成长道路上的航标，指引他们前进的方向。

"我不想是否能够成功，既然选择了远方，便只顾风雨兼程。"作为语文老师的代泽斌，非常欣赏当代诗人汪国真在《热爱生命》中写下的这句话，这也正是代泽斌一生情倾教育、无怨无悔的真实写照。

"不怕慢，就怕站，守住自己朴素的教育心，善待每一个日子，深爱铜仁一中，深爱每一个学生，深爱每一个同事，岁月总会给我们以丰厚的馈赠，我们能对别人有点作用就会感到无比的幸福。"

# 贵州首个"人才日"

代泽斌：强化基础教育资源倾斜力度

贵州日报天眼新闻　2021－04－24

　　铜仁市第一中学正高级教师、特级教师代泽斌从教34年，培养了431名省内外高中语文骨干教师。在多年从业经历中，他清楚地知道基础教育的重要性。他呼吁，"希望贵州省核心专家、省管专家、省政府津贴和国务院津贴指标数多向基础教育倾斜。"

　　全省的中小学幼儿园教师达47万之多，队伍庞大。代泽斌认为基础教育的教师是一群特殊的"科学家"，"他们在传播知识、宣讲科学，怎样传播正确的知识、怎么去宣讲科学等方面发挥的作用非常重要。"

　　"为什么重要，因为教育源头必须要做好。"代泽斌举例道，专家的小孩不是生来就是专家，所以基础教育教师发挥的作用非常大。

　　"教师的职业是育人，优秀是底线、是标配。"贵州省在这方面已经做得非常不错，但还要继续更好、要落实到位，落实到每一位校长、老师。

贵州日报天眼新闻记者

曾书慧　李薛霏　娄铃英

胡家林　旷光彪

编辑　刘娟

编审　田旻佳　施昱凌

# 代泽斌：深化教师队伍建设　培养全面发展人才

华姝　2021－04－27

　　我叫代泽斌，贵州印江人，1986年毕业于贵州师范大学中文系，目前在贵州省铜仁第一中学任教，同时担任铜仁第一中学教师发展中心主任。

　　毕业后，我在印江民族中学工作了10年，送走9届毕业班。工作之余，我常常看书读报，并将这些知识与课堂教学结合起来。由于教学效果出色，我被贵州省广播电视大学印江工作站、卫电师专印江教师进修学校聘请为教学教师，被印江人事局聘请为干部培训教师。1996年12月，我被调到铜仁一中任教。这一干，就是25年。

　　我生于贵州，长于贵州，工作在贵州。在我眼里，贵州是一块"宝地"，这里爱才惜才、敬才用才。对想干事、能干事、干得成事，富有创新精神的人才，各级党委政府和职能部门坚持从政治上关心、精神上褒扬、物质上奖励、工作上支持，多种方式激发人才干事创业的内生动力。

　　在党和政府的帮助下，我得以接受良好的教育，走出大山，走上讲台，并逐渐成长为一名骨干教师。从我走上讲台的那一刻起，我便深深爱上了教育事业。在教学实践中，我不断推陈出新、探索钻研，经常通过各种渠道，汲取国内先进的语文教育教学理念，同时结合学生实际，制定教育教学目标。

　　党的培养、人民的教育、平台的铺垫，是我取得教学成绩的关键。这些年，我先后获得2005年特级教师、2009年贵州省首届青年创新人才奖、2009年贵州省教育名师、2013年贵州省首批高中语文名师工作室主持人、2014年第七批省管专家等荣誉，2018年入选中组部、人社部国家特殊支持计划领军人才和国家教学名师，2020年获得第七批省管专家再次认定。

　　"善用人者能成事，能成事者善用人。"发现人才不易，用好人才更难，这考验的是领导者的胆识与魄力。在我看来，对于看准的、可堪大任之才应大胆使用，并为其提供施展才能的舞台，使人才各得其所，人尽其才，这才是对人才的尊重与爱护。

教师跟其他职业不一样，教师的优秀是底线、是标配。近年来，贵州秉持"人才是第一资源"的理念，始终坚持"党管教育"和"人才强教"的思路，深化新时代教师队伍建设，加大教育人才队伍选拔和培养力度，着力提高教师思想政治素质和职业道德水平，强化师德教育，努力铸就一支忠诚于教育事业，热爱本职工作，让学生尊重、家长信赖、社会满意的教师队伍，提高人才培养质量。

硬实力、软实力，归根到底要靠人才实力。多在留住人才、用好人才上做文章、下功夫，给予人才归属感、获得感，才能真正实现事业留人、感情留人、待遇留人、制度留人，才能让人才成长和经济社会发展相得益彰。立足实际，我认为，贵州还需继续优化想干事、能干事、干成事的氛围和环境，加大引才用才的魄力，提升容才信才的雅量。

今年，贵州设立了首个"人才日"，以专属节日的方式，向为贵州发展做出贡献的广大专家人才致敬。值此机会，我们不妨策马扬鞭再起航，切实践行"立己达人、和谐共生"的教育主张，坚守教育初心，把教书育人、立德树人主责主业融入教学实践，在解疑释惑、凝聚共识中不断给学生以思想启迪和文化滋养，努力培养一批又一批德才兼备、全面发展的人才，用实际行动交出一份践行初心使命的合格答卷。

贵州日报天眼新闻记者　华姝

编辑　孙蕙

编审　付松

# 献礼建党 100 周年　100 个铜中好故事 – 26：

### 国家高层次人才——铜中教师代泽斌

教师的职业是育人，优秀是底线、是标配。强化基础教育资源倾斜力度。

——代泽斌在贵州首个"人才日"发言摘要

代泽斌，汉族，民革党员，贵州印江人，1965 年出生。2021 年贵州首批 161 位"优才卡"获得者之一。

2013 年，获铜仁市管专家称号，担任贵州省首批高中语文名师工作室主持人。2014 年，获贵州省省管专家称号，2020 年再次获贵州省省管专家称号。2016 年，获贵州省省政府特殊津贴。2017 年，被教育部聘为普通高等院校师范类专业认证专家。2018 年，获国家特殊支持计划领军人才、国家教学名师。

贵州师范大学中文系毕业，上海师范大学课程教学论研究生班结业，中小学正高级教师。现任贵州省铜仁第一中学教师发展中心主任，铜仁学院、重庆文理学院兼职教授，铜仁市"基础教育研究人才基地"主持人，贵州省心理健康协会副会长，贵州省心理协会副会长。曾获全国教育科学"十二五"规划重点课题、教育部课题研究先进工作者。

任贵州省高中语文名师工作室主持人以来，获科研经费 143 万，培养了 431 名省内外的高中语文骨干教师（西藏 7 名）；指导 13 名教师成功申报正高级职称，3 人成功申报贵州省级名师工作室主持人，13 人成功申报贵州省乡村名师工作室主持人。

从教 35 年来，坚持在教学一线，长期担任班主任，秉持"立己达人、和谐共生"理念，探索创造了"少教多学、薄积厚发"教学范式，利用"最近发展区"理论使师生的潜力变成实力，所教学生有 13 人考入清华北大，有冉锐（清华大学）、肖俊（浙江大学）、饶俊（编剧）等优秀学生。先后出版

《我的风景》《我们的风景》《风景中的我们》《回眸风景》《我们走过的风景》《流动的风景》等专著。教研足迹遍布省内外。

顾问：吴光权　成运鼙　周介敏　廖廷章　戴　军
　　　蒋小俊　冉贵生　汪　潥　冉俊华　徐明忠
主编：舒崇进　李茂潮　龙春芬　陈小明
编委：李龙兵　麻　林　陈树苹　张世界　陈代羽
　　　张　林　谢海龙　成　勇　滕　洁　杨　恒
　　　蒋菊仙　代泽斌　张文红　王跃进
执行主编：吴金跃
责任编辑：周哲光　杨敏燕　崔　艳　张　俊　龙建海